제35회 공인중개사 시험대비 **전면개정판**

박문각 공인중개사

합격예상문제 2차

부동산세법

박문각 부동산교육연구소 편

합격까지 박문각
합격 노하우가 다르다!

이 책의 머리말

이번 2024 공인중개사 합격예상문제는
절대적으로 공인중개사 수험생의 '효율적인 수험공부'를 최우선 목표로 했다.

최근 공인중개사 시험에서 부동산 관련 세법은 복잡하고 실무적인 내용을 묻고 있다.

따라서 부동산세법은 이론을 바탕으로 많은 연습 과정이 필요하기 때문에 다양한 문제를 풀어보는 것이 중요하다. 또한 매년 세법이 개정되기 때문에 개정 세법의 내용을 숙지해야 할 필요가 있다. 따라서 본서의 목적은 다양한 문제를 통하여 핵심 내용을 정리하고 단시간 내 이론의 체계를 잡고 최근 출제 경향에 맞는 문제 경향에 익숙해지도록 하는데 목적이 있다. 공인중개사 시험은 어려운 것보다는 익숙하지 않은 것이다. 꾸준한 반복을 통하여 익숙해짐으로써 어려움을 극복하면 충분히 안정적인 점수가 나오리라 확신한다.

본서의 구성은 다음과 같다.

01 | 철저하게 공인중개사 시험과 관련된 것으로 범위를 한정하였으며 최근 기출문제를 분석하여 수험생이 최소의 시간으로 습득할 수 있도록 문제를 구성하였다.

02 | 최근 종합형 문제와 각 세목별 비교 문제 등이 자주 출제되는 점에 착안하여 같은 유형의 문제를 많이 수록함으로써 학습의 효율성을 높이는 데 집중하였다.

03 | 각 문제마다 충실한 해설을 통하여 이론과 문제 두 마리 토끼를 잡을 수 있도록 하였다.

따라서 본서로 흐름을 잡고 연습하면 최소의 시간으로 최대의 효과를 얻을 수 있을 것이라 생각한다.

본서는 이러한 사항에 역점을 두고 집필하였으므로 공인중개사 시험을 준비하는 수험생들의 훌륭한 길잡이가 될 수 있으리라 믿어 의심치 않으며 모든 수험생들에게 합격의 영광이 함께 하길 기원한다.

본서를 집필하는 과정에서 많은 분들의 도움을 받았다. 출간을 허락해 주신 도서출판 박문각 박용 회장님과 편집부 직원 여러분들에게 감사의 마음을 전한다.

2024년 봄
편저자 씀

2024 공인중개사 시험정보

시험일정 및 시험시간

1. 시험일정 및 장소

구 분	인터넷 / 모바일(App) 원서 접수기간		시험시행일	합격자발표
	정기접수	빈자리접수		
일 정	2024. 8. 5. ~ 8. 9.	2024. 10. 1. ~ 10. 2.	2024. 10. 26.	2024. 11. 27.
장 소	원서 접수시 수험자가 시험지역 및 시험장소를 직접 선택			

Tip 1. 제1·2차 시험이 동시접수·시행됩니다.
　　 2. 정기 원서접수 기간(5일간) 종료 후 환불자 범위 내에서만 선착순으로 추가 원서접수 실시(2일간)하므로, 조기마감될 수 있습니다.

2. 시험시간

구 분	교 시	시험과목 (과목당 40문제)	시험시간	
			입실시간	시험시간
제1차 시험	1교시	2과목	09:00까지	09:30~11:10(100분)
제2차 시험	1교시	2과목	12:30까지	13:00~14:40(100분)
	2교시	1과목	15:10까지	15:30~16:20(50분)

* 수험자는 반드시 입실시간까지 입실하여야 함(시험 시작 이후 입실 불가)
* 개인별 좌석배치도는 입실시간 20분 전에 해당 교실 칠판에 별도 부착함
* 위 시험시간은 일반응시자 기준이며, 장애인 등 장애유형에 따라 편의제공 및 시험시간 연장가능(장애 유형별 편의제공 및 시험시간 연장 등 세부내용은 큐넷 공인중개사 홈페이지 공지사항 참조)
* 2차만 응시하는 시간연장 수험자는 1·2차 동시응시 시간연장자의 2차 시작시간과 동일 시작

Tip 시험일시, 시험장소, 시험방법, 합격자 결정방법 및 응시수수료의 환불에 관한 사항 등은 '제35회 공인중개사 자격시험 시행공고'시 고지

응시자격 및 합격자 결정방법

1. 응시자격: 제한 없음

다만, 다음의 각 호에 해당하는 경우에는 공인중개사 시험에 응시할 수 없음

① 공인중개사시험 부정행위자로 처분 받은 날로부터 시험시행일 전일까지 5년이 지나지 않은 자(공인중개사법 제4조의3)
② 공인중개사 자격이 취소된 후 3년이 지나지 않은 자(공인중개사법 제6조)
③ 이미 공인중개사 자격을 취득한 자

2. 합격자 결정방법

제1·2차 시험 공통. 매 과목 100점 만점으로 하여 매 과목 40점 이상, 전 과목 평균 60점 이상 득점하여야 합니다.

Tip 제1·2차 시험 응시자 중 제1차 시험에 불합격한 자의 제2차 시험에 대하여는 「공인중개사법 시행령」 제5조 제3항에 따라 이를 무효로 합니다.

* 제1차 시험 면제대상자: 2023년 제34회 제1차 시험에 합격한 자

시험과목 및 출제비율

구 분	시험과목	시험범위	출제비율
제1차 시험 (2과목)	부동산학개론 (부동산 감정평가론 포함)	부동산학개론 • 부동산학 총론[부동산의 개념과 분류, 부동산의 특성(속성)] • 부동산학 각론(부동산 경제론, 부동산 시장론, 부동산 정책론, 부동산 투자론, 부동산 금융론, 부동산 개발 및 관리론)	85% 내외
		부동산 감정평가론(감정평가의 기초이론, 감정평가방식, 부동산 가격공시제도)	15% 내외
	민법 및 민사특별법 중 부동산중개에 관련되는 규정	민 법 • 총칙 중 법률행위 • 질권을 제외한 물권법 • 계약법 중 총칙·매매·교환·임대차	85% 내외
		민사특별법 • 주택임대차보호법 • 집합건물의 소유 및 관리에 관한 법률 • 가등기담보 등에 관한 법률 • 부동산 실권리자명의 등기에 관한 법률 • 상가건물 임대차보호법	15% 내외
제2차 시험 1교시 (2과목)	공인중개사의 업무 및 부동산 거래신고 등에 관한 법령 및 중개실무	공인중개사법	70% 내외
		부동산 거래신고 등에 관한 법률	
		중개실무	30% 내외
	부동산공법 중 부동산중개에 관련되는 규정	국토의 계획 및 이용에 관한 법률	30% 내외
		도시개발법	30% 내외
		도시 및 주거환경정비법	
		주택법	40% 내외
		건축법	
		농지법	
제2차 시험 2교시 (1과목)	부동산공시에 관한 법령 및 부동산 관련 세법	부동산등기법	30% 내외
		공간정보의 구축 및 관리 등에 관한 법률 제2장 제4절 및 제3장	30% 내외
		부동산 관련 세법(상속세, 증여세, 법인세, 부가가치세 제외)	40% 내외

Tip 답안은 시험시행일에 시행되고 있는 법령을 기준으로 작성

공인중개사 전망

"자격증 취득하면 무슨 일 할까?"

공인중개사 자격증에 대해 사람들이 가장 많이 궁금해하는 점이 바로 '취득 후 무슨 일을 하나'이다. 하지만 공인중개사 자격증 취득 후 선택할 수 있는 직업군은 생각보다 다양하다.

공인중개사가 타인의 부동산경매 대행 자격을 부여받아 직접 경매에 참여할 수 있는 제도적 장치가 마련되면서 공인중개사의 업무범위도 확대되어 보다 전문적인 업무를 할 수 있게 되었다. 공인중개사가 경매·공매 대상 부동산에 대한 시장가격 분석과 권리분석을 전문자격인으로 이미 수행하고 있는데도 절차적인 행위에 불과한 매수신청 또는 입찰신청의 대리업무를 변호사 및 법무사만이 하도록 제한되어 있어 일반인이 경매 등에 접근하기가 쉽지 않았지만, 공인중개사에게 입찰신청의 대리 등을 할 수 있도록 함으로써 업계의 형평성을 도모하고 일반인이 개업공인중개사를 통해 편리하게 경매 등에 참여할 수 있게 됨에 따라 공인중개사가 진출할 수 있는 범위가 더 넓어졌다.

1. 취업
- 온라인 부동산 포털회사 취업
- 개인사무소, 합동사무소 취업
- 정부재투자기관 취업
- 부동산 관련기업 취업
- 은행 등 부동산 금융파트 취업 등

2. 컨설팅
- 부동산투자분석 컨설팅
- 부동산 관련법규 및 세제 자문 등
- 부동산 자산관리 및 매매대행

3. 창업
- 개인사무소 창업
- 합동사무소 창업

📇 취업

20~30대 수험생들의 경우 인터넷 부동산 회사에 취업을 하는 경우를 볼 수 있다. 부동산 관련 회사에서는 "공인중개사 자격증 취득 여부가 입사시 가장 중요한 요소가 될 수 있다."고 밝혔다. 인터넷 회사뿐만 아니라 법인인 개업공인중개사 등 부동산 관련 기업, 정부재투자기관, 즉 법인인 개업공인중개사와 일반기업에서는 부동산 및 관재팀에 입사할 수 있다. 그리고 일반기업 입사 후에도 승급우대 등의 혜택과 자격증 수당 등이 지급되기도 한다.

📜 창업

중개업소 개업은 가장 많은 수험생들이 선택하는 직업이다. 공인중개사는 중개사무소 개설등록을 하여 사무소를 설치, 중개업을 할 수 있다. 소규모의 자본과 자격증만 있으면 창업이 가능해 40~50대의 퇴직 후의 주 소득원이 된다. 또한 여성들의 경우 결혼과 출산 후에도 안정적으로 일을 할 수 있다는 장점 때문에 20대에서 50대에 이르기까지 다양한 연령층이 공인중개사 시험에 도전하고 있다.

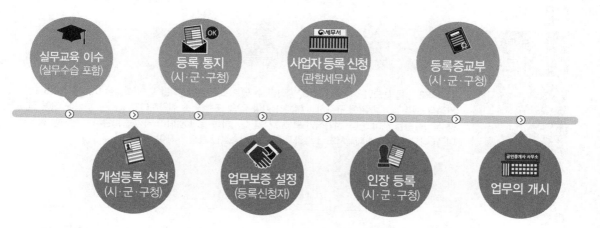

💻 컨설팅

중개업소 창업과 부동산 기업 입사 외에 합격생들이 선택할 수 있는 직종은 바로 부동산컨설팅이다. 부동산컨설팅은 부동산의 입지 환경과 특성의 조사와 분석을 통해 부동산 이용을 최대화할 수 있는 방안을 연구하며 재개발과 부동산 관련 법규와 세제 등에 대한 자문을 하는 전문화된 직업군이다. 공인중개사 자격증 취득 후 선택할 수 있는 직업의 전문성이 더해짐에 따라 선진국형 중개업으로 자리를 잡아간다고 보는 시각이 높아지고 있다. 공인중개사는 이제 기존 장·노년층만을 위한 자격증에서 20~30대의 직업 선택의 폭을 넓혀 주는 자격증으로 범위를 넓혀가고 있다.

공인중개사 공략법

학습 정도에 따른 공략법

01 type
입문자의 경우

공인중개사 시험 준비 경험이 전혀 없는 상태라면 먼저 시험에 대한 전체적인 파악과 과목에 대한 이해가 필요하다. 서점에서 공인중개사 관련 서적을 살펴보고 공인중개사 시험에 대한 대략적 지식을 쌓은 후 학원에서 수험상담을 받는 것이 좋다.

02 type
학습경험이 있는 경우

잠시라도 손을 놓으면 실력이 급격히 떨어질 수 있으므로 문제풀이를 통해 학습한 이론을 정리하고, 안정적 실력 향상을 위해 꾸준히 노력해야 한다. 강의 또한 평소 취약하다고 느끼는 과목에 대해 집중 심화학습을 해야 한다. 정기적인 모의고사를 실시하여 결과에 따라 약점을 보완하는 동시에 성적이 잘 나오는 과목에 대해서도 소홀하지 않도록 지속적인 복습을 해야 한다.

03 type
시간이 부족한 직장인 또는 학생의 경우

시험에 올인하는 수험생에 비해 절대적으로 학습시간이 부족하므로 시간을 최대한 아껴가며 효율적으로 공부하는 방법을 찾는 것이 무엇보다도 중요하다. 평소에는 동영상 강의 등을 활용하여 과목별 이해도를 높이고 자투리 시간을 활용하여 지하철이나 버스 안에서 자기만의 암기카드, 핸드북 등을 보며 학습하는 것이 좋다. 주말은 주로 기본이론보다는 주중에 학습한 내용의 심화학습 위주로 공부해야 한다.

📓 **학습 방법**에 따른 공략법

01 type

독학할 경우

신뢰할 수 있는 기본서를 선택하여 기본이론을 충실히 학습하면서 문제집 또는 모의고사집을 통하여 실전에 필요한 문제풀이 방법을 터득하는 것이 관건이다. 주기적으로 모의고사 등에 응시하여 자신의 실력을 확인하면서 체계적인 수험계획을 세우고 이에 따라서 공부하여야 한다.

Tip 관련 법령 개정이 잦은 공인중개사 시험의 특성상 시험 전 최신 수험정보를 확인해 보는 자세가 필요하다.

※ 최신 수험정보 및 수험자료는 박문각 홈페이지(www.pmg.co.kr)에서 박문각출판 참고

02 type

학원강의를 수강할 경우

보통 학원에서는 2달을 기준으로 기본서, 문제집, 모의고사 등에 관련된 강의가 개설·진행되는데 그에 맞춰서 수험 전체의 일정을 잡는 것이 좋다. 학원수업 후에는 개인공부를 통해 실력을 쌓아 나가고, 쉬는 날에도 공부의 흐름을 놓치지 않도록 그 주에 공부한 부분을 가볍게 훑어보는 것이 좋다. 학원 내 스터디 모임과 학원의 전문상담원을 통하여 수험정보를 빠르고 쉽게 접할 수 있는 장점도 있다.

03 type

동영상강의를 수강할 경우

동영상을 통하여 이론 강의와 문제풀이 강의를 동시에 수강할 수도 있고, 단원별로 이론강의 수강 후에 문제풀이 강의로 즉시 실력을 점검할 수도 있다. 그리고 이해가 안 되거나 어려운 부분은 책갈피해 두었다가 다시 볼 수 있다. 패키지 강좌, 프리미엄 강좌 등을 이용하면 강의료가 할인된다.

※ 공인중개사 동영상강의: www.pmg.co.kr
박문각 공인중개사 전화문의: 02-6466-7201

공인중개사 시험총평

2023년 제34회 공인중개사 시험
"전년도에 비해 난이도가 상승하였다."

제34회 공인중개사 시험에서 1차 과목인 부동산학개론은 기존 기출문제 유형이 반복·응용출제되었으며 계산문제도 다수 출제되어 전년도에 비해 어려웠고, 민법은 지엽적이고 어려운 판례가 다수 출제되어 체감 난이도가 전년도에 비하여 매우 상승하였다.

2차 과목은 전반적으로 어려웠으나 부동산세법은 기본개념, 논점위주로 출제되어 기본서를 바탕으로 꾸준히 학습을 했다면 충분히 합격할 수 있을 난이도였다. 반면 공인중개사법·중개실무, 부동산공법, 부동산공시법령은 전혀 손을 댈 수 없는 고난도 문제와 생소한 유형의 문제가 대거 출제되어 수험생들의 체감 난이도는 예년에 비해 훨씬 높아졌다고 할 수 있다.

앞으로의 시험을 대비하기 위해서는 과목의 공통된 의견으로 전체적인 내용을 이해함과 동시에 정확히 파악한 후 다양한 유형의 문제풀이를 통해 종합적인 학습이 병행되어야 할 것으로 보인다.

제34회 시험의 과목별 출제 경향은 다음과 같다.

1차

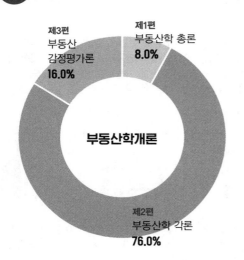

부동산학개론은 난이도 소폭 상승, 문제 간 난이도 구별이 명확하므로 '선택과 집중'을 통한 합격전략 필요!

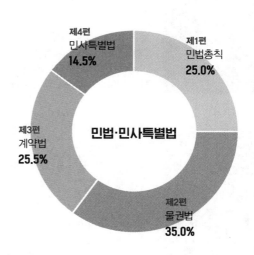

민법·민사특별법은 앞부분에 어려운 문제가 많이 배치되고, 지엽적인 판례가 다수 출제되어 체감 난이도가 아주 높았던 시험이었다.

2차

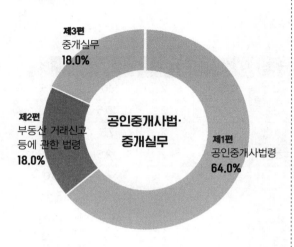

제3편
중개실무
18.0%

제2편
부동산 거래신고
등에 관한 법령
18.0%

공인중개사법·
중개실무

제1편
공인중개사법령
64.0%

공인중개사법·중개실무는 제33회보다는 다소 어렵게 출제되었고, 이해와 암기를 병행하는 학습만이 고득점을 받을 수 있다는 점을 다시 한 번 보여주었다.

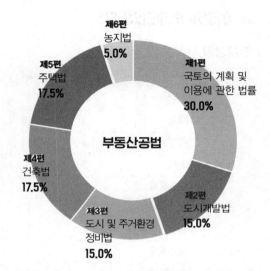

제6편
농지법
5.0%

제5편
주택법
17.5%

제1편
국토의 계획 및
이용에 관한 법률
30.0%

제4편
건축법
17.5%

부동산공법

제2편
도시개발법
15.0%

제3편
도시 및 주거환경
정비법
15.0%

부동산공법은 일부 법률에서 최근 출제된 적 없는 계산문제와 매우 지엽적인 문제가 출제되어 전체적인 난이도가 많이 상승했다.

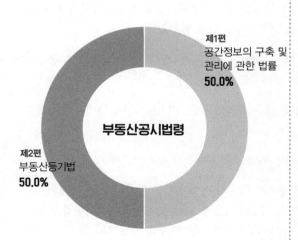

제1편
공간정보의 구축 및
관리에 관한 법률
50.0%

부동산공시법령

제2편
부동산등기법
50.0%

'공간정보법'은 몇몇 문제 외에는 평이한 난이도를 유지했고, '부동산등기법'은 지금까지 출제된 적 없던 유형의 문제들이 절반 가까이 출제되어 매우 어려웠다.

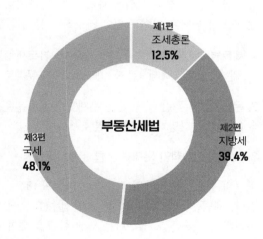

제1편
조세총론
12.5%

제2편
지방세
39.4%

부동산세법

제3편
국세
48.1%

부동산세법은 기본개념을 이해하였는지를 중점적으로 물어보았고 단순 법조문을 묻는 문제, 사례형 문제, 계산문제를 혼합하여 출제하였다.

출제경향 분석 및 수험대책

🖥 어떻게 출제되었나?

▌출제경향 분석

구 분		제30회	제31회	제32회	제33회	제34회	총 계	비율(%)
조세총론		3	1	2	2	2	10	12.5
지방세	취득세	3	1.5	2	2	2	10.5	13.13
	등록면허세	1	2.5	1	1	2	7.5	9.38
	재산세	3	3	2.5	2	2	12.5	15.63
	지방소득세							0.0
	지역자원시설세		1				1	1.25
국 세	종합부동산세	1	1	2.5	2	2	8.5	10.63
	양도소득세	5	5	6	5	5	26	32.5
	종합소득세		1		2	1	4	5.0
총 계		16	16	16	16	16	80	100.0

제34회 시험에서 부동산세법은 난이도를 상과 하로 구분하여 출제하였다. 난이도가 중인 문제는 출제하지 않았다. 최근 출제경향인 기본 개념을 정확하게 이해한 수험생은 쉽게 정답을 찾을 수 있는 문제와 합격생 수를 조정하기 위해 틀리라고 낸 난이도 상의 문제를 출제하였다. 실제 시험장에서 난이도 상 문제를 통과한 후 난이도 하에 해당하는 문제를 푸는 능력이 필요한 시험이었다.

1. **세목별 출제 문항:** 조세총론 2문제, 취득세 2문제, 등록면허세 2문제, 재산세 2문제, 종합부동산세 2문제, 종합소득세 1문제, 양도소득세 5문제로 총 16문제를 출제하였다.

2. **문제 유형:** 틀린 것을 찾는 문제(10문제), 옳은 것을 찾는 문제(3문제), 박스형 문제(1문제), 계산 문제 (2문제)로 다양하게 출제하였다.

3. **세목별 구체적인 문제와 종합 문제:** 세목별 구체적인 문제(13문제), 종합 문제(3문제)로 출제하였다.

최근의 출제경향은 세법에 대한 기본적인 내용을 정확하게 이해하고 있는지를 확인하는 쪽으로 바뀌고 있다. 세법은 고득점도 좋지만 기본점수(10문제)를 맞는 데 초점을 맞추는 것이 중요하다. 수업을 듣고 이론과 문제를 상호 연결하는 연관 학습을 해야 한다. 단순 암기보다는 이해를 바탕으로 한 학습이 이루어져야 변형된 문제를 실수하지 않고 풀 수 있다. 공인중개사 시험은 어려운 문제를 맞히는 시험이 아니라 쉬운 문제를 틀리지 않아야 하는 시험이라는 것을 명심해야 한다.

📋 이렇게 준비하자!

| 조세총론 |

조세총론은 국세와 지방세를 총괄하는 것으로 매년 2문제 정도 출제되고 있다. 조세에 관한 기본적이고 공통적인 내용으로 최근 시험에서는 이의신청·심판청구, 서류의 송달, 납세의무 성립·확정·소멸, 조세와 다른 채권의 관계, 거래단계별 조세 등의 전반적인 내용을 골고루 출제하고 있다. 이 부분을 정확하게 이해하고 정리하기 위해서는 개별적인 세목을 먼저 공부한 후 연결하여 학습하는 것이 좋다.

| 취득세 |

취득세는 기초 개념을 확실하게 파악해야 상호 연결이 쉽게 이루어진다. 자주 출제되는 부분은 납세의무자, 과세표준, 세율 신고·납부부분으로서 전체적인 흐름 파악을 종합적으로 묻고 있다. 추가로 과점주주, 토지의 지목변경 등 취득의제 부분을 기본적으로 파악해 두어야 한다.

| 등록면허세 |

등록면허세는 등록에 대한 등록면허세와 면허에 대한 등록면허세로 구분한다. 공인중개사 시험에서는 등록에 대한 등록면허세가 출제되고 있으며 최근 매년 2문제 정도 출제된다. 그러므로 전체적인 흐름을 파악하고 각 부분의 키포인트 위주로 정리하는 것이 바람직하다.

| 재산세 |

재산세는 부동산 보유단계에서 과세하는 지방세로, 매년 2~3문제 정도 출제되고 있다. 자주 출제되는 부분은 토지의 과세대상 구분, 과세표준, 세율, 납세의무자, 부과·징수이므로 이 부분을 중점적으로 학습하는 것이 좋다. 재산세를 철저하게 공부해야만 종합부동산세도 자연스럽게 정리할 수 있다.

| 종합부동산세 |

종합부동산세를 이해하기 위해서는 재산세 학습이 밑받침되어야 한다. 특히 종합부동산세의 과세대상, 납세의무자, 신고·납부 등을 재산세와 연결하여 학습하는 것이 중요하다.

| 양도소득세 |

양도소득세는 매년 5~6문제가 출제되는 중요 부분이다. 양도소득세를 효율적으로 학습하려면 양도소득세의 전체 흐름도를 바탕으로 세부적인 내용을 연결하며 학습해야 한다. 구체적으로 중요한 부분은 양도의 정의, 과세대상, 양도·취득시기, 양도소득세 계산구조, 신고·납부, 비과세이다. 최근에는 계산문제가 1문제씩 출제되고 있으므로 양도소득세를 완벽하게 정리해야 한다.

| 종합소득세 |

종합소득세에서는 부동산임대업의 사업소득을 주로 출제하고 있다. 부동산임대업의 범위와 비과세 및 총수입금액 계산을 중점적으로 출제하고 있다.

이 책의 구성 및 특징

01 | 실전에 강한 기출·예상문제

실전예상문제

철저한 최신출제경향 분석을 통해 출제가능성이 높은 문제를 수록함으로써 실전능력을 기를 수 있도록 하였다.

대표유형

단원 내에서 키워드가 유사한 문제를 모아 테마를 만들고, 그 테마를 대표하는 문제를 통해 시험에 자주 출제되는 문제의 유형을 제시하였다.

난이도·핵심키워드· 포인트 표시

난이도를 3단계로 표시하고 포인트와 핵심키워드를 통해 보다 정확한 문제 분석을 제시함으로써 수험생 스스로 셀프테스트가 가능하도록 구성하였다.

Part 01 조세총론

제1절 물납과 분납

대표유형

부동산에 관련된 조세 중 물납은 적용하지 않고 분할납부만 되는 것은 모두 몇 개인가?

- ㉠ 취득세
- ㉡ 재산세
- ㉢ 종합부동산세
- ㉣ 양도소득세
- ㉤ 소방분에 대한 지역자원시설세

① 1개   ② 2개   ③ 3개
④ 4개   ⑤ 5개

해설 ㉠ 취득세: 물납×, 분납×
㉡ 재산세: 물납 ○, 분납 ○
㉢ 종합부동산세: 물납×, 분납 ○
㉣ 양도소득세: 물납×, 분납 ○
㉤ 소방분에 대한 지역자원시설세: 물납×, 분납 ○   ▲ 정답 ③

Point 01 분할납부

각 세목별 분할납부에 대한 설명으로 옳은 것은?

① 재산세 납부세액이 400만원인 경우, 100만원은 납부기한이 지난 날부터 6개월 이내에 분납할 수 있다.
② 재산세 병기 고지되는 소방분에 대한 지역자원시설세의 경우에도 재산세를 분할납부하는 경우 분납이 가능하다.
③ 종합부동산세 납부세액이 400만원인 경우, 200만원을 납부기한이 지난 날부터 6개월 이내에 분납할 수 있다.
④ 종합부동산세 납부세액이 700만원인 경우, 최대 350만원을 납부기한이 지난 날부터 2개월 이내에 분납할 수 있다.
⑤ 양도소득세 예정신고납부시 납부할 세액이 1천 600만원인 경우, 최대 800만원을 납부기한이 지난 날부터 2개월 이내에 분납할 수 있다.

Part 01 조세총론

Answer

01 ②	02 ④	03 ②	04 ①	05 ③	06 ②	07 ②	08 ④	09 ⑤	10 ①
11 ②	12 ①	13 ①	14 ④	15 ⑤	16 ③	17 ④	18 ①	19 ⑤	20 ①
21 ④	22 ②	23 ②	24 ⑤	25 ④	26 ②	27 ③	28 ⑤	29 ⑤	30 ③
31 ⑤	32 ①	33 ③	34 ④	35 ④	36 ③	37 ③	38 ⑤	39 ②	40 ④
41 ⑤	42 ②								

01 ① 재산세 납부세액이 400만원인 경우, 100만원은 납부기한이 지난 날부터 3개월 이내에 분납할 수 있다.
③ 종합부동산세 납부세액이 400만원인 경우, 최대 150만원을 납부기한이 지난 날부터 6개월 이내에 분납할 수 있다.
④ 종합부동산세 납부세액이 700만원인 경우, 최대 350만원을 납부기한이 지난 날부터 6개월 이내에 분납할 수 있다.
⑤ 양도소득세 납부세액 1,600만원인 경우 최대 600만원을 분할납부할 수 있다.

02 ⓛ 재산세 도시지역분: 물납 ○, 분납 ○
㉠ 재산세에 부과되는 지방교육세: 물납 ×, 분납 ○
㉢ 취득세: 물납 ×, 분납 ×
㉣ 종합부동산세: 물납, × 분납 ○
㉤ 소방분에 대한 지역자원시설세: 물납 ×, 분납 ○

03 ㉠ 재산세: 지방세 + 보유 관련 조세
ⓛ 종합부동산세: 국세 + 보유 관련 조세
ⓒ 등록면허세: 지방세 + 취득 관련 조세
㉣ 지방교육세: 지방세 + 보유 관련 조세
㉤ 양도소득세: 국세 + 양도 관련 조세

04 ① 소방분에 대한 지역자원시설세는 재산세 병기고지 세목으로 보유와 관련된 조세이다.

05 ③ 종합소득세: 보유와 양도단계에 부과되는 조세
① 지방교육세: 취득과 보유단계에 부과되는 조세
② 취득세: 취득단계에 부과되는 조세

효율적 지면 구성

문제풀이에 방해되지 않도록 문제와 해설·정답을 분리하여 수록하였고 편리한 학습을 위하여 책속의 책 형태로 구성하였다.

상세한 해설

문제의 핵심을 찌르는 정확하고 명쾌한 해설은 물론, 문제와 관련하여 더 알아두어야 할 내용을 제시함으로써 문제풀이의 효과를 극대화하고자 하였다.

이 책의 차례

PART
01

조세총론

PART
02

지방세

PART
03

국 세

부록

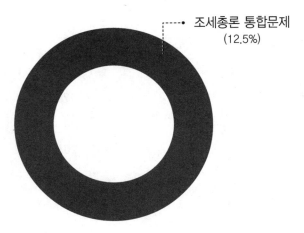

조세총론 통합문제
(12.5%)

▍최근 5개년 출제경향 분석

부동산 관련 세법을 총정리하는 부분으로 출제비중은 2문제 정도이다.
납세의무의 성립·확정·소멸, 조세와 다른 채권의 관계, 거래단계별 조세, 용어의 설명에 대해서 최근 출제되고 있다.

조세총론

제1절 | 물납과 분납

대표유형

부동산에 관련된 조세 중 물납은 적용하지 않고 분할납부만 되는 것은 모두 몇 개인가?

ㄱ 취득세   ㄴ 재산세
ㄷ 종합부동산세   ㄹ 양도소득세
ㅁ 소방분에 대한 지역자원시설세

① 1개   ② 2개   ③ 3개
④ 4개   ⑤ 5개

해설 ㄱ 취득세: 물납×, 분납×
ㄴ 재산세: 물납 ○, 분납 ○
ㄷ 종합부동산세: 물납×, 분납 ○
ㄹ 양도소득세: 물납×, 분납 ○
ㅁ 소방분에 대한 지역자원시설세: 물납×, 분납 ○

A 정답 ③

Point

01

상중하
분할납부

각 세목별 분할납부에 대한 설명으로 옳은 것은?

① 재산세 납부세액이 400만원인 경우, 100만원은 납부기한이 지난 날부터 6개월 이내에 분납할 수 있다.
② 재산세 병기 고지되는 소방분에 대한 지역자원시설세의 경우에도 재산세를 분할납부하는 경우 분납이 가능하다.
③ 종합부동산세 납부세액이 400만원인 경우, 200만원을 납부기한이 지난 날부터 6개월 이내에 분납할 수 있다.
④ 종합부동산세 납부세액이 700만원인 경우, 최대 350만원을 납부기한이 지난 날부터 2개월 이내에 분납할 수 있다.
⑤ 양도소득세 예정신고납부시 납부할 세액이 1천600만원인 경우, 최대 800만원을 납부기한이 지난 날부터 2개월 이내에 분납할 수 있다.

02 조세의 납부방법으로 물납과 분할납부가 둘 다 가능한 것을 모두 고른 것은? (단, 물납과 분할납부의 법정 요건은 전부 충족한 것으로 가정함)

상중하
물납과 분할납부

> ㉠ 재산세에 부가되는 지방교육세
> ㉡ 재산세 도시지역분
> ㉢ 취득세
> ㉣ 종합부동산세
> ㉤ 소방분에 대한 지역자원시설세

① ㉠, ㉡　　　　② ㉠, ㉢　　　　③ ㉡, ㉢
④ ㉡　　　　⑤ ㉠, ㉤

제2절 | 조세의 분류

대표유형

거주자인 개인 甲이 乙로부터 부동산을 취득하는 경우, 거주자인 개인 甲이 취득단계에서 부담할 수 있는 지방세를 모두 고른 것은?

| ㉠ 취득세 | ㉡ 농어촌특별세 | ㉢ 재산세 |
| ㉣ 종합부동산세 | ㉤ 양도소득세 | |

① ㉠　　　　② ㉠, ㉡　　　　③ ㉠, ㉡, ㉢
④ ㉡　　　　⑤ ㉡, ㉤

해설 ㉠ 취득세 : 취득단계, 지방세
㉡ 농어촌특별세 : 취득·보유·양도단계, 국세
㉢ 재산세 : 보유단계, 지방세
㉣ 종합부동산세 : 보유단계, 국세
㉤ 양도소득세 : 양도단계, 국세

Ⓐ 정답 ①

03 국내 소재 부동산의 보유단계에서 부담할 수 있는 국세로 옳은 것은?

상중하
보유 관련 조세

> ㉠ 재산세　　　　　㉡ 종합부동산세
> ㉢ 등록면허세　　　㉣ 지방교육세
> ㉤ 양도소득세

① ㉠　　　　② ㉡　　　　③ ㉢
④ ㉣　　　　⑤ ㉤

Point

04
상중하
양도 관련 조세

부동산을 양도할 경우 양도자의 입장에서 납부하는 조세에 해당될 수 없는 것은?

① 소방분에 대한 지역자원시설세
② 지방소득세
③ 종합소득세
④ 농어촌특별세
⑤ 인지세

05
상중하
취득 관련 조세

다음 조세 중 부동산의 취득과 관계가 없는 조세는?

① 지방교육세
② 취득세
③ 종합소득세
④ 농어촌특별세
⑤ 등록에 대한 등록면허세

06
상중하
취득과 보유 관련 조세

다음 중 부동산의 취득과 보유에만 부과되는 조세는?

① 재산세
② 지방교육세
③ 인지세
④ 농어촌특별세
⑤ 부가가치세

07
상중하
종가세와 종량세

과세표준이 가액으로 표시되는 조세를 종가세라고 하며, 과세표준이 수량 등으로 표시되는 조세를 종량세라고 한다. 종량세 형태를 일부 채택하고 있는 조세로 옳은 것은?

① 취득세
② 등록에 대한 등록면허세
③ 재산세
④ 종합부동산세
⑤ 양도소득세

08
상중하
목적세·부가세

다음의 조세 중 국세이면서 목적세이고 부가세에 해당하는 것은?

① 지방교육세
② 소방분에 대한 지역자원시설세
③ 재산세
④ 농어촌특별세
⑤ 종합부동산세

09 다음 중 국세와 지방세 중 지방세만으로 되어 있는 것으로 옳은 것은?

상중하
국세와 지방세

① 취득세, 상속세, 증여세
② 종합부동산세, 증여세, 취득세
③ 등록면허세, 소득세, 부가가치세
④ 소득세, 상속세, 재산세
⑤ 취득세, 등록면허세, 재산세

Point
10 「국세기본법」상 가산세에 관한 설명으로 **틀린** 것은?

가산세

① 가산세는 해당 의무가 규정된 세법의 해당 국세의 세목으로 하고, 해당 국세를 감면하는 경우에는 가산세도 감면대상에 포함한다.
② 가산세는 납부할 세액에 가산하거나 환급받을 세액에서 공제한다.
③ 납세의무자가 법정신고기한까지 「종합부동산세법」에 따른 과세표준 신고를 하지 아니한 경우 정부부과로 확정되기 때문에 무신고가산세를 부과하지 않는다.
④ 신고 당시 소유권에 대한 소송으로 상속재산으로 확정되지 아니하여 상속세 과세표준을 과소신고한 경우 과소신고가산세를 부과하지 않는다.
⑤ 부담부증여의 경우 양도소득세 과세표준을 과소신고한 경우(부정행위로 양도소득세 과세표준을 과소신고한 경우는 제외)에도 과소신고가산세를 부과하지 아니한다.

11 「지방세기본법」상 가산세에 관한 내용으로 옳은 것은?

상중하
가산세

① 무신고가산세(사기나 그 밖의 부정한 행위로 인하지 않은 경우) : 무신고납부세액의 100분의 20에 상당하는 금액
② 무신고가산세(사기나 그 밖의 부정한 행위로 인한 경우) : 무신고납부세액의 100분의 50에 상당하는 금액
③ 과소신고가산세(사기나 그 밖의 부정한 행위로 인하지 않은 경우) : 과소신고납부세액 등의 100분의 20에 상당하는 금액
④ 과소신고가산세(사기나 그 밖의 부정한 행위로 인한 경우) : 부정과소신고납부세액 등의 100분의 50에 상당하는 금액
⑤ 납부지연가산세 : 납부하지 아니한 세액의 100분의 20에 상당하는 금액

12
상중하
누진세율

다음 중 세율을 적용할 때 누진세율이 적용될 수 있는 조세로 옳게 묶인 것은?

> ㉠ 취득세   ㉡ 종합부동산세
> ㉢ 등록면허세   ㉣ 재산세
> ㉤ 양도소득세

① ㉡, ㉣, ㉤   ② ㉡, ㉤
③ ㉠, ㉡, ㉣, ㉤   ④ ㉠, ㉢, ㉣
⑤ ㉠, ㉡, ㉢, ㉣, ㉤

13
상중하
부가세

부동산 관련 조세와 그에 대한 부가세(附加稅)가 옳게 연결된 것은? (단, 감면세액은 없는 것으로 한다)

① 취득세 : 농어촌특별세 10%, 지방교육세 20%
② 등록면허세 : 지방교육세 10%
③ 재산세 : 농어촌특별세 10%
④ 종합부동산세 : 지방교육세 20%
⑤ 양도소득세 : 지방소득세 10%

제3절 납세의무의 성립·확정·소멸

01 납세의무의 성립시기

대표유형

국세 및 지방세의 납세의무와 성립시기에 관한 내용으로 옳은 것은? (단, 특별징수 및 수시부과와 무관함)

① 사업소분 주민세: 매년 7월 1일
② 거주자의 양도소득에 대한 지방소득세: 매년 3월 1일
③ 재산세에 부가되는 지방교육세: 매년 12월 31일
④ 중간예납하는 소득세: 매년 12월 31일
⑤ 자동차 소유에 대한 자동차세: 납기가 있는 달의 10일

▶해설 ② 거주자의 양도소득에 대한 지방소득세: 매년 12월 31일
③ 재산세에 부가되는 지방교육세: 매년 6월 1일
④ 중간예납하는 소득세: 매년 6월 30일
⑤ 자동차 소유에 대한 자동차세: 납기가 있는 달의 1일
Ⓐ 정답 ①

14
상중하
성립시기

납세의무의 성립시기로 옳은 것으로만 묶인 것은?

㉠ 소득세: 소득을 지급하는 때
㉡ 농어촌특별세: 과세기간이 끝나는 때
㉢ 재산세: 과세기준일
㉣ 지방교육세: 그 과세표준이 되는 세목의 납세의무가 성립하는 때
㉤ 수시부과에 의하여 징수하는 재산세: 수시부과할 사유가 발생하는 때

① ㉠, ㉡
② ㉠, ㉡, ㉣
③ ㉡, ㉣, ㉤
④ ㉢, ㉣, ㉤
⑤ ㉠, ㉡, ㉢, ㉤

Point
15
상중하
성립시기

다음은 국세의 납세의무 성립시기에 대한 내용이다. 옳은 것은?

① 소득세: 소득이 발생하는 때
② 예정신고납부하는 소득세: 과세기간이 끝나는 때
③ 상속세: 상속재산을 등기하는 때
④ 종합부동산세: 과세기준일(매년 7월 1일)
⑤ 인지세: 과세문서를 작성하는 때

16 다음 중 부동산 관련 지방세 납세의무 성립시기로 틀린 것은?

상종하
성립시기

① 취득세 : 과세물건을 취득하는 때

② 등록면허세 : 재산권 등 그 밖의 권리를 등기 또는 등록하는 때

③ 소방분에 대한 지역자원시설세 : 과세물건을 취득하는 때

④ 재산세 : 과세기준일(매년 6월 1일)

⑤ 지방교육세 : 과세표준이 되는 세목의 납세의무가 성립하는 때

17 조세의 납세의무 성립시기에 대한 설명이다. 틀린 것은?

상종하
성립시기

① 원천징수하는 소득세 : 소득금액 또는 수입금액을 지급하는 때

② 수시로 부과하여 징수하는 지방세 : 수시부과할 사유가 발생하는 때

③ 지방소비세 : 부가가치세의 납세의무가 성립하는 때

④ 중간예납하는 소득세 : 12월 31일

⑤ 지방소득세 : 소득세 법인세의 납세의무가 성립하는 때

02 납세의무의 확정

대표유형

원칙적으로 과세관청의 결정에 의하여 납세의무가 확정되는 지방세를 모두 고른 것은?   제24회

㉠ 취득세	㉡ 종합부동산세
㉢ 재산세	㉣ 양도소득세

① ㉠   ② ㉡   ③ ㉢

④ ㉡, ㉢   ⑤ ㉢, ㉣

해설 ㉢ 재산세 : 지방세, 보통징수
㉠ 취득세 : 지방세, 신고납부
㉡ 종합부동산세 : 국세, 정부부과제도
㉣ 양도소득세 : 국세, 신고납세제도

🅐 정답 ③

18 과세표준과 세액을 정부가 결정하는 때 세액이 확정됨이 원칙이나 납세의무자가 법정신고기간
확정시기
내 이를 신고하는 때에는 정부의 결정이 없었던 것으로 보는 세목은?

① 종합부동산세   ② 양도소득세

③ 등록면허세   ④ 취득세

⑤ 재산세

19 원칙적으로 과세관청의 결정에 의하여 납세의무가 확정되는 지방세는?
확정시기
① 취득세

② 등록에 대한 등록면허세

③ 양도소득세

④ 종합부동산세

⑤ 소방분에 대한 지역자원시설세

Point
20 납세의무의 성립ㆍ확정시기에 대한 설명으로 옳은 것은?
성립ㆍ확정시기
① 인지세는 과세문서를 작성하는 때 납세의무가 성립과 동시에 확정되는 조세이다.

② 소득세는 소득이 발생하는 때에 납세의무가 성립하고, 납세의무자가 과세표준과 세액을
정부에 신고하는 때에 확정된다.

③ 취득세는 취득일로부터 60일이 경과하는 때 납세의무가 성립하고, 과세권자가 결정하는
때 납세의무가 확정되는 조세이다.

④ 등록면허세는 재산권 등을 등기 또는 등록하는 때에 납세의무가 성립하고, 납세의무자의
신고가 있더라도 지방자치단체가 과세표준과 세액을 결정하는 때에 확정된다.

⑤ 재산세는 재산을 취득하는 때에 납세의무가 성립하고, 납세의무자가 과세표준과 세액을
지방자치단체에 신고하는 때에 확정된다.

03 납세의무의 소멸

대표유형

「지방세기본법」에서 규정하고 있는 부과의 제척기간에 관한 설명으로 틀린 것은?

① 납세자가 사기나 그 밖의 부정한 행위로 지방세를 포탈하거나 환급·공제 또는 감면 받은 경우: 10년

② 상속을 원인으로 취득하는 경우로서 납세자가 법정신고기한까지 과세표준 신고서를 제출하지 아니한 경우: 10년

③ 부동산 실권리자명의의 등기에 관한 법률에 따른 명의신탁 약정으로 실권리자가 사실상 취득하는 경우: 10년

④ 증여(부담부증여 포함)를 원인으로 취득하는 경우로서 납세자가 법정신고기한까지 과세표준 신고서를 제출하지 아니한 경우: 7년

⑤ 타인의 명의로 법인의 주식 또는 지분을 취득하였지만 해당 주식 또는 지분의 실권리자인 자가 과점주주가 되어 해당 법인의 부동산 등을 취득한 것으로 보는 경우로 납세자가 법정신고기한까지 과세표준 신고서를 제출하지 아니한 경우: 10년

해설 ④ 증여(부담부증여 포함)를 원인으로 취득하는 경우로서 납세자가 법정신고기한까지 과세표준 신고서를 제출하지 아니한 경우: 10년

ⓘ 지방세 부과 제척기간

구 분		제척기간
지방세	• 사기나 그 밖의 부정 행위로 지방세를 포탈·환급·공제시 • 상속 또는 증여(부담부증여로 인한 취득 포함)를 원인으로 취득하는 경우와 명의신탁 약정으로 실권리자가 사실상 취득하는 경우로서 법정신고기한까지 신고서를 제출하지 않는 경우 • 타인의 명의로 법인의 주식 또는 지분을 취득하였지만 해당 주식 또는 지분의 실권리자인 자가 과점주주가 되어 해당 법인의 부동산 등을 취득한 것으로 보는 경우	10년
	• 법정신고기한까지 신고서를 제출하지 않은 경우	7년
	• 그 밖의 경우	5년

Ⓐ 정답 ④

Point

21

상중하
소멸사유

「지방세기본법」상 지방자치단체 징수금의 납세의무 소멸사유가 아닌 것은?

① 납부·충당되었을 때

② 부과가 취소되었을 때

③ 지방세를 부과할 수 있는 기간 내에 지방세가 부과되지 아니하고 그 기간이 만료되었을 때

④ 납세의무자의 사망으로 상속이 개시된 때

⑤ 지방자치단체의 징수금의 지방세징수권 소멸시효가 완성되었을 때

22 소멸시효의 중단은 시효의 진행 중에 중단 사유가 발생하면 그때까지 진행된 시효기간은 효력이
상실되고 중단기간이 경과한 날부터 소멸시효의 진행이 새롭게 시작된다. 이와 같은 소멸시효의
중단사유에 해당하지 않는 것은?

소멸시효의 중단사유

① 납부고지
② 세법에 따른 분납기간
③ 독촉
④ 교부청구
⑤ 압류(압류금지재산 또는 제3자의 재산을 압류한 경우로서 압류를 즉시 해제하는 경우 제외)

Point 23 다음은 부과권의 제척기간과 징수권의 소멸시효에 대한 설명이다. 가장 옳지 않은 것은? (단,
사기나 기타 부정행위는 없는 것으로 가정한다)

소멸시효

① 납세자가 법정신고기한까지 지방세 과세표준신고서를 제출하지 아니한 경우 지방세 부
과의 제척기간은 7년이다.
② 납세자에게 부정행위가 없으며 특례제척기간에 해당하지 않는 재산세의 제척기간은 7년
이다.
③ 부담부증여에 따라 증여세와 함께 과세되는 양도소득세에 대해서는 증여세와 동일한 제
척기간을 적용한다.
④ 5천만원 이상(가산세를 제외한 금액)인 지방세의 징수를 목적으로 하는 권리는 10년 동
안 행사하지 않으면 소멸시효가 완성된다.
⑤ 부과권의 제척기간에는 중단 또는 정지가 없다.

24 다음 중 (   ) 안에 들어갈 내용으로 옳은 것은?

제척기간과 소멸시효

• 법정신고기한까지 과세표준신고서를 제출하지 아니한 경우 지방세의 원칙적인 제척기간
은 (㉠)이다.
• 사기나 그 밖의 부정한 행위로 지방세를 포탈하거나 환급 또는 경감받은 경우 제척기간은
(㉡)이다.
• 부담부증여로 취득한 경우로서 취득세 신고서를 신고기한 내에 제출하지 아니한 경우 제
척기간은 (㉢)이다.
• 지방세로서 체납액이 5천만원(가산세를 제외한 금액) 이상인 경우 소멸시효는 (㉣)이다.

① ㉠ 10년, ㉡ 5년, ㉢ 7년, ㉣ 5년
② ㉠ 5년, ㉡ 10년, ㉢ 15년, ㉣ 10년
③ ㉠ 7년, ㉡ 10년, ㉢ 15년, ㉣ 5년
④ ㉠ 15년, ㉡ 7년, ㉢ 10년, ㉣ 15년
⑤ ㉠ 7년, ㉡ 10년, ㉢ 10년, ㉣ 10년

Point
25
상중하
성립 · 확정시기

다음 중 제척기간 기산일과 법정기일에 대한 설명으로 옳지 않은 것은?

① 과세표준과 세액을 신고하는 조세의 경우 신고기한의 다음 날이 제척기간의 기산일이다.
② 종합부동산세의 제척기간 기산일은 납세의무성립일이다.
③ 과세표준과 세액을 지방자치단체의 장이 결정 · 경정하는 경우 고지한 해당 세액에 대하여는 납세고지서 발송일이 법정기일이다.
④ 과세표준과 세액이 신고에 의하여 납세의무가 확정되는 조세의 경우 그 신고기한의 다음 날이 법정기일이다.
⑤ 2024년분 재산세 납세의무는 2029년 5월 31일까지 지방자치단체가 부과하지 아니하면 소멸한다.

26
상중하
성립 · 확정시기

국세 및 지방세의 납세의무 성립 · 확정시기에 대한 설명으로 틀린 것은?

① 등록면허세는 재산권 등을 등기 또는 등록하는 때에 납세의무가 성립하고, 원칙적으로 등기 또는 등록하기 전까지 납세의무자가 과세표준과 세액을 신고하는 때에 확정된다.
② 소득세는 소득이 발생하는 때에 납세의무가 성립하고, 원칙적으로 납세의무자가 과세표준과 세액을 다음 연도 5월 1일부터 5월 31일까지 신고하는 때에 확정된다.
③ 취득세는 과세물건을 취득하는 때에 납세의무가 성립하고, 원칙적으로 취득일로부터 60일(무상취득 제외) 이내에 납세의무자가 과세표준과 세액을 신고하는 때에 확정된다.
④ 종합부동산세는 과세기준일에 납세의무가 성립하고, 원칙적으로 과세권자가 과세표준과 세액을 결정하는 때에 확정된다.
⑤ 재산세는 과세기준일에 납세의무가 성립하고, 원칙적으로 과세권자가 과세표준과 세액을 결정하는 때에 확정된다.

Point
27
상중하
성립 · 확정시기

다음 중 납세의무 성립시기와 확정시기로 옳은 것은?

① 등록에 대한 등록면허세는 재산권 그 밖의 권리를 등기 또는 등록을 하는 때 납세의무가 성립하고 납세의무자의 신고가 있더라도 지방자치단체가 과세표준과 세액을 결정하는 때 확정된다.
② 종합부동산세는 원칙적으로 과세기간이 끝나는 때 납세의무가 성립하고 납세의무자가 신고하는 때 납세의무가 확정된다.
③ 양도소득세는 과세기간이 끝나는 때 납세의무가 성립되며 납세의무자가 신고하는 때 납세의무가 확정된다.
④ 재산세는 재산을 취득하는 때 납세의무가 성립되며 원칙적으로 납세의무자가 신고하는 때 납세의무가 확정된다.
⑤ 중간예납하는 소득세는 중간예납하는 때 납세의무가 성립하고 신고하는 때 확정된다.

28

상중하

성립 · 확정시기

국세 및 지방세의 납세의무 성립 · 확정 등에 대한 설명으로 틀린 것은?

① 중간예납하는 소득세의 성립시기는 중간예납기간이 끝나는 때이다.

② 재산세에 부가되는 지방교육세의 성립시기는 재산세의 납세의무가 성립하는 때이다.

③ 소득세는 납세의무자가 과세표준과 세액을 정부에 신고했을 때에 확정된다. 다만, 납세의무자가 과세표준과 세액의 신고를 하지 아니하거나 신고한 과세표준과 세액이 세법이 정하는 바에 맞지 아니한 경우에는 정부가 과세표준과 세액을 결정하거나 경정하는 때에 그 결정 또는 경정에 따라 확정된다.

④ 지방세부과의 제척기간이 만료되었을 때에는 납부할 의무가 소멸된다.

⑤ 법인 합병의 경우에는 납부할 의무가 소멸된다.

제4절   **조세와 다른 채권의 관계**

대표유형

「국세기본법」 및 「지방세기본법」상 조세채권과 일반채권의 관계에 관한 설명으로 틀린 것은?

① 강제집행으로 부동산을 매각할 때 그 매각금액 중에 국세를 징수하는 경우, 강제집행 비용은 국세에 우선한다.

② 과세표준과 세액의 신고에 의하여 납세의무가 확정되는 지방세의 경우 신고한 해당 세액에 대해서는 그 신고일이 법정기일이다.

③ 취득세 신고서를 납세지 관할 지방자치단체장에게 제출한 날 전에 저당권 설정 등기 사실이 증명되는 재산을 매각하여 그 매각대금에서 취득세를 징수하는 경우, 저당권에 따라 담보된 채권은 취득세에 우선한다.

④ 과세표준과 세액을 지방자치단체가 결정 · 경정 또는 수시부과결정하는 경우에 고지한 해당 세액에 대해서는 납세고지서의 발송일이 법정기일이다.

⑤ 법정기일 전에 전세권 설정이 등기된 재산의 매각에 있어 그 전세권에 의하여 담보된 채권은 그 재산에 대하여 부과된 종합부동산세보다 우선한다.

해설 ⑤ 법정기일 전에 전세권 설정이 등기된 재산의 매각에 있어 그 전세권에 의하여 담보된 채권은 그 재산에 대하여 부과된 종합부동산세보다 우선하지 못한다.   **A** 정답 ⑤

Point

29

참중하

조세와 일반채권의
관계

「국세기본법」 및 「지방세기본법」상 조세채권과 일반채권의 관계에 관한 설명으로 틀린 것은?

① 국세 또는 체납처분비는 원칙적으로 다른 공과금이나 그 밖의 채권에 우선하여 징수한다.

② 강제집행·경매 또는 파산 절차에 따라 재산을 매각할 때 그 매각금액 중에서 국세 및 강제징수비를 징수하는 경우의 그 강제집행, 경매 또는 파산절차에 든 비용은 국세 및 강제징수비보다 우선하여 징수한다.

③ 소득세의 법정기일 전에 주택임대차보호법에 따른 대항요건과 확정일자를 갖춘 사실이 증명되는 재산을 매각할 때 그 매각금액 중에서 소득세를 징수하는 경우, 그 확정일자를 갖춘 임대차계약서상의 보증금은 소득세보다 우선 변제된다.

④ 취득세 신고서를 납세지 관할 지방자치단체장에게 제출한 날 전에 저당권 설정 등기 사실이 증명되는 재산을 매각하여 그 매각대금에서 취득세를 징수하는 경우, 저당권에 따라 담보된 채권은 취득세에 우선한다.

⑤ 조세 상호 간의 우선순위를 다툴 때에는 압류한 국세, 담보 있는 국세, 교부청구한 국세의 순서로 징수한다.

30

참중하

조세와 일반채권의
관계

「지방세기본법」상 조세채권과 일반채권의 관계에 관한 설명으로 틀린 것은?

① 과세표준과 세액의 신고에 의하여 납세의무가 확정되는 지방세의 경우 신고한 해당 세액에 대해서는 그 신고일, 과세표준과 세액을 지방자치단체가 결정·경정 또는 수시부과 결정하는 경우에 고지한 해당 세액에 대해서는 납세고지서의 발송일이 법정기일이다.

② 재산의 매각대금 배분시 당해 재산에 부과된 재산세는 당해 재산에 설정된 저당권에 따라 담보된 채권보다 우선한다.

③ 재산의 매각대금 배분시 취득세에 부가되는 지방교육세는 당해 재산에 설정된 저당권에 따라 담보된 채권보다 우선한다.

④ 지방자치단체의 징수금의 체납처분에 의하여 납세자의 재산을 압류한 후 다른 지방자치단체의 징수금 또는 국세의 교부청구가 있으면 압류에 관계되는 지방자치단체의 징수금은 교부청구한 다른 지방자치단체의 징수금 또는 국세에 우선하여 징수한다.

⑤ 납세담보가 되어 있는 재산을 매각하였을 때에는 압류에 의한 우선에도 불구하고 해당 지방자치단체에서 다른 지방자치단체의 징수금과 국세에 우선하여 징수한다.

31 법정기일 전에 전세권 설정이 등기된 재산의 매각에 있어 그 전세권에 의하여 담보된 채권은 국

상종**하**

그 재산에 부과되는
조세

세 또는 지방세에 우선한다. 다만, 그 재산에 대하여 부과된 국세 또는 지방세에는 우선하지 못한다. 그에 해당하는 세목은?

① 양도소득세
② 종합소득세
③ 종합부동산세
④ 취득세
⑤ 등록면허세

32 체납된 조세의 법정기일 전에 채권담보를 위해 甲이 저당권 설정등기한 사실이 부동산등기부 등

상종**하**

피담보채권보다
우선하는 조세

본에 증명되는 甲 소유 토지 A의 공매대금에 대하여 그 조세와 피담보채권이 경합되는 경우, 피담보채권보다 우선 징수하는 조세가 아닌 것은? (단, 토지 A에 다음의 조세가 부과됨)

① 취득세
② 종합부동산세
③ 소방분에 대한 지역자원시설세
④ 재산세
⑤ 재산세에 부가되는 지방교육세

제5절 불 복

대표유형

「지방세기본법」상 이의신청과 심판청구에 관한 설명으로 옳은 것을 모두 고른 것은?   제33회

㉠ 통고처분은 이의신청 또는 심판청구의 대상이 되는 처분에 포함된다.
㉡ 이의신청인은 신청 또는 청구 금액이 8백만원인 경우에는 그의 배우자를 대리인으로 선임할 수 있다.
㉢ 보정기간은 결정기간에 포함하지 아니한다.
㉣ 이의신청을 거치지 아니하고 바로 심판청구를 할 수는 없다.

① ㉠
② ㉡
③ ㉠, ㉣
④ ㉡, ㉢
⑤ ㉢, ㉣

해설 1. 옳은 것: ㉡, ㉢
㉡ 이의신청인은 신청 또는 청구 금액이 1천만원 미만인 경우에는 그의 배우자, 4촌 이내의 혈족 또는 그의 배우자의 4촌 이내 혈족을 대리인으로 선임할 수 있다.
㉢ 보정기간은 결정기간에 포함하지 아니한다.
2. 틀린 것: ㉠, ㉣
㉠ 통고처분은 이의신청 또는 심판청구의 대상이 되는 처분에 포함되지 아니한다.
㉣ 이의신청을 거치지 아니하고 바로 심판청구를 할 수 있다.
🅐 정답 ④

Point 33
상중하
이의신청 심판청구

「지방세기본법」상 이의신청 · 심판청구에 관한 설명으로 틀린 것은?

① 「지방세기본법」에 따른 과태료의 부과처분을 받은 자는 이의신청 또는 심판청구를 할 수 없다.

② 심판청구는 그 처분의 집행에 효력이 미치지 아니하지만 압류한 재산에 대하여는 심판청구의 결정이 있는 날부터 30일까지 그 공매처분을 보류할 수 있다.

③ 지방세에 관한 불복시 불복청구인은 심판청구를 거치지 않고 행정소송을 제기할 수 있다.

④ 이의신청인은 신청금액이 1천만원 미만인 경우에는 그의 배우자, 4촌 이내의 혈족 또는 그의 배우자의 4촌 이내 혈족을 대리인으로 선임할 수 있다.

⑤ 심사청구가 이유 없다고 인정될 때에는 청구를 기각하는 결정을 한다.

34
상중하
이의신청 심판청구

「지방세기본법」상 이의신청 또는 심판청구에 관한 설명으로 옳은 것은?

① 이의신청을 하려면 그 처분이 있은 것을 안 날(처분의 통지를 받았을 때에는 그 통지를 받은 날)부터 60일 이내에 하여야 한다.

② 이의신청을 거친 후에 심판청구를 할 때에는 이의신청에 대한 결정 통지를 받은 날부터 60일 이내에 하여야 한다.

③ 이의신청을 거치지 아니하고 바로 심판청구를 할 때에는 그 처분이 있은 것을 안 날(처분의 통지를 받았을 때에는 그 통지를 받은 날)부터 60일 이내에 하여야 한다.

④ 이의신청인이 천재지변 등의 사유로 인하여 이의신청기간 내에 이의신청을 할 수 없을 때에는 그 사유가 소멸한 날부터 14일 이내에 이의신청을 할 수 있다.

⑤ 이의신청, 심판청구는 그 처분의 집행에 효력이 미치지 아니한다. 다만, 압류한 재산에 대하여는 이의신청, 심판청구의 결정처분이 있는 날부터 60일까지 공매처분을 보류할 수 있다.

제6절 서류의 송달

대표유형

「지방세기본법」상 서류의 송달에 관한 설명으로 틀린 것은?

① 연대납세의무자에게 납세의 고지에 관한 서류를 송달할 때에는 연대납세의무자 모두에게 각각 송달하여야 한다.

② 기한을 정하여 납세고지서를 송달하였더라도 서류가 도달한 날부터 10일이 되는 날에 납부기한이 되는 경우 지방자치단체의 징수금의 납부기한은 해당 서류가 도달한 날부터 14일이 지난 날로 한다.

③ 납세관리인이 있을 때에는 납세의 고지와 독촉에 관한 서류는 그 납세관리인의 주소 또는 영업소에 송달한다.

④ 교부에 의한 서류송달의 경우에 송달할 장소에서 서류를 송달받아야 할 자를 만나지 못하였을 때에는 그의 사용인으로서 사리를 분별할 수 있는 사람에게 서류를 송달할 수 있다.

⑤ 서류송달을 받아야 할 자의 주소 또는 영업소가 분명하지 아니한 경우에는 서류의 주요 내용을 공고한 날부터 14일이 지나면 서류의 송달이 된 것으로 본다.

해설 ② 기한을 정하여 납세고지서를 송달하였더라도 서류가 도달한 날부터 7일이 되는 날에 납부기한이 되는 경우 지방자치단체의 징수금의 납부기한은 해당 서류가 도달한 날부터 14일이 지난 날로 한다. ⓐ **정답** ②

35
상**중**하
공시송달

「지방세기본법」상 공시송달할 수 있는 경우가 아닌 것은?

① 송달을 받아야 할 자의 주소 또는 영업소가 국외에 있고 그 송달이 곤란한 경우

② 송달을 받아야 할 자의 주소 또는 영업소가 분명하지 아니한 경우

③ 서류를 우편으로 송달하였으나 받을 사람이 없는 것으로 확인되어 반송됨으로써 납부기한 내에 송달하기 곤란하다고 인정되는 경우

④ 서류를 송달할 장소에서 송달을 받을 자가 정당한 사유 없이 그 수령을 거부한 경우

⑤ 세무공무원이 2회 이상 납세자를 방문[처음 방문한 날과 마지막 방문한 날 사이의 기간이 3일(기간을 계산할 때 공휴일 및 토요일은 산입하지 않는다) 이상이어야 한다]하여 서류를 교부하려고 하였으나 받을 사람이 없는 것으로 확인되어 납부기한 내에 송달하기 곤란하다고 인정되는 경우

Point
36
집중하
서류송달

「지방세기본법」상 서류의 송달에 관한 설명으로 틀린 것은?

① 이 법 또는 지방세관계법에서 규정하는 서류는 그 명의인(서류에 수신인으로 지정되어 있는 자를 말한다)의 주소, 거소, 영업소 또는 사무소에 송달한다.

② 연대납세의무자에게 서류를 송달할 때에는 그 대표자를 명의인으로 하며, 대표자가 없으면 연대납세의무자 중 지방세를 징수하기 유리한 자를 명의인으로 한다. 다만, 납세의 고지와 독촉에 관한 서류는 연대납세의무자 모두에게 각각 송달하여야 한다.

③ 교부에 의한 서류송달은 송달할 장소에서 그 송달을 받아야 할 자에게 서류를 건네줌으로써 이루어진다. 다만, 송달을 받아야 할 자가 송달받기를 거부하지 아니하면 다른 장소에서 교부할 수 있다.

④ 송달할 장소에서 서류를 송달받아야 할 자를 만나지 못하였을 때에는 그의 사용인, 그 밖의 종업원 또는 동거인으로서 사리를 분별할 수 있는 사람에게 서류를 송달할 수 있으며, 서류의 송달을 받아야 할 자 또는 그의 사용인, 그 밖의 종업원 또는 동거인으로서 사리를 분별할 수 있는 사람이 정당한 사유 없이 서류의 수령을 거부하면 송달할 장소에 서류를 둘 수 있다.

⑤ 공시송달의 경우 서류의 주요 내용을 공고한 날부터 7일이 지나면 서류의 송달이 된 것으로 본다.

37
상중하
서류송달

「지방세기본법」상 서류의 송달에 관한 설명으로 틀린 것은?

① 납세의 고지와 독촉에 관한 서류는 연대납세의무자 모두에게 각각 송달하여야 한다.

② 교부송달의 경우 송달할 장소에서 서류의 송달을 받아야 할 자가 정당한 사유 없이 서류의 수령을 거부하면 송달할 장소에 서류를 둘 수 있다.

③ 전자송달은 서류의 송달을 받아야 할 자가 신청여부와 관계없이 할 수 있다.

④ 전자송달의 경우에는 송달받을 자가 지정한 전자우편주소, 지방세정보통신망의 전자사서함 또는 연계정보통신망의 전자고지함에 저장된 때에 그 송달을 받아야 할 자에게 도달된 것으로 본다.

⑤ 공시송달의 경우에는 서류의 주요 내용을 공고한 날부터 14일이 지나면 서류의 송달이 된 것으로 본다.

| 제7절 | 조세총론 종합문제 |

대표유형

「지방세기본법」 및 「지방세법」상 용어의 정의에 관한 설명으로 틀린 것은?

① "보통징수"란 지방세를 징수할 때 편의상 징수할 여건이 좋은 자로 하여금 징수하게 하고 그 징수한 세금을 납부하게 하는 것을 말한다.

② "체납액"이란 체납된 지방세와 체납처분비를 말한다.

③ "신고납부"란 납세의무자가 그 납부할 지방세의 과세표준과 세액을 신고하고 그 신고한 세금을 납부하는 것을 말한다.

④ "납세자"란 납세의무자(연대납세의무자와 제2차 납세의무자 및 보증인 포함)와 특별징수의무자를 말한다.

⑤ "제2차 납세의무자"란 납세자가 납세의무를 이행할 수 없는 경우에 납세자를 갈음하여 납세의무를 지는 자를 말한다.

해설 ① "보통징수"란 세무공무원이 납세고지서를 납세자에게 발급하여 지방세를 징수하는 것을 말한다.

A 정답 ①

38

상종**하**
조세총론 종합

다음 중 조세에 관한 설명으로 옳지 않은 것은?

① 재산세는 재산세액(재산세 도시지역분은 제외)의 100분의 20을 지방교육세로 부과하여 과세한다.

② 농어촌특별세는 국세의 목적세이며 부가세에 해당한다.

③ 양도소득세와 종합부동산세는 국세에 속한다.

④ 재산세와 등록면허세는 지방세에 속한다.

⑤ 종합부동산세와 재산세의 과세기준일은 매년 5월 1일이다.

Point

39

상**종**하
세목별 가산세

부동산 관련 조세의 세목별 가산세에 대한 설명으로 옳은 것은?

① 취득세 납세의무가 있는 법인이 장부 등의 작성과 보존의무를 이행하지 아니한 경우에는 산출된 세액 또는 부족세액의 100분의 20에 상당하는 금액을 징수하여야 할 세액에 가산한다.

② 취득세 과세물건을 사실상 취득한 후 이를 신고하지 아니하고 매각하는 경우에는 그 산출세액에 100분의 80에 상당하는 금액을 가산하여 보통징수로 징수한다.

③ 등록면허세의 신고의무를 다하지 아니하고 등기를 하기 전까지 납부를 한 경우에는 신고를 하고 납부한 것으로 본다. 이 경우 무신고가산세가 부과된다.

④ 양도소득세 예정신고기한 내에 신고를 하지 아니한 경우에도 가산세는 부과되지 아니한다.

⑤ 거주자가 건물을 신축하고 그 신축한 건물의 취득일로부터 5년 이내에 해당 건물을 양도하는 경우로서 환산취득가액을 취득가액으로 하는 경우에는 그 산출세액의 100분의 5에 해당하는 금액을 양도소득 결정세액에 더한다.

40

상중하

세목별 법정신고
기한 납기

다음 세목 간 법정신고기한 또는 납기에 대한 설명 중 틀린 것은?

① 주택에 대한 토지분 재산세의 납기는 매년 9월 16일부터 30일까지이다.

② 등록면허세의 법정신고기한은 등기 또는 등록을 하기 전까지이다.

③ 취득세 과세물건을 무상취득(상속은 제외)한 자는 취득일이 속하는 달의 말일부터 3개월 이내에 그 과세표준에 세율을 적용하여 산출한 세액을 신고하고 납부하여야 한다.

④ 종합부동산세의 고지서상 납부기한은 당해 연도 12월 15일이다.

⑤ 부담부증여의 채무액에 해당하는 부분으로서 양도소득세의 과세표준 예정신고기간은 양도일이 속하는 달의 말일부터 3개월로 한다.

41

상중하

용어정의

다음은 조세의 용어정리에 대한 내용이다. 이 중 틀린 것으로 묶인 것은?

> ㉠ 표준세율이란 지방자치단체가 지방세를 부과할 경우에 통상 적용하여야 할 세율로서 재정상의 사유 또는 그 밖의 특별한 사유가 있는 경우에는 이에 따르지 아니할 수 있는 세율을 말한다.
>
> ㉡ 납세의무자란 「지방세법」에 따라 지방세를 납부할 의무(지방세를 특별징수하여 납부할 의무를 포함한다)가 있는 자를 말한다.
>
> ㉢ 체납처분비란 체납처분에 관한 규정에 따른 재산의 압류·보관·운반과 매각에 드는 비용(매각을 대행시키는 경우 그 수수료를 포함한다)을 말한다.
>
> ㉣ 면세점(免稅點)이란 과세표준금액이 일정금액 이하에 대해 과세하지 않는다고 정할 때의 그 금액을 말한다.
>
> ㉤ 연대납세의무에 대한 서류송달은 그 대표자를 명의인으로 한다. 다만, 납세의 고지와 독촉에 관한 서류는 연대납세의무자 모두에 각각 송달한다.
>
> ㉥ 지방자치단체 징수금이란 지방세와 가산금과 체납처분비를 말한다.

① ㉠, ㉡   ② ㉠, ㉤   ③ ㉡, ㉢

④ ㉡, ㉣   ⑤ ㉡, ㉥

42 다음 조세의 정의에 관한 내용으로 틀린 것은?

상중하
조세의 용어정의

① 과세표준이 증가하면 세율도 점차 증가하는 세율을 누진세율이라 하며 재산세, 종합부동
산세(법인 : 주택은 제외), 양도소득세가 이에 해당한다.

② 과세요건이란 과세대상, 납세의무자, 과세표준, 세율, 납세지를 말한다.

③ 면세점이란 과세표준이 일정 금액 이하 또는 수량 이하일 때에는 과세하지 아니하는 것
을 말한다.

④ 재산세 도시지역분은 물납은 가능하지만 부가세 대상은 아니다.

⑤ 과세권자가 징수권을 일정기간 행사하지 않는 경우 징수권이 소멸시키는 것을 소멸시효
라 하며 납세고지, 독촉, 납부최고, 압류, 교부청구는 시효중단 사유에 해당하고 제척기
간의 경우에는 중단과 정지사유가 없다.

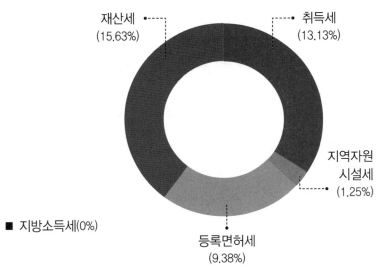

재산세
(15.63%)

취득세
(13.13%)

지역자원
시설세
(1.25%)

■ 지방소득세(0%)

등록면허세
(9.38%)

최근 5개년 출제경향 분석

취득세의 출제비중은 2~3문제 정도이다. 취득세 납세의무자, 취득시기 등, 과세표준, 세율, 부과·징수, 비과세 등이
골고루 출제되고 있다. 여기에 최근에는 취득세와 등록면허세를 비교하는 문제와 취득세 종합문제를 출제하고 있다.

등록면허세의 출제비중은 1~2문제 정도이다. 등록면허세 납세의무자, 과세표준, 세율, 부과·징수, 비과세 등이 골고루
출제되고 있다. 여기에 최근에는 취득세와 등록면허세를 비교하는 문제까지 출제되고 있다.

재산세의 출제비중은 2~3문제 정도이다. 재산세 과세대상, 토지의 과세대상 구분, 과세표준, 세율, 납세의무자,
부과·징수, 비과세 등이 골고루 출제되고 있다. 최근에는 재산세 종합문제까지 출제하고 있다.

취득세

---

01 취득의 특징

> **대표유형**
>
> 취득세에 대한 다음의 설명 중 옳지 않은 것은?
>
> ① 취득이란 원시취득·승계취득 또는 유상, 무상을 불문한 모든 취득을 말한다.
>
> ② 차량, 기계장비, 항공기 및 주문을 받아 건조하는 선박은 원시취득의 경우에만 과세한다.
>
> ③ 취득시 법령의 규정에 의하여 등기·등록을 이행하지 아니한 경우에도 사실상 취득한 것이면 이를 「지방세법」상 취득으로 본다.
>
> ④ 취득세의 세율은 표준세율에 대하여 조례로 정하는 바에 따라 100분의 50의 범위에서 가감조정할 수 있으며 중과세율은 탄력세율을 적용하지 아니한다.
>
> ⑤ 취득세는 취득 물건의 소재지 관할 지방자치단체에서 부과하는 지방세이다.
>
> **해설** ② 차량, 기계장비, 항공기 및 주문을 받아 건조하는 선박은 원시취득의 경우에는 과세하지 않고 승계취득의 경우에만 과세한다.　　　　　　　　　　　　　　　　**ⓐ 정답 ②**

01

상중하

취득세 특징

다음은 취득세의 특징을 열거한 것이다. 옳은 것은 모두 몇 개인가?

㉠ 보통세	㉡ 중과기준세율
㉢ 시, 군세	㉣ 종가세
㉤ 공정시장가액비율	㉥ 표준세율
㉦ 중가산세	㉧ 신고납부
㉨ 초과누진세율	㉩ 면세점
㉪ 소액징수면제	㉫ 차등비례세율

① 7개　　　　　　　　② 8개　　　　　　　　③ 9개

④ 10개　　　　　　　⑤ 12개

02

상중하
취득세 특징

취득세의 특징에 관한 설명으로 틀린 것은?

① 취득세는 부동산의 취득단계에서 부과되는 유통과세이다.

② 취득세는 조세의 분류체계상 지방자치단체 중 도세에 해당한다.

③ 부동산 등의 취득은 「민법」 등 관계 법령에 따른 등기·등록 등을 하지 아니한 경우라도 사실상 취득하면 각각 취득한 것으로 보고 해당 취득물건의 소유자 또는 양수인을 각각 취득자로 한다.

④ 차량, 기계장비, 항공기 및 주문을 받아 건조하는 선박은 승계취득인 경우에만 취득세를 부과한다.

⑤ 취득세는 취득일로부터 60일이 되는 날 납세의무가 성립되는 조세이다.

제2절 | **취득세 과세대상**

대표유형

「지방세법」상 취득세가 과세될 수 있는 것으로 묶인 것은?

㉠ 보유 토지의 지목이 전에서 대지로 변경되어 가액이 증가한 경우
㉡ 임시흥행장 등 존속기간이 1년 미만 임시건축물(사치성 재산 제외)의 취득
㉢ 토지를 사실상 취득하였지만 등기하지 않은 경우
㉣ 공유수면을 매립하거나 간척하여 토지를 조성한 경우

① ㉠, ㉡   ② ㉠, ㉡, ㉢
③ ㉠, ㉢, ㉣   ④ ㉡, ㉢, ㉣
⑤ ㉠, ㉡, ㉢, ㉣

▶해설 ㉡ 임시흥행장 등 존속기간이 1년 미만 임시건축물(사치성 재산 제외)의 취득은 취득세를 비과세한다.

ⓐ 정답 ③

03

상중하
취득의 구분

다음 중 취득세를 과세하지 아니하는 것으로 옳은 것은?

① 교환에 의한 농지의 취득

② 매매로 인해 골프회원권을 취득한 경우

③ 부동산으로 현물출자를 받은 법인의 경우

④ 건축허가를 받지 아니하고 건축한 건축물의 경우

⑤ 토지를 매매로 취득한 후 등기를 하지 아니하고 취득일로부터 60일 이내 계약이 해제된 사실이 공정증서 등으로 입증된 경우

04 다음 중 취득세가 부과되지 않는 경우는?

상중하
취득세 과세대상
① 차량을 원시취득한 경우
② 회원제 골프회원권을 취득한 경우
③ 보유토지의 지목이 임야에서 대지로 변경되어 토지의 평가액이 증가한 경우
④ 농지를 나대지와 교환하는 경우
⑤ 상속으로 인하여 상속인이 부동산을 취득하는 경우

05 다음은 취득세 과세대상에 대한 설명이다. 이 중 취득세가 과세되지 않는 것은?

상중하
취득세 과세대상
① 과점주주인 자가 주식을 취득함으로써 지분이 증가한 경우
② 증여에 의한 건축물의 무상취득
③ 단독주택에 승강기를 설치하여 가액이 증가한 경우
④ 토지의 사실상 지목변경으로 가액이 증가한 경우
⑤ 등기된 부동산임차권을 취득하는 경우

Point
06 다음 중 취득세가 과세될 수 있는 것은 모두 몇 개 인가?

상중하
취득세 과세대상

> ㉠ 증여로 주택을 취득한 경우
> ㉡ 공유수면 매립 간척에 의한 토지의 조성
> ㉢ 주문에 의하여 건조하는 선박
> ㉣ 비상장법인의 주주가 주식을 취득함으로써 설립 당시 과점주주가 된 경우
> ㉤ 분양권
> ㉥ 「건축법」상 허가를 받지 아니하고 건축물을 건축하여 취득하는 경우

① 2개　　　　　　　② 3개　　　　　　　③ 4개
④ 5개　　　　　　　⑤ 6개

제**3**절 취득세 납세의무자

대표유형

지방세법령상 취득세 관한 설명으로 틀린 것은?   제34회

① 건축물 중 조작설비에 속하는 부분으로서 그 주체구조부와 하나가 되어 건축물로서의 효용 가치를 이루고 있는 것에 대하여는 주체구조부 취득자 외의 자가 가설한 경우에도 주체구조부의 취득자가 함께 취득한 것으로 본다.

② 「도시개발법」에 따른 환지방식에 의한 도시개발사업의 시행으로 토지의 지목이 사실상 변경됨으로써 그 가액이 증가한 경우에는 그 환지계획에 따라 공급되는 환지는 사업시행자가 체비지 또는 보류지는 조합원이 각각 취득한 것으로 본다.

③ 경매를 통하여 배우자의 부동산을 취득하는 경우에는 유상으로 취득한 것으로 본다

④ 형제자매인 증여자의 채무를 인수하는 부동산의 부담부증여의 경우에는 그 채무액에 상당하는 부분은 부동산을 유상으로 취득하는 것으로 본다.

⑤ 부동산의 승계취득은 「민법」 등 관계 법령에 따른 등기를 하지 아니한 경우라도 사실상 취득하면 취득한 것으로 보고 그 부동산의 양수인을 취득자로 한다.

해설 ② 「도시개발법」에 따른 환지방식에 의한 도시개발사업의 시행으로 토지의 지목이 사실상 변경됨으로써 그 가액이 증가한 경우에는 그 환지계획에 따라 공급되는 환지는 조합원이, 체비지 또는 보류지는 사업시행자가 각각 취득한 것으로 본다.   **Ⓐ 정답 ②**

07

상중하
납세의무자

다음은 「지방세법」상 취득세의 납세의무자에 대한 설명이다. 틀린 것은?

① 「신탁법」에 의한 신탁으로서 신탁등기가 병행된 것으로 위탁자로부터 수탁자에게 이전하는 경우의 재산권 취득의 등기는 취득세를 비과세한다.

② 토지의 지목을 변경함으로써 그 가액이 증가된 경우에는 지목변경 시점의 소유자가 납세의무자가 된다.

③ 비상장 법인 설립시에 발행하는 주식을 취득함으로써 과점주주가 된 때에는 해당 법인의 부동산 등을 취득한 것으로 본다.

④ 증여자의 채무를 인수하는 부담부증여(배우자 직계존비속의 경우는 제외)로 취득한 경우로서 그 채무액에 상당하는 부분은 유상취득으로 본다.

⑤ 건축물 중 조작설비로서 그 주체구조부와 하나가 되어 건축물로서의 효용가치를 이루고 있는 것에 대하여는 주체구조부 취득자 외의 자가 가설한 경우에도 주체구조부의 취득자가 함께 취득한 것으로 본다.

08
상중하
납세의무

「지방세법」상 취득세 납세의무에 관한 설명으로 틀린 것은?

① 상속회복청구의 소에 의한 법원의 확정판결에 의하여 특정 상속인이 당초 상속분을 초과하여 취득하게 되는 재산가액은 상속분이 감소한 상속인으로부터 증여받아 취득한 것으로 본다.

② 부동산의 취득은 「민법」 등 관계 법령에 따른 등기를 하지 아니한 경우라도 사실상 취득하면 취득한 것으로 본다.

③ 「도시개발법」에 따른 도시개발사업(환지방식만 해당)의 시행으로 토지의 지목이 사실상 변경된 때에는 그 환지계획에 따라 공급되는 환지는 조합원이, 체비지 보류지는 사업시행자가 각각 취득한 것으로 본다.

④ 외국인 소유의 취득세 과세대상 물건(차량, 기계장비, 항공기 및 선박만 해당한다)을 직접 사용하거나 국내의 대여시설 이용자에게 대여하기 위하여 소유권을 이전 받는 조건으로 임차하여 수입하는 경우에는 수입하는 자가 취득한 것으로 본다.

⑤ 직계비속이 권리의 이전에 등기가 필요한 직계존속의 부동산을 서로 교환하는 경우 유상으로 취득한 것으로 본다.

Point
09
상중하
납세의무자

「지방세법」상 취득세의 납세의무자 등에 관한 설명으로 틀린 것은?

① 「도시개발법」에 따른 도시개발사업과 「도시 및 주거환경정비법」에 따른 정비사업의 시행으로 해당 사업의 대상이 되는 부동산의 소유자(상속인을 포함한다)가 환지계획 또는 관리처분계획에 따라 공급받거나 토지상환채권으로 상환받는 건축물은 그 소유자가 원시취득한 것으로 보며, 토지의 경우에는 그 소유자가 승계취득한 것으로 본다.

② 토지나 건축물의 경우 원시취득의 경우에만 납세의무가 있고, 승계취득의 경우에는 납세의무가 없다.

③ 「여신전문금융업법」에 따른 시설대여업자가 건설기계나 차량의 시설대여를 하는 경우로서 대여시설 이용자의 명의로 등록하는 경우라도 그 건설기계나 차량은 시설대여업자가 취득한 것으로 본다.

④ 상속개시 후 상속분이 확정되어 등기 등이 된 후 그 상속재산에 대하여 공동 상속인이 협의하여 재분할 한 결과 당초 상속분을 초과하여 취득하는 경우 상속분이 감소한 상속인으로부터 증여로 취득한 것으로 본다.

⑤ 「부동산 등기법」에 따라 대위등기를 하고자 하는 채권자는 취득세 과세물건을 취득한 자를 대위하여 취득세를 신고할 수 있다.

10

상중하
납세의무

「지방세법」상 취득세의 납세의무에 관한 설명으로 틀린 것은?

① 파산선고로 인하여 처분되는 배우자 또는 직계존비속의 부동산 등을 취득하는 경우 유상으로 취득한 것으로 본다.

② 상속(피상속인이 상속인에게 한 유증 및 포괄유증과 신탁재산의 상속을 포함한다)으로 인하여 취득하는 경우에는 상속인 각자가 상속받은 취득물건(지분을 취득하는 경우에는 그 지분에 해당하는 취득물건을 말한다)을 취득한 것으로 본다.

③ 직계비속이 직계존속의 부동산을 매매로 취득하는 때에 해당 직계비속의 다른 재산으로 그 대가를 지급한 사실이 입증되는 경우 유상으로 취득한 것으로 본다.

④ 직계비속이 권리의 이전에 등기가 필요한 직계존속의 부동산을 서로 교환한 경우 무상으로 취득한 것을 본다.

⑤ 직계비속이 공매를 통하여 직계존속의 부동산을 취득하는 경우 유상으로 취득한 것으로 본다.

11

상중하
납세의무자

다음은 취득세의 납세의무자에 대한 설명이다. 틀린 것은?

① 「공간정보의 구축 및 관리 등에 관한 법률」 제67조에 따른 대(垈) 중 「국토의 계획 및 이용에 관한 법률」 등 관계 법령에 따른 택지공사가 준공된 토지에 정원 또는 부속시설물 등을 조성·설치하는 경우에는 그 정원 또는 부속시설물 등은 토지에 포함되는 것으로서 토지의 지목을 사실상 변경하는 것으로 보아 건축물 취득자가 취득한 것으로 본다.

② 증여자가 배우자 또는 직계존비속이 아닌 경우로서 부동산을 부담부증여하는 경우 그 채무액에 상당하는 부분은 부동산을 유상으로 취득한 것으로 본다.

③ 건축물의 취득 중에서 개축 또는 증축한 것에 대하여는 그 개축 또는 증축으로 인하여 당해 건축물의 가액이 증가한 것에 한하여 납세의무가 있다.

④ 「신탁법」에 따라 신탁재산의 위탁자의 지위의 이전이 있는 경우에는 새로운 위탁자가 해당 신탁재산을 취득한 것으로 본다. 다만, 위탁자 지위의 이전에도 불구하고 신탁재산에 대한 실질적인 소유권 변동이 있다고 보기 어려운 경우로서 대통령령이 정하는 경우에는 그러하지 아니하다.

⑤ 「주택법」의 규정에 의한 주택조합과 「도시 및 주거환경정비법」의 규정에 의한 재건축조합이 해당 조합원용으로 취득하는 부동산(공동주택과 부대·복리시설 및 그에 딸린 토지를 말한다)은 그 조합원이 취득한 것으로 본다.

Point

12
상중하
과점주주

「지방세법」상 과점주주에 대한 간주취득에 대한 설명으로 틀린 것은?

① 과점주주란 주주 또는 유한책임사원 1명과 그의 특수관계인의 소유주식의 합계가 해당 법인의 발행주식 총수의 100분의 50을 초과하면서 그에 관한 권리를 실질적으로 행사하는 자들을 말한다.

② 법인의 과점주주가 아닌 주주 또는 유한책임사원이 다른 주주 또는 유한책임사원의 주식 또는 지분을 취득하여 최초로 과점주주가 된 경우에는 최초로 과점주주가 된 날 현재 해당 과점주주가 소유하고 있는 법인의 주식등을 모두 취득한 것으로 보아 취득세를 부과한다.

③ 법인설립시에 발행하는 주식 또는 지분을 취득함으로써 과점주주가 된 경우에는 취득으로 보지 아니한다.

④ 법인설립시에 60%의 지분을 취득한 주주가 설립일 이후에 20%를 추가로 취득하여 지분율이 80%가 된 경우 과세표준 계산시 적용될 지분율은 80%이다.

⑤ 취득세액 계산시 중과기준세율을 적용한다.

13
상중하
과점주주

「지방세법」상 과점주주의 취득세 납세의무에 관한 설명으로 틀린 것은?

① 과점주주 집단내부 및 특수관계자 간의 주식이 이전되었으나 과점주주 집단이 소유한 총주식의 비율에 변동이 없는 경우 취득세 납세의무가 없다.

② 개인이 새로 취득한 지분비율이 50%인 경우에 취득세 납세의무가 없다.

③ 개인이 비상장법인 설립시 60% 지분을 취득한 경우에 취득세 납세의무가 없다.

④ 다른 주주의 주식이 감자됨으로써 비상장법인의 지분비율이 60%에서 70%로 증가한 경우에 10%에 대하여 취득세 납세의무가 있다.

⑤ 이미 과점주주가 된 주주가 해당 법인의 주식을 취득하여 해당 법인의 주식의 총액에 대한 과점주주가 가진 주식의 비율이 증가된 경우에는 그 증가분을 취득으로 보아 취득세를 부과한다. 이 경우 증가된 후의 주식의 비율이 해당 과점주주가 이전에 가지고 있던 주식의 최고비율보다 증가되지 아니한 경우에는 취득세를 부과하지 아니한다.

14
상중하
재차 과점주주

거주자인 甲은 2022년 1월 1일 설립된 비상장법인의 주식을 증자로 인하여 2023년 1월 5일 주식 60%를 취득하여 과점주주가 되었다. 그 후 甲은 2024년 5월 1일에 소유주식을 10% 양도하였다가 다시 2024년 10월 27일에 5%의 주식을 취득한 경우 취득세 납세의무가 있는 지분비율로 옳은 것은?

① 5%   ② 10%   ③ 55%

④ 60%   ⑤ 납세의무가 없다.

15
상**중**하
과점주주의 과세표준

A비상장법인의 주주인 甲은 법인 설립시에 60%의 주식을 취득하였다. 설립당시 A비상장법인의 자산내역은 다음과 같다. 이 경우 과점주주의 취득세 과세표준은?

> ㉠ 건물 : 10억원 ㉡ 토지 : 20억원
> ㉢ 차량 : 3억원 ㉣ 선박 : 7억원
> ㉤ 기계장비 : 5억원 ㉥ 골프 회원권 : 5억원

① 0원 ② 10억원 ③ 20억원
④ 30억원 ⑤ 50억원

16
상**중**하
재차 과점주주

「지방세법령」상 취득세 과점주주의 간주취득에 대한 설명으로 옳지 않은 것은?

① 법인설립시 40%의 주식을 가진 주주가 추가로 20%의 주식을 취득하여 총 60%의 주식을 소유하게 되었다면, 취득으로 간주되는 비율은 60%이다.

② 법인설립시 60%의 주식을 가진 주주가 추가로 10%의 주식을 취득하여 총 70%의 주식을 소유하게 되었다면, 취득으로 간주되는 비율은 10%이다.

③ 법인설립 후 60%의 주식을 가진 주주가 추가로 10%의 주식을 취득하여 총 70%의 주식을 소유하게 되었다면, 취득으로 간주되는 비율은 10%이다.

④ 법인설립시 60%의 주식을 가진 주주가 15%의 주식을 양도하여 총 45%의 주식을 소유하던 중 추가로 10%의 주식을 취득하여 총 55%의 주식을 소유하게 되었다면, 취득으로 간주되는 비율은 5%이다.

⑤ 법인설립 후 60%의 주식을 가진 주주가 15%의 주식을 양도하여 총 45%의 주식을 소유하던 중 추가로 20%의 주식을 취득하여 총 65%의 주식을 소유하게 되었다면, 취득으로 간주되는 비율은 5%이다.

Point

17

심중하

최초 과점주주

「지방세법」 및 관계법령상 과점주주의 취득세 납세의무에 관한 설명으로 가장 옳지 않은 것은?

① 과점주주 집단 내부에서 주식이 이전되었으나 과점주주 집단이 소유한 총주식의 비율에 변동이 없는 경우 과점주주 간주취득세의 납세의무는 없다.

② 개인이 과점주주가 된 후에 법인이 취득하는 부동산에 대해서는 법인은 취득세 납세의무가 있으나, 과점주주는 지분비율이 증가하지 않는 한 취득세 납세의무가 없다.

③ 법인의 과점주주가 아닌 주주가 다른 주주의 주식을 취득하거나 증자 등으로 최초로 과점주주가 된 경우에는 그 최초로 과점주주가 된 날 현재 해당 과점주주가 소유하고 있는 법인의 주식을 모두 취득한 것으로 보아 취득세를 부과한다.

④ 이미 과점주주가 된 주주가 해당 법인의 주식을 취득하여 과점주주의 주식비율이 증가된 경우 증가된 후의 주식비율이 해당 과점주주가 이전에 가지고 있던 주식의 최고비율보다 증가되지 아니한 경우에도 취득세를 부과한다.

⑤ 법인이 「신탁법」에 따라 신탁한 재산으로서 수탁자 명의로 등기·등록이 되어 있는 부동산이 있는 경우 신탁되어 있는 부동산 등도 취득한 것으로 본다.

제**4**절 취득세 취득시기

대표유형

지방세기본법령 및 지방세법령상 취득세 납세의무의 성립에 관한 설명으로 틀린 것은? 제34회

① 상속으로 인한 취득의 경우에는 상속개시일이 납세의무의 성립시기이다.

② 부동산의 증여계약으로 인한 취득에 있어서 소유권이전등기를 하지 않고 취득일이 속한 달의 말일부터 3개월 이내에 공증받은 공정증서로 계약이 해제된 사실이 입증되는 경우에는 취득한 것으로 보지 아니한다.

③ 유상승계취득의 경우 신고인이 제출한 자료로 사실상의 잔금지급일을 확인할 수 있는 때에는 사실상의 잔금지급일이 납세의무 성립시기이다(단, 사실상의 잔금지급일 현재 등기는 이행되지 않았음).

④ 「민법」에 따른 이혼시 재산분할로 인한 부동산 취득의 경우에는 취득물건의 등기일이 납세의무의 성립시기이다.

⑤ 「도시 및 주거환경정비법」에 따른 재건축조합이 재건축사업을 하면서 조합원으로부터 취득하는 토지 중 조합원에게 귀속되지 아니하는 토지를 취득하는 경우에는 같은 법에 따른 준공인가 고시일의 다음 날이 납세의무의 성립시기이다.

해설 ⑤ 「도시 및 주거환경정비법」에 따른 재건축조합이 재건축사업을 하면서 조합원으로부터 취득하는 토지 중 조합원에게 귀속되지 아니하는 토지를 취득하는 경우에는 같은 법에 따른 소유권이전 고시일의 다음 날이 납세의무의 성립시기이다.

정답 ⑤

Point
18
상중하
취득시기

「지방세법」상 취득의 시기 등에 관한 설명으로 틀린 것은?

① 차량·기계장비 또는 선박의 종류변경에 따른 취득은 사실상 변경한 날과 공부상 변경한 날 중 빠른 날을 취득일로 본다.

② 토지의 지목변경에 따른 취득은 토지의 지목이 사실상 변경된 날과 공부상 변경된 날 중 빠른날을 취득일로 본다.

③ 「민법」 제245조 및 제247조에 따른 점유로 인한 취득의 경우에는 취득물건의 등기일 또는 등록일을 취득일로 본다.

④ 「주택법」 제11조에 따른 주택조합이 주택건설사업을 하면서 조합원으로부터 취득하는 토지 중 조합원에게 귀속되지 아니하는 토지를 취득하는 경우에는 「주택법」 제49조에 따른 사용검사를 받은 날에 그 토지를 취득한 것으로 본다.

⑤ 무상취득의 경우 해당 취득물건을 등기·등록하지 않고 화해조서·인낙조서(해당 조서에서 취득일부터 60일 이내에 계약이 해제된 사실이 입증되는 경우만 해당한다)에 해당하는 서류로 계약이 해제된 사실이 입증되는 경우에는 취득한 것으로 보지 않는다.

Point
19
상중하
취득시기

「지방세법」상 취득의 시기 등에 관한 설명으로 틀린 것은?

① 유상취득의 경우 해당 취득물건을 등기·등록하지 않고 공정증서(공증인이 인증한 사서증서를 포함하되, 취득일부터 60일 이내에 공증받은 것만 해당한다)에 해당하는 서류로 계약이 해제된 사실이 입증되는 경우에는 취득한 것으로 보지 않는다.

② 유상승계취득의 경우 신고인이 제출한 자료로 사실상의 잔금지급일을 확인할 수 없는 경우에는 그 계약상의 잔금지급일(계약상 잔금지급일이 명시되지 않은 경우에는 계약일부터 60일이 경과한 날을 말한다)에 취득한 것으로 본다(단, 등기는 이행되지 않았음).

③ 「도시 및 주거환경정비법」 제35조 제3항에 따른 재건축조합이 재건축사업을 하면서 조합원으로부터 취득하는 토지 중 조합원에게 귀속되지 아니하는 토지를 취득하는 경우에는 「도시 및 주거환경정비법」 제86조 제2항에 따른 소유권이전 고시일에 그 토지를 취득한 것으로 본다.

④ 「민법」 제839조의2 및 제843조에 따른 재산분할로 인한 취득의 경우에는 취득물건의 등기일 또는 등록일을 취득일로 본다.

⑤ 토지의 지목변경에 따른 취득은 토지의 지목이 사실상 변경된 날과 공부상 변경된 날 중 빠른 날을 취득일로 본다. 다만, 토지의 지목변경일 이전에 사용하는 부분에 대해서는 그 사실상의 사용일을 취득일로 본다.

20
상중하
취득시기

「지방세법」상 취득의 시기 등에 관한 설명으로 틀린 것은?

① 관계 법령에 따라 매립·간척 등으로 토지를 원시취득하는 경우에는 공사준공인가일 전에 사용승낙을 받은 경우 사용승낙일을 취득일로 본다.

② 증여계약에 의하여 무상승계취득하는 경우에는 증여계약일을 취득일로 본다.

③ 상속의 경우에는 상속개시일에 취득한 것으로 본다.

④ 유상승계취득의 경우 신고인이 사실상의 잔금지급일을 확인할 수 있는 자료를 제출하지 않아 사실상 잔금지급일을 확인할 수 없는 경우에는 취득일로부터 60일이 경과한 날을 취득일로 본다.

⑤ 연부로 취득하는 것(취득가액의 총액이 지방세법 제17조의 적용을 받는 것은 제외한다)은 그 사실상의 연부금 지급일 전에 등기 또는 등록을 한 경우에는 그 등기일 또는 등록일에 취득한 것으로 취득일로 본다.

21

상중하
취득시기

「지방세법」상 취득의 시기에 대한 설명으로 틀린 것은?

① 상속으로 인한 취득의 경우: 상속개시일
② 매매 등 유상승계취득에 의한 취득의 경우: 그 사실상의 잔금지급일과 등기일 또는 등록일 중 빠른 날
③ 건축물(주택 아님)을 건축하여 취득하는 경우로서 사용승인서를 내주기 전에 임시사용승인을 받은 경우: 그 임시사용승인일과 사실상의 사용일 중 빠른 날
④ 「민법」 제839조의 2에 따른 재산분할로 인한 취득의 경우: 취득물건의 등기일 또는 등록일
⑤ 관계 법령에 따라 매립으로 토지를 원시취득하는 경우: 취득물건의 등기일

22

상중하
취득시기

다음 사례에 의하여 개인 간 매매를 한 경우 각각의 취득시기로 옳은 것은?

	甲	乙
• 계약상 잔금지급일:	2024년 3월 10일	2024년 9월 20일
• 사실상 잔금지급일:	2024년 3월 15일	2024년 9월 15일
• 등기접수일 :	2024년 3월 20일	2024년 9월 10일

	甲	乙
①	2024년 3월 10일	2024년 9월 15일
②	2024년 3월 15일	2024년 9월 10일
③	2024년 3월 20일	2024년 9월 20일
④	2024년 3월 10일	2024년 9월 10일
⑤	2024년 3월 15일	2024년 9월 15일

23

상중하
취득시기

다음은 취득세의 취득시기이다. 틀린 것은?

① 건축물을 건축 또는 개수하여 취득하는 경우에는 사용승인서를 내주는 날과 사실상의 사용일 중 빠른 날이다.
② 「민법」 제245조에 따른 점유로 인한 취득의 경우에는 점유개시일을 취득일로 본다.
③ 개인 간의 매매계약에 의한 부동산의 취득의 시기는 사실상의 잔금지급일과 등기일 중 빠른 날이다.
④ 연부취득의 경우 사실상의 연부금지급일을 취득시기로 본다. 다만, 연부금을 완납 전에 등기·등록을 하는 경우에는 등기·등록일에 취득한 것으로 본다.
⑤ 토지의 지목변경으로 인한 경우는 사실상 변경된 날과 공부상 변경된 날 중 빠른 날을 취득일로 한다.

24

취득시기 등

「지방세법」상 취득세 취득시기에 관한 설명으로 틀린 것은?

① 「주택법」 제11조에 따른 주택 조합이 주택건설사업을 하면서 조합원으로부터 취득하는 토지 중 조합원에게 귀속되지 아니하는 토지를 취득하는 경우에는 「주택법」 제49조에 다른 사용검사를 받은 날에 그 토지를 취득한 것으로 본다.

② 증여계약에 의하여 무상승계 취득하는 경우에는 증여계약일을 취득일로 본다.

③ 건축물을 건축 또는 개수하여 취득하는 경우 사용승인서를 내주기 전에 임시사용승인을 받은 경우에도 그 사용승인서를 내주는 날과 사실상의 사용일 중 빠른 날을 취득일로 본다.

④ 상속으로 인한 취득의 경우에는 상속개시일에 취득한 것으로 본다.

⑤ 부동산의 취득은 「민법」 등 관계 법령에 따른 등기·등록 등을 하지 아니한 경우라도 사실상 취득하면 취득한 것으로 본다.

25

취득시기

취득세를 과세함에 있어서 취득시기를 열거한 것으로 틀린 것은?

① 유상승계취득의 경우에는 사실상의 잔금지급일에 취득한 것으로 본다. 다만, 신고인이 사실상의 잔금지급일을 확인할 수 있는 자료를 제출하지 아니하여 사실상 잔금지급일을 확인할 수 없는 경우에는 그 계약상의 잔금지급일(계약상 잔금지급일이 명시되지 않은 경우에는 계약일부터 60일이 경과한 날을 말한다)에 취득한 것으로 본다.

② 유상승계취득의 경우 취득일 전에 등기 또는 등록을 한 경우에는 그 등기일 또는 등록일에 취득한 것으로 본다.

③ 무상승계취득의 경우 해당 취득물건을 등기·등록하지 아니하고 화해조서·인낙조서·공정증서에 의하여 취득일이 속하는 달의 말일부터 3개월 이내에 계약이 해제된 사실이 입증되는 경우에는 취득한 것으로 보지 아니한다.

④ 연부로 취득하는 것(취득가격의 총액이 50만원 이하의 적용을 받는 것은 제외한다)은 그 사실상의 연부금 지급일을 취득시기로 한다.

⑤ 「민법」 제839조의2 및 제843조에 따른 재산분할로 인한 취득의 경우에는 취득물건의 당초 취득일을 취득일로 본다.

제5절 | 취득세 과세표준

01 취득세 과세표준

대표유형

「지방세법」상 취득세의 과세표준에 관한 설명으로 옳지 않은 것은?

① 법인이 아닌 자가 건축물을 건축하여 취득하는 경우로서 사실상 취득가격을 확인할 수 없는 경우의 취득당시가액은 시가표준액으로 한다.

② 취득물건에 대한 시가표준액이 1억원 이하인 부동산 등을 증여로 취득하는 경우의 취득당시 가액은 시가인정액과 시가표준액 중에서 납세자가 정하는 가액으로 한다.

③ 건축물을 개수하는 경우 취득당시가액은 사실상 취득가격으로 한다. 다만, 법인이 아닌 자가 건축물을 건축하여 취득하는 경우로서 사실상 취득가격을 확인할 수 없는 경우의 취득당시가액은 시가표준액으로 한다.

④ 양도담보로 취득한 경우 취득 당시의 가액은 양도담보에 따른 채무액(채무액 외에 추가로 지급한 금액이 있는 경우 그 금액을 포함한다)으로 한다. 다만, 그 채무액이 시가인정액보다 적은 경우 취득당시가액은 시가인정액으로 한다.

⑤ 상속에 따른 무상취득의 경우 취득당시가액은 시가인정액으로 한다. 다만, 시가인정액을 산정하기 어려운 경우에는 시가표준액으로 한다.

▶**해설** ⑤ 무상(증여)취득을 원인으로 취득하는 경우 취득당시가액은 시가인정액으로 하되, 시가인정액을 산정하기 어려운 경우에는 시가표준액으로 한다. 다만, 상속의 경우는 시가표준액으로 한다.　　　　　　　　　　🅐 정답 ⑤

Point
26
상중하
과세표준

「지방세법」상 취득세의 과세표준에 대한 설명으로 옳지 않은 것은?

① 취득세의 과세표준은 취득당시가액으로 한다. 다만, 연부(年賦)로 취득하는 경우에는 연부금액(매회 사실상 지급되는 금액을 말하며, 취득금액에 포함되는 계약보증금을 포함한다)으로 한다.

② 지방자치단체의 장은 특수관계인 간의 거래로 그 취득에 대한 조세부담을 부당하게 감소시키는 행위 또는 계산을 한 것으로 인정되는 경우(부당행위계산)에는 시가인정액을 취득당시가액으로 결정할 수 있다.

③ 교환으로 취득한 경우 취득 당시의 가액은 교환을 원인으로 이전받는 부동산 등의 시가인정액과 이전하는 부동산 등의 시가인정액(상대방에게 추가로 지급하는 금액과 상대방으로부터 승계받는 채무액이 있는 경우 그 금액을 더하고, 상대방으로부터 추가로 지급받는 금액과 상대방에게 승계하는 채무액이 있는 경우 그 금액을 차감한다) 중 높은 가액으로 한다.

④ 부동산 등을 원시취득하는 경우 취득당시가액은 사실상 취득가격으로 한다. 다만, 법인이 아닌 자가 건축물을 건축하여 취득하는 경우로서 사실상 취득가격을 확인할 수 없는 경우의 취득당시가액은 시가인정액으로 한다.

⑤ 토지의 지목을 사실상 변경한 경우 취득당시가액은 그 변경으로 증가한 가액에 해당하는 사실상 취득가격으로 한다. 다만, 법인이 아닌 자가 토지의 지목을 사실상 변경한 경우로서 사실상 취득가격을 확인할 수 없는 경우 취득 당시가액은 지목변경 이후의 토지에 대한 시가표준액에서 지목변경 전의 토지에 대한 시가표준액을 뺀 가액으로 한다.

27
상중하
과세표준

「지방세법」상 취득세의 과세표준에 관한 설명으로 옳지 않은 것은?

① 특수관계인으로부터 시가인정액보다 낮은 가격으로 부동산을 유상(매매)으로 취득한 경우로서 시가인정액과 사실상 취득가격의 차액이 3억원 이상인 경우 지방자치단체의 장은 시가인정액을 취득당시가액으로 결정할 수 있다.

② 부동산 등을 일괄취득함으로 인하여 부동산에 대한 취득가액이 구분되지 않는 경우 한꺼번에 취득한 가액을 각 과세물건별 시가표준액의 비율로 나눈 금액을 부동산 등의 가액으로 한다.

③ 건축물을 개수하는 경우 취득당시가액은 사실상 취득가격으로 한다. 다만, 법인이 아닌 자가 건축물을 건축하여 취득하는 경우로서 사실상 취득가격을 확인할 수 없는 경우의 취득당시가액은 시가표준액으로 한다.

④ 양도담보로 취득한 경우 취득 당시의 가액은 양도담보에 따른 채무액(채무액 외에 추가로 지급한 금액이 있는 경우 그 금액을 포함한다)으로 한다. 다만, 그 채무액이 시가인정액보다 적은 경우 취득당시가액은 시가인정액으로 한다.

⑤ 상속에 따른 무상취득의 경우 취득당시가액은 시가인정액으로 한다. 다만, 시가인정액을 산정하기 어려운 경우에는 시가표준액으로 한다.

Point
28
상중하
과세표준

다음 중 취득세 과세표준에 대한 설명으로 틀린 것은?

① 증여자의 채무를 인수하는 부담부증여의 경우 취득 물건의 시가인정액에서 유상취득으로 보는 채무부담액을 뺀 잔액에 대해서는 무상취득의 과세표준을 적용한다.

② 토지를 매립 간척한 경우 취득당시가액은 시가인정액으로 한다. 다만, 시가인정액을 확인할 수 없는 경우에는 시가표준액으로 한다.

③ 시가인정액 평가기간 이내에 시가인정액이 둘 이상인 경우에는 취득일 전 후로 가장 가까운 날의 가액을 적용한다.

④ 대물변제의 경우 대물변제액(대물변제액 외에 추가로 지급한 금액이 있는 경우에는 그 금액을 포함한다). 다만, 대물변제액이 시가인정액보다 적은 경우 취득당시가액은 시가인정액으로 한다.

⑤ 법인이 아닌 자가 부담하는 할부 및 연부계약 따른 이자 상당액 및 연체료와 공인중개사법에 따른 공인중개사에게 지급하는 중개보수는 그 사실상의 취득가격에 포함되지 아니한다.

29
상중하
시가인정액

「지방세법시행령」 제14조 시가인정액의 산정에 관한 설명으로 틀린 것은?

① "매매사례가액, 감정가액, 공매가액 등 대통령령으로 정하는 바에 따라 시가로 인정되는 가액(시가인정액)"이란 취득일 전 6개월부터 취득일 후 6개월 이내의 기간(평가기간)에 취득 대상이 된 부동산 등에 대하여 매매, 감정, 경매(「민사집행법」에 따른 경매를 말한다) 또는 공매한 사실이 있는 경우의 가액을 말한다.

② 취득한 부동산 등의 매매사실이 있는 경우 그 거래가액을 시가인정액으로 한다. 다만, 「소득세법」 제101조 제1항 또는 「법인세법」에 따른 특수관계인과의 거래 등으로 그 거래가액이 객관적으로 부당하다고 인정되는 경우는 제외한다.

③ 취득한 부동산 등에 대하여 둘 이상의 감정기관(행정안전부령으로 정하는 공신력 있는 감정기관을 말한다)이 평가한 감정가액이 있는 경우 그 감정가액의 평균액을 시가인정액으로 한다.

④ 취득한 부동산 등의 경매 또는 공매 사실이 있는 경우 그 경매가액 또는 공매가액을 시가인정액으로 한다.

⑤ 취득한 부동산 등의 면적, 위치 및 용도와 시가표준액이 동일하거나 유사하다고 인정되는 다른 부동산 등에 대한 시가인정액(취득세를 신고한 경우에는 평가기간 이내의 가액 중 신고일까지의 시가인정액으로 한정한다)이 있는 경우에는 해당 가액을 시가인정액으로 본다.

30

상중하
시가표준액

「지방세법」상 시가표준액에 관한 설명으로 옳은 것을 모두 고른 것은?

> ㉠ 토지의 시가표준액은 세목별 납세의무의 성립시기 당시 「부동산 가격공시에 관한 법률」에 따른 개별공시지가가 공시된 경우 개별공시지가로 한다.
> ㉡ 건축물의 시가표준액은 소득세법령에 따라 매년 1회 국세청장이 산정, 고시하는 건물신축가격기준액에 행정안전부장관이 정한 기준을 적용하여 국토교통부장관이 결정한 가액으로 한다.
> ㉢ 공동주택의 시가표준액은 공동주택가격이 공시되지 아니한 경우에는 지역별·단지별·면적별·층별 특성 및 거래가격을 고려하여 행정안전부장관이 정하는 기준에 따라 국토교통부장관이 산정한 가액으로 한다.

① ㉠   ② ㉠, ㉡   ③ ㉠, ㉢
④ ㉡, ㉢   ⑤ ㉠, ㉡, ㉢

---

02 사실상 취득가격의 범위 등

대표유형

「지방세법시행령」 제18조 [사실상 취득가격의 범위 등]에 대한 설명 중 틀린 것은?

① 사실상의 취득가격이란 해당 물건을 취득하기 위하여 거래 상대방 또는 제3자에게 지급했거나 지급해야 할 직접비용과 열거된 간접비용의 합계액을 말한다.
② 취득대금을 일시급 등으로 지급하여 일정액을 할인받은 경우에는 그 할인된 금액으로 한다.
③ 법인이 아닌 자가 취득한 경우 건설자금에 충당한 차입금의 이자 또는 이와 유사한 금융비용은 사실상의 취득가격에 포함한다.
④ 취득대금 외에 당사자의 약정에 따른 취득자 조건 부담액과 채무인수액은 사실상의 취득가격에 포함한다.
⑤ 법인이 아닌 자가 취득한 경우 「공인중개사법」에 따른 공인중개사에게 지급한 중개보수를 제외한 금액으로 한다.

해설 ③ 법인이 아닌 자가 취득한 경우 건설자금에 충당한 차입금의 이자 또는 이와 유사한 금융비용을 제외한 금액으로 한다.
Ⓐ 정답 ③

Point

31 상중하

사실상 취득가격

「지방세법」 및 관계법령상 법인 아닌 자가 사실상의 취득가격을 과세표준으로 하는 경우, 취득가격에 포함되는 비용을 모두 고른 것은?

ㄱ 건설자금에 충당한 차입금의 이자 또는 이와 유사한 금융비용
ㄴ 부동산을 취득하는 경우 「주택도시기금법」 제8조에 따라 매입한 국민주택채권을 해당 부동산의 취득 이전에 금융회사에 양도함으로써 발생하는 매각차손
ㄷ 할부 또는 연부계약에 따른 이자상당액 및 연체료
ㄹ 취득대금 외에 당사자의 약정에 따른 취득자 조건 부담액과 채무인수액
ㅁ 「공인중개사법」에 따른 공인중개사에게 지급한 중개보수

① ㄱ, ㄴ
② ㄱ, ㄷ
③ ㄴ, ㄷ
④ ㄴ, ㄹ
⑤ ㄱ, ㄷ, ㅁ

32 상중하

사실상 취득가격

「지방세법시행령」 제18조 [사실상 취득가격의 범위 등]에서 사실상 취득가격에 포함하지 않는 것은?

① 「농지법」에 따른 농지보전부담금
② 「문화예술진흥법」 제9조 제3항에 따른 미술작품의 설치 또는 문화예술진흥기금에 출연하는 금액
③ 「산지관리법」에 따른 대체산림자원조성비 등 관계 법령에 따라 의무적으로 부담하는 비용
④ 붙박이 가구·가전제품 등 건축물에 부착되거나 일체를 이루면서 건축물의 효용을 유지 또는 증대시키기 위한 설비·시설 등의 설치비용
⑤ 부가가치세

33

상**중**하

과세표준 계산

개인 甲은 특수관계없는 乙로부터 다음과 같은 내용으로 주택을 취득하였다. 취득세 과세표준 금액으로 옳은 것은?

• 계약내용	
총매매대금	500,000,000원
2024년 7월 2일 계약금	50,000,000원
2024년 8월 2일 중도금	150,000,000원
2024년 9월 3일 잔금	300,000,000원
• 개인 甲이 주택 취득과 관련하여 지출한 비용	
(1) 총매매대금 외에 당사자약정에 의하여 乙의 은행채무를 甲이 대신 변제한 금액	10,000,000원
(2) 법령에 따라 매입한 국민주택채권을 해당 주택의 취득 이전에 금융회사에 양도함으로써 발생하는 매각차손	1,000,000원
(3) 「공인중개사법」에 따른 공인중개사에게 지급한 중개보수	1,100,000원 (부가가치세 포함)

① 500,000,000원   ② 501,000,000원

③ 510,000,000원   ④ 511,000,000원

⑤ 512,000,000원

34

상**중**하

과세표준 계산

A법인은 다음과 같은 내용으로 B회사로부터 건물을 취득하였다. 이 때 A법인의 취득세 과세표준은 얼마가 되어야 하는가?

• 아래의 금액들은 A법인의 원장 등의 법인장부에 의해 확인되는 금액임
• 계약내용(계약대상은 건물만 해당)
  - 계약총액 110,000,000원(부가가치세 10,000,000원 포함)
  - 2024년 5월 1일 계약금 20,000,000원 지급
  - 2024년 5월 31일 잔금 90,000,000원 지급
• A법인의 건물취득과 관련하여 지출한 비용
  - 당해 건물의 취득과 관련하여 건설자금에 충당한 금액의 이자 5,000,000원
  - 공인중개사에게 지급한 중개보수 1,000,000원(부가가치세 제외)

① 80,000,000원   ② 105,000,000원

③ 106,000,000원   ④ 110,000,000원

⑤ 116,000,000원

제6절 │ 취득세 세율

01 부동산 취득의 표준세율

대표유형

「지방세법」상 부동산 취득의 표준세율로 틀린 것은?

① 원시취득: 1천분의 28

② 상속으로 인한 농지의 취득: 1천분의 23

③ 상속으로 인한 농지 외의 토지 취득: 1천분의 28

④ 매매로 인한 농지 외의 토지 취득: 1천분의 30

⑤ 합유물 및 총유물의 분할로 인한 취득: 1천분의 23

해설 ④ 매매로 인한 농지 외의 토지 취득: 1천분의 40   **A** 정답 ④

35

상중하
표준세율

「지방세법」상 농지를 상호교환하여 소유권이전등기를 할 때 적용하는 취득세 표준세율은? (단, 법령이 정하는 비영리사업자가 아님)

① 1천분의 23   ② 1천분의 25

③ 1천분의 28   ④ 1천분의 30

⑤ 1천분의 35

Point
36

상중하
표준세율

「지방세법」상 취득세의 표준세율이 가장 높은 것은? (단, 「지방세특례제한법」은 고려하지 않음)

① 상속으로 건물(주택 아님)을 취득한 경우

② 「사회복지사업법」에 따라 설립된 사회복지법인이 독지가의 기부에 의하여 건물을 취득한 경우

③ 영리법인이 공유수면을 매립하여 농지를 취득한 경우

④ 개인이 유상거래를 원인으로 「지방세법」 제10조에 따른 취득 당시의 가액이 7억5천만원인 주택(「주택법」에 의한 주택으로서 등기부에 주택으로 기재된 주거용 건축물과 그 부속토지)을 취득한 경우

⑤ 유상거래를 원인으로 농지를 취득한 경우

37 「지방세법」상 부동산 취득의 표준세율로 틀린 것은?

상<mark>중</mark>하
표준세율

① 상속으로 인한 농지취득 : 1천분의 23
② 법령으로 정한 비영리사업자의 상속 외의 무상취득 : 1천분의 28
③ 법인의 합병으로 인한 농지 외의 토지 취득 : 1천분의 30
④ 합유물 및 총유물의 분할로 인한 취득 : 1천분의 23
⑤ 원시취득(공유수면의 매립 또는 간척으로 인한 농지취득 제외) : 1천분의 28

Point
38 「지방세법」상 취득세의 표준세율에 관한 설명으로 틀린 것은?

상<mark>중</mark>하
표준세율

① 무주택자가 유상거래를 원인으로 취득가격이 5억원인 주택을 취득하는 경우에는 1천분의 10의 세율을 적용한다.
② 건축(신축과 재축은 제외) 또는 개수로 인하여 건축물 면적이 증가할 때에는 그 증가된 부분에 대하여 원시취득으로 보아 세율을 적용한다.
③ 취득세세율은 차등비례세율과 초과누진세율 구조로 되어 있다.
④ 부동산이 공유물일 때에는 그 취득지분의 가액을 과세표준으로 하여 각각의 세율을 적용한다.
⑤ 지방자치단체의 장은 조례로 정하는 바에 따라 취득세의 세율을 표준세율의 100분의 50의 범위에서 가감할 수 있다.

39 「지방세법」상 취득세의 표준세율로 틀린 것은?

상<mark>중</mark>하
표준세율

① 유상거래를 원인으로 취득당시의 가액이 7억5천만원인 주택의 취득 – 1천분의 20
② 매매로 인한 농지의 취득 – 1천분의 30
③ 법령으로 정한 비영리사업자의 상속 외의 무상취득 – 1천분의 35
④ 원시취득 – 1천분의 28
⑤ 합유물의 분할로 인한 취득 – 1천분의 23

40 「지방세법」상 부동산 취득시 취득세 과세표준에 적용되는 표준세율에 관한 설명으로 틀린 것은?

상중하
표준세율

① 상속으로 상가를 취득한 경우의 취득세 표준세율은 1천분의 28이다.

② 주택을 소유하지 않은 자가 매매로 취득가격이 6억원인 주택을 취득한 경우의 취득세 표준세율은 1천분의 30이다.

③ 지방자치단체의 장은 조례로 정하는 바에 따라 취득세의 세율을 표준세율의 100분의 50의 범위에서 가감할 수 있다.

④ 같은 취득물건에 대하여 둘 이상의 세율이 해당되는 경우에는 그중 높은 세율을 적용한다.

⑤ 건축(신축과 재축은 제외) 또는 개수로 인하여 건축물 면적이 증가할 때에는 그 증가된 부분에 대하여 원시취득으로 보아 1천분의 28의 표준세율을 적용한다.

41 다음 중 취득세 표준세율이 가장 높은 것은?

상중하
표준세율

① 비영리사업자의 증여로 인한 농지 취득

② 무주택자인 개인이 유상거래를 원인으로 취득 당시의 가액이 6억원 이하인 주택을 취득

③ 교환으로 인한 농지의 취득

④ 법인의 합병으로 인한 상가 취득

⑤ 상속으로 취득한 상가

42 다음 중 취득세 표준세율이 가장 낮은 것으로 옳은 것은?

상중하
표준세율

① 매매를 원인으로 한 건물 취득

② 합유물 및 총유물의 분할로 인한 취득

③ 개인이 증여를 원인으로 한 건물 취득

④ 매매를 원인으로 한 농지취득

⑤ 사회복지법에 따라 설립된 사회복지법인이 독지가의 기부에 의하여 건물을 취득한 경우

Point
43
상중하
표준세율

다음 중 취득세 세율에 관한 설명으로 옳은 것은?

① 법인이 조정대상지역 내 2주택을 취득하는 경우 「지방세법」 제11조 제1항 제7호 나목의 세율을 표준세율로 하여 해당 세율에 중과기준세율의 100분의 200을 합한 세율을 적용한다.
② 지방자치단체의 장은 조례로 정하는 바에 따라 표준세율과 중과세율에 대하여 100분의 50의 범위에서 가감 조정할 수 있다.
③ 중과기준세율이란 1천분의 40을 말한다.
④ 조정대상지역에 있는 주택으로 취득당시 시가표준액이 3억원 이상인 주택을 증여를 원인으로 취득하는 경우 표준세율에 중과기준세율의 100분의 400을 합한 세율을 적용한다.
⑤ 주택 유상거래 세율 적용시 주택 수를 계산할 때 분양권과 조합원입주권은 주택 수에 포함하지 아니한다.

44
상중하
표준세율

다음 취득세 세율에 관한 설명이다. 취득세 세율이 높은 순서에서 낮은 순서로 올바르게 나열한 것은?

┌───┐
│ ㉠ 농지를 매매로 취득   ㉡ 상가를 매매로 취득 │
│ ㉢ 개인이 농지를 증여에 의해 취득   ㉣ 농지를 상속에 의해 취득 │
│ ㉤ 주택을 신축 │
└───┘

① ㉣ - ㉤ - ㉠ - ㉢ - ㉡
② ㉡ - ㉢ - ㉠ - ㉤ - ㉣
③ ㉡ - ㉠ - ㉤ - ㉢ - ㉣
④ ㉡ - ㉠ - ㉢ - ㉤ - ㉣
⑤ ㉡ - ㉢ - ㉤ - ㉠ - ㉣

45
상중하
세율

다음은 취득세 세율에 대한 설명으로 틀린 것은?

① 유상, 상속, 증여 등으로 취득하는 부동산이 공유물일 때에는 그 취득지분의 가액을 과세표준으로 하여 각각의 해당 세율을 적용한다.
② 주택을 신축 또는 증축한 이후 해당 주거용 건축물의 소유자(배우자 및 직계존비속을 포함한다)가 해당 주택의 부속토지를 유상 취득하는 경우 주택 유상거래 세율을 적용한다.
③ 조정대상 외의 지역 내 1주택과 분양권을 소유한 1세대가 해당 지역의 주택을 유상으로 취득하는 경우 「지방세법」 제11조 제1항 제7호 나목을 해당 표준세율로 하여 중과기준세율의 100분의 200을 합한 세율을 적용한다.
④ 개수로 인하여 면적이 증가한 경우에는 원시취득으로 보아 28/1,000의 세율을 적용하고 가액이 증가한 경우 간주취득으로 중과기준세율을 적용한다.
⑤ 법인이 주택을 유상 승계 취득하는 경우 「지방세법」 제11조 제1항 제7호 나목을 해당 표준세율로 하여 중과기준세율의 100분의 400을 합한 세율을 적용한다.

02 부동산 취득의 중과세율

대표유형

「지방세법」상 아래의 부동산 등을 신(증)축하는 경우 취득세가 중과(重課)되지 않는 것은 몇 개인가? (단, 「지방세법」상 중과요건을 충족하는 것으로 가정함)

⊙ 병원의 병실
ⓛ 골프장
ⓒ 고급주택
② 법인 본점의 사무소전용 주차타워
⑩ 대도시에서 법인이 사원에 대한 임대용으로 직접 사용할 목적으로 취득한 사원주거용 목적의 공동주택[1구의 건축물의 연면적(전용면적을 말한다)이 60제곱미터 이하임]
ⓑ 「수도권정비계획법」에 의한 과밀억제권역 안에서 공장을 신설하거나 증설하기 위한 사업용 과세물건

① 1개   ② 2개   ③ 3개
④ 4개   ⑤ 5개

해설 1. 중과세 대상×: ⊙, ⑩(2개)
⊙ 병원의 병실: 중과세×
⑩ 대도시에서 법인이 사원에 대한 임대용으로 직접 사용할 목적으로 취득한 사원주거용 목적의 공동주택[1구의 건축물의 연면적(전용면적을 말한다)이 60제곱미터 이하임]: 중과세×
2. 중과세 대상 ○: ⓛ, ⓒ, ②, ⓑ(4개)
ⓛ 골프장: 사치성재산 ⇨ (표준세율 + 8%)
ⓒ 고급주택: 사치성재산 ⇨ (표준세율 + 8%)
② 법인 본점의 사무소전용 주차타워: (표준세율 + 4%)
ⓑ 「수도권정비계획법」에 의한 과밀억제권역 안에서 공장을 신설하거나 증설하기 위한 사업용 과세물건: (표준세율 + 4%)
Ⓐ 정답 ②

46
상중하
사치성 재산

「지방세법」상 취득세 표준세율과 중과기준세율의 100분의 400을 합한 세율이 적용되는 취득세 과세대상은 다음 중 모두 몇 개인가? (다만, 「지방세법」상 중과세율의 적용요건을 모두 충족하는 것으로 가정함)

⊙ 골프장
ⓛ 고급주택
ⓒ 고급오락장
② 과밀억제권역 안에서 법인 본점으로 사용하는 사업용 부동산

① 1개   ② 2개   ③ 3개
④ 4개   ⑤ 5개

47 취득세 중과세 대상에 대한 설명으로 틀린 것은?

중과세

① 고급오락장이 건축물의 일부에 시설된 경우에는 해당 건축물의 부속된 토지 중 그 건축물의 연면적에 대한 고급오락장용 건축물의 연면적 비율에 해당하는 토지를 고급오락장용 부속토지로 보아 중과세를 적용한다.

② 수도권 주거지역 내 고급오락장에 부속된 토지의 경계가 불분명한 경우에는 그 건축물의 바닥면적의 3배를 부속토지로 본다.

③ 고급주택, 골프장 또는 고급오락장용 건축물을 증축·개축 또는 개수한 경우와 일반건축물을 증축·개축 또는 개수하여 고급주택 또는 고급오락장이 된 경우에 그 증가되는 건축물 가액에 대하여 해당 중과세율을 적용한다.

④ 고급오락장용 건축물을 취득한 날로부터 60일(상속은 예외) 이내에 고급오락장이 아닌 용도로 사용하거나 고급오락장이 아닌 용도로 사용하기 위하여 용도변경공사를 착공하는 경우는 중과세를 적용하지 아니한다.

⑤ 1구의 건축물의 연면적(주차장면적 제외)이 331제곱미터를 초과하고 그 주거용 건축물과 부속토지의 취득당시 시가표준액이 9억원을 초과하는 경우 고급주택으로 표준세율과 중과기준세율의 100분의 400을 합한 세율을 적용한다.

48 다음은 취득세 중과세에 대한 내용이다. 틀린 것은?

중과세

① 토지나 건축물을 취득한 후 5년 이내에 당해 토지나 건축물이 골프장, 고급주택 또는 고급오락장이 되거나 과밀억제권역 안에서 공장의 신설, 증설, 본점 주사무소, 사업용 부동산이 된 때에는 중과세율을 적용하여 취득세를 추징한다.

② 고급주택, 골프장, 또는 고급오락장용 건축물을 증축, 개축 또는 개수하는 경우와 일반건축물을 증축, 개축 또는 개수하여 고급주택 또는 고급오락장이 된 경우에 그 증가되는 건축물의 가액에 대하여 중과세율을 적용하여 취득세를 추징한다.

③ 과밀억제권역 내 법인의 지점 분사무소용 부동산을 취득하는 경우와 본점 주사무소용 부동산이라 할지라도 신축 증축이 아닌 승계 취득하는 경우에는 중과세하지 아니한다.

④ 공장 신·증설의 경우에 사업용 과세물건의 소유자와 공장을 신설 또는 증설한 자가 다른 때에는 그 공장을 신설 또는 증설한 자에게 중과세율을 적용한다.

⑤ 주택을 취득한 날로부터 60일(상속으로 인한 경우에는 상속개시일이 속한 달의 말일부터 6개월 납세자가 외국에 주소를 둔 경우 9개월 이내)에 주거 외의 용도로 사용하거나 고급주택이 아닌 용도로 사용하기 위하여 용도변경 공사를 착공하는 경우에는 중과세하지 아니한다.

03 세율의 특례 · 적용

대표유형

「지방세법」상 취득세 표준세율에서 중과기준세율을 뺀 세율로 산출한 금액을 취득세액으로 하는 경우가 아닌 것은? (단, 취득물건은 취득세 중과대상이 아님)

① 상속으로 인한 취득 중 법령으로 정하는 1가구 1주택 및 그 부속토지의 취득
② 공유물의 분할로 인한 취득(등기부등본상 본인지분을 초과하지 아니함)
③ 법인 설립 후 유상 증자시에 주식을 취득하여 최초로 과점주주가 된 경우
④ 건축물의 이전으로 인한 취득(이전한 건축물의 가액이 종전 건축물의 가액을 초과하지 아니함)
⑤ 「민법」(이혼한 자 일방의 재산분할청구권 행사)에 따른 재산분할로 인한 취득

해설 ③ 법인 설립 후 유상 증자시에 주식을 취득하여 최초로 과점주주가 된 경우: 중과기준세율(2%)를 적용한다.

A 정답 ③

49
상중하
중과기준세율

다음 중 중과기준세율을 적용하는 경우로 옳은 것은?

① 벌채하여 원목을 생산하기 위한 입목의 취득
② 공유물·합유물의 분할 또는 부동산 실권리자명의 등기에 관한 법률에서 규정하고 있는 부동산의 공유권 해소를 위한 지분이전으로 인한 취득
③ 건축물의 이전으로 인한 취득(이전한 건축물의 가액이 종전 건축물의 가액을 초과하지 아니함)
④ 민법에 따른 재산분할로 인한 취득
⑤ 존속기간이 1년 초과하는 임시건축물의 취득

Point
50
상중하
표준세율에서
중과기준세율을 뺀
세율

「지방세법」상 취득세 표준세율에서 중과기준세율을 뺀 세율로 산출한 금액을 취득세액으로 하는 것으로 묶인 것은? (단, 취득물건은 「지방세법」 제13조 제2항에 해당되지 않고, 제11조 제1항 제8호에 따른 주택은 제외하며, 지방세특례는 고려하지 않음)

ⓐ 환매등기를 병행하는 부동산의 매매로서 환매기간 내에 매도자가 환매한 경우의 그 매도자와 매수자의 취득
ⓑ 개수로 인한 취득(개수로 인하여 건축물 면적이 증가하지 아니함)
ⓒ 무덤과 이에 접속된 부속시설물의 부지로 사용되는 토지로서 지적공부상 지목이 묘지인 토지의 취득
ⓓ 공유물의 분할로 인한 취득(등기부등본상 본인 지분을 초과하지 아니함)

① ㉠, ㉡   ② ㉠, ㉢   ③ ㉠, ㉣
④ ㉡, ㉢   ⑤ ㉡, ㉣

51

표준세율에서
중과기준세율을 뺀
세율

다음은 부동산 취득세 특례세율 대상으로서 표준세율에서 중과기준세율(1,000분의 20)을 뺀 세율 적용대상 취득에 대한 설명이다. 틀린 것은? (다만, 중과세대상은 아님)

① 건축물의 이전으로 인한 취득(이전한 건축물의 가액이 종전 건축물의 가액을 초과하지 아니함)
② 「민법」에 따른 이혼시 재산분할로 인한 취득
③ 「법인세법」 제44조 제2항 또는 제3항에 해당하는 법인의 합병으로 인한 취득(사치성 재산 등은 제외)
④ 제7조 제5항에 따른 과점주주의 취득
⑤ 상속으로 인한 취득 중 대통령령으로 정하는 1가구 1주택의 취득(단, 고급주택 제외) 및 「지방세특례제한법」 제6조 제1항에 따라 취득세의 감면대상이 되는 농지의 취득

52
상중하
취득세 세율

다음 중 중과기준세율을 적용하지 않는 것으로 옳은 것은?

① 개수로 인하여 가액이 증가한 경우
② 무덤과 이에 접속된 부속시설물의 부지로 사용되는 토지로서 지적공부상 지목이 묘지인 토지
③ 시설대여업자의 건설기계 또는 차량취득
④ 토지의 지목을 사실상 변경함으로 그 가액이 증가한 경우
⑤ 공유물 분할로 인한 취득(등기부등본상 본인 지분을 초과하지 아니함)

53
상중하
주택 유상거래 세율

「지방세법」상 취득세 세율에 대한 설명으로 옳지 않은 것은? (단, 「지방세특례제한법」은 고려하지 않음)

① 주택을 신축 또는 증축한 이후 해당 주거용 건축물의 소유자(배우자 및 직계존비속을 포함한다)가 해당 주택의 부속토지를 취득하는 경우에는 유상 취득에 대한 주택의 세율을 적용하지 아니한다.

② 조정대상지역 내의 주택을 취득하여 1세대 2주택(대통령령으로 정하는 일시적 2주택은 제외한다)에 해당하는 경우 지방세법 제11조 제1항 나목의 세율(1천분의 40)을 표준세율로 하여 해당 세율에 중과기준세율의 100분의 200을 합한 세율을 적용한다.

③ 조정대상지역 외의 주택을 취득하여 1세대 4주택에 해당하는 경우 지방세법 제11조 제1항 나목의 세율(1천분의 40)을 표준세율로 하여 해당 세율에 중과기준세율의 100분의 300을 합한 세율을 적용한다.

④ 「주택법」에 따른 조정대상지역에 있는 주택으로서 공시가격 3억원 이상의 주택을 증여하는 경우 표준세율(1천분의 40)에 중과기준세율의 100분의 400을 합한 세율을 적용한다. 다만, 1세대 1주택자가 소유한 주택을 배우자 또는 직계존비속에게 증여하는 경우는 제외한다.

⑤ 법인이 주택을 취득하는 경우 주택 수에 관계없이 지방세법 제11조 제1항 나목의 세율(1천분의 40)을 표준세율로 하여 해당 세율에 중과기준세율의 100분의 400을 합한 세율을 적용한다.

54
상중하
표준세율

지방세법령상 취득세 세율에 대한 설명으로 가장 옳지 않은 것은?

① 법인의 합병으로 취득한 농지에 대한 취득세 표준세율은 1천분의 28이다.

② 종교 및 제사를 목적으로 하는 단체가 무상 취득한 부동산에 대한 취득세 표준세율은 1천분의 28이다.

③ 토지의 지목변경으로 그 가액이 증가한 경우 중과기준세율을 적용한다.

④ 영리법인이 무상 취득한 부동산에 대한 취득세 표준세율은 1천분의 35이다.

⑤ 공유물의 분할 또는 「부동산 실권리자명의 등기에 관한 법률」에서 규정하고 있는 부동산의 공유권 해소를 위한 지분이전(다만, 등기부등본상 본인 지분을 초과하는 부분의 경우에는 제외한다)에 대한 취득세 표준세율은 1천분의 23이다.

Point
55
상중하
취득세 세율

다음은 취득세의 세율에 대한 설명이다. 가장 잘못된 것은?

① 교환으로 인한 상가의 취득시 취득세 세율은 1,000분의 40이다.

② 지방자치단체의 장은 조례가 정하는 바에 의하여 취득세 세율(중과세율 제외)을 표준세율의 100분의 50의 범위 안에서 가감 조정할 수 있다.

③ 주택을 신축하여 취득한 경우 취득세 세율은 1,000분의 28이다.

④ 상속으로 인한 취득 중 법령으로 정하는 1가구 1주택 및 그 부속토지의 취득은 표준세율에서 중과기준세율을 뺀 세율을 적용한다.

⑤ 회원제 골프장용 부동산 중 구분등록의 대상이 되는 토지와 건축물에 대한 취득세 세율과 과밀억제권역 내의 법인의 본점 또는 주사무소(신·증축에 한함)의 사업용 부동산에 대한 취득세 세율은 동일하다.

56
상중하
과세표준과 세율

「지방세법」상 취득세 과세표준 및 세율에 대한 설명이다. 틀린 것은?

① 시가인정액이란 취득일 전 3개월 취득일 후 3개월 이내의 기간에 취득세 과세대상인 된 부동산 등에 대하여 매매, 감정, 경매 또는 공매한 사실이 있는 경우의 가액을 말한다.

② 취득 당시 가액이 6억원인 주택을 신축한 경우 취득세 세율은 1,000분의 28이다.

③ 법인의 경우 건설자금이자는 취득가액에 포함한다.

④ 연부취득의 경우 과세표준은 매회 사실상 지급되는 금액을 말하며 취득금액에 포함되는 계약보증금을 포함한다.

⑤ 유상·상속·증여 등으로 취득하는 부동산이 공유물인 때에는 그 취득지분 가액을 과세표준으로 하여 각각의 해당 세율을 적용한다.

제7절 │ 취득세 부과·징수

대표유형

「지방세법」상 취득세의 부과·징수에 관한 설명으로 틀린 것은?   제25회

① 납세의무자가 취득세 과세물건을 사실상 취득한 후 취득세 신고를 하지 아니하고 매각하는 경우에는 산출세액에 100분의 50을 가산한 금액을 세액으로 하여 보통징수의 방법으로 징수한다.
② 재산권을 공부에 등기하려는 경우에는 등기 신청서를 등기관서에 접수하는 날까지 취득세를 신고·납부하여야 한다.
③ 등기·등록관서의 장은 취득세가 납부되지 아니하였거나 납부부족액을 발견하였을 때에는 다음 달 10일까지 납세지를 관할하는 시장·군수·구청장에게 통보하여야 한다.
④ 취득세 납세의무자가 신고 또는 납부의무를 다하지 아니하면 산출세액 또는 그 부족세액에 「지방세기본법」의 규정에 따라 산출한 가산세를 합한 금액을 세액으로 하여 보통징수의 방법으로 징수한다.
⑤ 지방자치단체의 장은 취득세 납세의무가 있는 법인이 장부 등의 작성과 보존의무를 이행하지 아니한 경우에는 산출세액 또는 부족세액의 100분의 10에 상당하는 금액을 징수하여야 할 세액에 가산한다.

해설 ① 납세의무자가 취득세 과세물건을 사실상 취득한 후 취득세 신고를 하지 아니하고 매각하는 경우에는 산출세액에 100분의 80을 가산한 금액을 세액으로 하여 보통징수의 방법으로 징수한다.
ⓘ **중가산세**: 산출세액의 80%(보통징수)는 취득세에만 적용한다.
취득 후 법정신고 기한 내 신고하지 않고 매각하는 경우. 단, 다음의 경우 제외한다.
1. 취득세 과세물건 중 등기 또는 등록을 필요로 하지 아니하는 과세물건. 단, 골프 회원권, 콘도미니엄 회원권 및 종합체육시설 이용권 등은 제외
2. 지목변경, 차량, 건설기계 또는 선박의 종류변경 및 과점주주의 주식취득 등 취득으로 간주되는 과세물건
Ⓐ 정답 ①

Point
57
상중하
부과·징수

「지방세법」상 취득세의 부과·징수에 관한 설명으로 옳은 것은?

① 취득세의 징수는 보통징수의 방법으로 한다.
② 상속으로 취득세 과세물건을 취득한 자는 상속개시일부터 60일 이내에 산출한 세액을 신고하고 납부하여야 한다.
③ 신고·납부기한 이내에 재산권과 그 밖의 권리의 취득·이전에 관한 사항을 공부에 등기하거나 등록(등재 포함)하려는 경우에는 등기 또는 등록 신청서를 등기·등록관서에 접수하는 날까지 취득세를 신고·납부하여야 한다.
④ 취득세 과세물건을 취득한 후에 그 과세물건이 중과 세율의 적용대상이 되었을 때에는 중과 세율을 적용하여 산출한 세액에서 이미 납부한 세액(가산세 포함)을 공제한 금액을 세액으로 하여 신고·납부하여야 한다.
⑤ 법인의 취득당시가액을 증명할 수 있는 장부가 없는 경우 지방자치단체의 장은 그 산출된 세액의 100분의 20을 징수하여야 할 세액에 가산한다.

58 「지방세법」상 취득세의 부과·징수에 관한 설명으로 옳은 것은?

상중하
부과·징수

① 부담부증여로 취득세 과세물건을 취득한 자는 취득일로부터 3개월 이내에 그 과세표준에 세율을 적용하여 산출한 세액을 신고하고 납부하여야 한다.

② 취득세를 신고하지 아니한 경우에도 신고기한 이내에 납부를 한 경우에는 이를 신고하고 납부한 것으로 보며 이 경우 신고불성실가산세를 징수하지 않는다.

③ 취득세의 기한 후 신고는 법정신고기한까지 신고한 경우에 한하여 할 수 있다.

④ 취득세가 경감된 과세물건이 추징대상이 된 때에는 그 사유 발생일부터 30일 이내에 그 산출세액에서 이미 납부한 세액(가산세 포함)을 공제한 세액을 신고하고 납부하여야 한다.

⑤ 토지의 지목변경에 따라 사실상 그 가액이 증가된 경우 취득세의 신고·납부를 하지 않고 매각하더라도 취득세 중가산세 규정은 적용되지 아니한다.

59 「지방세법」상 취득세 부과·징수에 대한 설명 중 틀린 것은?

상중하
부과·징수

① 등기·등록관서의 장은 취득세가 납부되지 아니하였거나 납부부족액을 발견하였을 때에는 30일 이내에 납세지를 관할하는 시장·군수·구청장에게 통보하여야 한다.

② 국내에 주소를 둔 자가 상속에 의하여 부동산을 취득한 경우는 상속개시일이 속한 달의 말일부터 6개월 이내에 산출한 세액을 신고하고 납부하여야 한다.

③ 채권자대위자는 납세의무자를 대위하여 부동산의 취득에 대한 취득세를 신고납부할 수 있다. 이 경우 채권자대위자는 행정안전부령으로 정하는 바에 따라 납부확인서를 발급받을 수 있다.

④ 취득가액이 50만원인 경우 취득세를 부과하지 아니한다.

⑤ 취득세 납세의무자가 신고 또는 납부의무를 다하지 아니하면 산출세액 또는 부족세액에 가산세를 합한 금액을 세액으로 하여 보통징수 방법으로 징수한다.

60 「지방세법」상 취득세의 부과 · 징수에 관한 설명으로 틀린 것은?

상중하
부과 · 징수

① 토지나 건축물을 취득한 자가 그 취득한 날로부터 1년 이내에 그에 인접한 토지나 건축물을 취득한 경우에는 각각 그 전 · 후의 취득에 관한 토지나 건축물의 취득을 1건의 토지 취득 또는 1구의 건축물 취득으로 보아 면세점을 적용한다.

② 연부취득의 경우에는 연부금총액을 기준으로 면세점을 판단하고, 연부금액을 기준으로 판단하지 않는다.

③ 시가인정액으로 신고한 후 지방자치단체의 장이 세액을 경정하기 전에 시가인정액을 수정 신고한 경우에는 과소신고가산세를 부과하지 아니한다.

④ 법정신고기한까지 과세표준 신고서를 제출하지 아니한 자는 지방자치단체의 장이 「지방세법」에 따라 그 지방세의 과세표준과 세액을 결정하여 통지하기 전에는 납기 후의 과세표준 신고서(기한후신고서)를 제출할 수 있다.

⑤ 법정신고기한이 지난 후 1개월 이내에 기한 후 신고를 한 경우에는 무신고가산세액의 100분의 30에 상당하는 금액을 감면한다.

61 다음은 취득세의 납세지에 대한 설명이다. 틀린 것은?

상중하
납세지

① 부동산의 경우는 부동산 소재를 납세지로 한다.

② 취득세는 취득물건의 소재지를 관할하는 특별시, 광역시, 도에서 그 취득자에게 부과하는 도세이다.

③ 취득세는 도세징수의 위임에 관한 규정에 따라 실제로 취득세 부과 · 징수는 과세대상 물건의 소재지를 관할하는 시장 · 군수 · 구청장이 징수하게 된다.

④ 납세지가 분명하지 아니한 경우에는 취득자의 주소지를 그 납세지로 한다.

⑤ 같은 취득물건이 둘 이상의 지방자치단체에 걸쳐 있는 경우 각 시, 군에 납부할 취득세를 산출할 때 그 과세표준은 취득당시의 가액을 취득물건의 소재지별 시가표준액으로 나누어 계산한다.

Point

62

상중하

부과 · 징수

「지방세법」상 취득세 부과 · 징수에 관한 설명으로 옳은 것은?

① 취득세가 일반과세대상에서 중과세대상이 된 때에는 중과세 대상이 된 날로부터 30일 이내에 그 산출세액에서 이미 납부한 세액(가산세 포함)을 공제한 세액을 신고 · 납부하여야 한다.

② 부담부증여로 취득한 경우 취득일로부터 60일 이내에 취득세를 신고하고 납부하여야 한다.

③ 취득세 중과세율 적용시 주택수를 계산할 때 주택으로 재산세를 과세하는 오피스텔은 해당 오피스텔을 소유한 자의 주택수에 가산한다.

④ 「부동산등기법」에 따라 채권자대위권에 의한 등기신청을 하려는 채권자는 납세의무자를 대위하여 취득세를 신고납부할 수 있다. 이 경우 지방자치단체의 장은 납세의무자에게 그 사실을 다음 달 10일까지 통보하여야 한다.

⑤ 국가 · 지방자치단체 또는 지방자치단체조합은 취득세 과세물건을 매각하면 매각일로부터 60일 이내 대통령령으로 정하는 바에 따라 물건 소재지 관할 지방자치단체의 장에게 통보하거나 신고하여야 한다.

제8절 **취득세 비과세**

대표유형

「지방세법」상 신탁(「신탁법」에 따른 신탁으로 신탁등기가 병행되는 것임)으로 인한 신탁재산의 취득으로서 취득세를 부과하는 경우는 모두 몇 개인가?   제29회

㉠ 위탁자로부터 수탁자에게 신탁재산을 이전하는 경우
㉡ 신탁의 종료로 인하여 수탁자로부터 위탁자에게 신탁재산을 이전하는 경우
㉢ 수탁자가 변경되어 신수탁자에게 신탁재산을 이전하는 경우
㉣ 「주택법」에 따른 주택조합이 비조합원용 부동산을 취득하는 경우

① 0개   ② 1개   ③ 2개
④ 3개   ⑤ 4개

해설 ㉣ 「주택법」에 따른 주택조합이 비조합원용 부동산을 취득하는 경우에는 과세한다.   **A** 정답 ②

Point

63 「지방세법」상 취득세 비과세에 대한 설명으로 틀린 것은?

상중하
비과세

① 국가, 지방자치단체 또는 지방자치단체조합에 귀속 또는 기부채납을 조건으로 취득하는 부동산에 대하여는 취득세를 부과하지 아니한다.

② 지방자치단체에 기부채납을 조건으로 부동산을 취득하는 경우라도 그 반대급부로 기부 채납 대상물의 무상사용권을 제공받는 때에는 그 해당 부분에 대해서는 취득세를 부과 한다.

③ 법령이 정하는 고급오락장에 해당하는 임시건축물의 취득에 대하여는 존속기간에 상관 없이 취득세를 부과한다.

④ 대한민국 정부기관의 취득에 대하여 과세하는 외국정부의 취득은 취득세를 부과한다.

⑤ 「건축법」에 따른 공동주택의 대수선은 취득세를 부과하지 아니한다.

64 「지방세법」상 취득세 비과세 대상인 경우는?

상중하
비과세

① 상속으로 인한 취득세의 감면대상이 되는 농지의 취득

② 이전한 건축물의 가액이 종전 건축물의 가액을 초과하지 아니하는 경우 그 건축물의 이 전으로 인한 취득

③ 공사현장사무소로서 존속기간이 1년을 초과하지 아니하는 임시용 건축물(사치성 재산은 제외)의 취득

④ 개수로 인한 취득(단, 면적의 증가는 없음)

⑤ 무덤과 이에 접속된 부속시설물의 부지로 사용되는 토지로서 지적공부상 지목이 묘지인 토지의 취득

65 다음 중 취득세 비과세대상이 아닌 것은?

상중하
비과세

① 국가, 지방자치단체, 지방자치단체조합의 취득

② 임시흥행장, 공사현장사무소 등 존속기간이 1년을 초과하지 아니하는 사치성재산이 아 닌 임시건축물의 취득

③ 「징발재산정리에 관한 특별조치법」 또는 「국가보위에 관한 특별조치법 폐지법률」 부칙 제2항에 따른 동원대상지역 내의 토지의 수용·사용에 관한 환매권의 행사로 매수하는 부동산의 취득

④ 상속개시 이전에 천재지변·화재·교통사고·폐차·차령초과 등으로 사용할 수 없는 법령으로 정하는 차량에 대해서는 상속에 따른 취득

⑤ 「주택법」 제2조 제2호에 따른 공동주택의 개수(「건축법」 제2조 제1항 제9호에 따른 대수 선은 제외)로 인한 취득(단, 취득 당시 시가표준액은 10억원임)

제9절 │ 취득세 종합문제

대표유형

「지방세법」상 취득세에 관한 설명으로 옳은 것은?

① 건축물 중 부대설비에 속하는 부분으로서 그 주체구조부와 하나가 되어 건축물로서의 효용 가치를 이루고 있는 것에 대하여는 주체구조부 취득자 외의 자가 가설한 경우에도 주체구조 부의 취득자가 함께 취득한 것으로 본다.

② 세대별 소유주택 수에 따른 중과 세율을 적용함에 있어 주택으로 재산세를 과세하는 오피스 텔은 해당 오피스텔을 소유한 자의 주택 수에 가산하지 아니한다.

③ 납세의무자가 토지의 지목을 사실상 변경한 후 산출세액에 대한 신고를 하지 아니하고 그 토지 를 매각하는 경우에는 산출세액에 100분의 80을 가산한 금액을 세액으로 하여 징수한다.

④ 공사현장사무소 등 임시건축물의 취득에 대하여는 그 존속기간에 관계없이 취득세를 부과 하지 아니한다.

⑤ 토지를 취득한 자가 취득한 날부터 1년 이내에 그에 인접한 토지를 취득한 경우 그 취득가 액이 100만원일 때에는 취득세를 부과하지 아니한다.

해설 ② 세대별 소유주택 수에 따른 중과 세율을 적용함에 있어 주택으로 재산세를 과세하는 오피스텔은 해당 오피스텔을 소유한 자의 주택 수에 가산한다.
③ 납세의무자가 토지의 지목을 사실상 변경한 후 산출세액에 대한 신고를 하지 아니하고 그 토지를 매각하는 경우에는 산출세액에 100분의 80을 가산한 금액을 세액으로 하여 징수하지 아니한다.
④ 임시흥행장, 공사현장사무소 등(제13조 제5항에 따른 과세대상은 제외한다) 임시건축물의 취득에 대하여는 취득세를 부과하지 아니한다. 다만, 존속기간이 1년을 초과하는 경우에는 취득세를 부과한다.
⑤ 토지를 취득한 자가 취득한 날부터 1년 이내에 그에 인접한 토지를 취득한 경우 그 취득가액이 100만원일 때에는 취득세를 부과한다. **정답 ①**

66 「지방세법」상 취득세에 관한 설명으로 틀린 것은?

상중하
종합문제

① 지방자치단체에 기부채납을 조건으로 부동산을 취득하는 경우라도 그 반대급부로 기부채납 대상물의 무상사용권을 제공받는 때에는 그 해당 부분에 대해서는 취득세를 부과한다.

② 상속(피상속인이 상속인에게 한 유증 및 포괄유증과 신탁재산의 상속 포함)으로 인하여 취득하는 경우에는 상속인 각자가 상속받는 취득물건(지분을 취득하는 경우에는 그 지분에 해당하는 취득물건을 말함)을 취득한 것으로 본다.

③ 취득세는 취득세 과세물건을 취득하는 때 납세의무가 성립한다.

④ 무상승계취득한 취득물건을 취득일에 등기·등록한 후 화해조서·인낙조서에 의하여 취득일부터 60일 이내에 계약이 해제된 사실을 입증하는 경우에는 취득한 것으로 보지 아니한다.

⑤ 취득세 납세의무가 있는 법인이 장부 등의 작성과 보존의무를 이행하지 아니한 경우 산출세액의 100분의 10에 상당하는 가산세가 부과된다.

67 「지방세법」상 취득세에 관한 설명으로 틀린 것은?

상중하
종합문제

① 국가가 취득세 과세물건을 매각하면 매각일부터 30일 이내에 그 물건 소재지를 관할하는 지방자치단체의 장에게 신고하여야 한다.

② 「부동산등기법」 제28조에 따라 채권자대위권에 의한 등기신청을 하려는 채권자는 납세의무자를 대위하여 부동산의 취득에 대한 취득세를 신고납부할 수 있다.

③ 「민법」 등 관계법령에 따른 등기를 하지 아니한 경우에도 사실상 취득하면 취득한 것으로 본다.

④ 「주택법」에 따른 공동주택의 개수(「건축법」에 따른 대수선은 제외한다)로 인한 취득 중 시가표준액이 12억원 이하의 주택과 관련된 개수로 인한 취득에 대해서는 취득세를 부과하지 아니한다.

⑤ 등기·등록관서의 장은 등기 또는 등록 후에 취득세가 납부되지 아니하였거나 납부부족액을 발견하였을 때에는 다음 달 10일까지 납세지를 관할하는 시장·군수·구청장에게 통보하여야 한다.

Point
68
상중하
종합문제

「지방세법」상 취득세에 관한 설명으로 틀린 것은 몇 개인가?

⊙ 과점주주 집단 내부에서 주식이 이전되었으나 과점주주 집단이 소유한 총주식의 비율에 변동이 없는 경우 간주취득세가 과세된다.
ⓛ 권리의 이전이나 행사에 등기 또는 등록이 필요한 부동산을 직계존속과 서로 교환한 경우에는 무상으로 취득한 것으로 본다.
ⓒ 토지의 시가표준액은 세목별 납세의무의 성립시기 당시 「부동산 가격공시에 관한 법률」에 따른 개별공시지가가 공시된 경우 개별공시지가로 한다.
ⓔ 무주택자인 개인이 유상거래를 원인으로 「지방세법」 제10조에 따른 취득당시가액이 5억원인 주택(「주택법」에 의한 주택으로서 등기부에 주택으로 기재된 주거용 건축물과 그 부속토지로서 고급주택이 아님)을 취득한 경우 취득세 표준세율은 1천분의 10이다.
ⓜ 법령이 정하는 고급주택에 해당하는 임시건축물의 취득은 취득세가 비과세된다.

① 1개　　　　　　　　② 2개　　　　　　　　③ 3개
④ 4개　　　　　　　　⑤ 5개

69
상중하
종합문제

취득세에 대한 설명으로 옳은 것을 모두 고른 것은?

⊙ 취득세는 부동산, 선박, 기계장비, 항공기, 광업권 및 어업권만을 과세대상으로 한다.
ⓛ 취득세 과세권자는 부동산 소재지 관할 시장·군수·구청장이다.
ⓒ 취득세의 납세의무 성립일은 과세물건을 취득하는 때이다.
ⓔ "甲"소유의 미등기 건물에 대하여 "乙"이 채권확보를 위하여 법원의 판결에 의한 소유권 보존등기를 "甲"의 명의로 등기할 경우의 취득세 납세의무는 "甲"에게 있다.

① ⊙, ⓛ　　　　　　② ⓛ, ⓒ　　　　　　③ ⓒ, ⓔ
④ ⊙, ⓒ　　　　　　⑤ ⓛ, ⓒ, ⓔ

70
상중하
종합문제

「지방세법」상 취득세에 관한 설명으로 틀린 것은?

① 공사현장사무소 등 임시건축물의 취득에 대하여는 그 존속기간에 관계없이 취득세를 부과하지 아니한다.
② 같은 취득 물건에 대하여 둘 이상의 세율이 해당되는 경우에는 그중 높은 세율을 적용한다.
③ 토지를 취득한 자가 그 취득한 날부터 1년 이내에 그에 인접한 토지를 취득한 경우 그 전후의 취득에 관한 토지의 취득을 1건의 토지 취득으로 보아 취득세에 대한 면세점을 적용한다.
④ 고급주택 골프장 또는 고급오락장용 건축물을 증축·개축 또는 개수한 경우 그 증가되는 건축물 가액에 대하여 해당 중과세율을 적용한다.
⑤ 상속으로 인한 농지취득의 경우 취득세 표준세율은 1천분의 23이다.

Point
71
상**중**하
종합문제

「지방세법」상 취득세에 관한 설명으로 틀린 것은?

① 납세의무자가 신고기한까지 취득세를 시가인정액으로 신고한 후 지방자치단체의 장이 세액을 경정하기 전에 그 시가인정액을 수정신고한 경우에는 과소신고가산세를 부과하지 아니한다.

② 대한민국 정부기관의 취득에 대하여 과세하는 외국정부의 취득에 대해서는 취득세를 부과한다.

③ 취득세는 취득세 과세대상 물건을 취득하는 때 납세의무가 성립하고 납세의무자의 신고가 있더라도 과세권자가 결정하는 때 납세의무가 확정된다.

④ 취득세는 도세로서 물건 소재지를 관할하는 특별시·광역시·도에서 그 취득자에게 부과함이 원칙이지만 도세징수위임에 관한 규정에 따라 물건 소재지를 관할하는 시장·군수·구청장이 징수하게 된다.

⑤ 세대별 소유주택 수에 따른 중과세율을 적용함에 있어 주택으로 재산세를 과세하는 오피스텔은 해당 오피스텔을 소유한 자의 주택 수에 가산한다.

제1절 등록면허세 총칙

01
상**중**하
등록면허세 특징

「지방세법」상 등록에 대한 등록면허세의 특징에 관한 설명으로 틀린 것은?

① 보통세이다.

② 도세 및 구세이다.

③ 과세표준은 종가세와 종량세의 구조이다.

④ 세율은 초과누진세율과 정액세율의 구조이다.

⑤ 등록을 하려는 자는 과세표준에 세율을 적용하여 산출한 세액을 등록을 하기 전까지 납세지를 관할하는 지방자치단체의 장에게 신고하고 납부하여야 한다.

02
상**중**하
등록면허세 정의

「지방세법」상 등록에 대한 등록면허세에 관한 설명으로 틀린 것은?

① 등록면허세에서 "등록"이란 재산권과 그 밖의 권리의 설정·변경 또는 소멸에 관한 사항을 공부에 등기하거나 등록하는 것을 말한다.

② 등록면허세에서 "등록"에 취득세 부과제척기간이 경과한 물건의 등기 또는 등록과 취득세 면세점에 해당하는 물건의 등기 또는 등록은 제외한다.

③ 등록을 하는 자가 등록면허세를 납부할 의무를 진다.

④ 등록면허세에서 "등록"에 광업권·어업권 및 양식업권의 취득에 따른 등록은 포함한다.

⑤ 등록면허세에서 "등록"에 제15조 제2항 제4호에 따른 외국인 소유의 취득세 과세대상 물건(차량, 기계장비, 항공기 및 선박만 해당)의 연부 취득에 따른 등기 또는 등록은 포함한다.

제2절 등록면허세 납세의무자

대표유형

「지방세법」상 등록면허세의 납세의무자에 대한 설명 중 틀린 것은?

① 등록면허세의 납세의무자는 재산권과 그 밖의 권리의 설정·변경 또는 소멸에 관한 사항을 공부에 등기 또는 등록을 하는 자이다.

② 근저당권 설정등기의 경우 등록면허세의 납세의무자는 근저당권자이다.

③ 근저당권 말소등기의 경우 등록면허세의 납세의무자는 근저당권설정자 또는 말소대상 부동산의 현재 소유자이다.

④ 甲이 은행에서 1,000만원의 융자를 받고 乙의 부동산에 저당권을 설정할 경우 등록면허세의 납세의무자는 은행이다.

⑤ 설정된 전세권에 대한 말소등기를 하는 경우 등록면허세 납세의무자는 전세권자이다.

해설 ⑤ 설정된 전세권에 대한 말소등기를 하는 경우 등록면허세 납세의무자는 전세권설정자이다. **④ 정답** ⑤

---

03 「지방세법」상 등록에 대한 등록면허세의 납세의무자로 옳은 것은?

상중하
납세의무자

① 저당권 설정등기시 납세의무자는 채무자이다.

② 지역권 설정등기시 납세의무자는 승역지 소유자이다.

③ 전세권 설정등기를 말소하는 경우 납세의무자는 전세권자이다.

④ 지상권 설정등기시 납세의무자는 지상권자이다.

⑤ 금융기관이 甲 소유의 부동산에 대하여 저당권을 설정하는 경우에 납세의무자는 甲이다.

Point
04 등록에 대한 등록면허세 납세의무자에 대한 다음 설명 중 틀린 것은?

상중하
납세의무자

① 등록에 대한 등록면허세의 납세의무자는 재산권 기타 권리의 취득·이전·변경 또는 소멸에 관한 사항을 공부에 등기 또는 등록(등재를 포함한다)하는 경우에 그 등기 또는 등록을 받는 자이다.

② 설정된 전세권에 대한 말소등기를 하는 경우 등록면허세 납세의무자는 전세권자이다.

③ 근저당권설정의 경우 등록분 등록면허세의 납세의무자는 채권자인 금융기관 등이 되며, 근저당권말소의 경우에는 채무자가 등록분 등록면허세의 납세의무자이다.

④ 채권자대위등기는 채권자가 채무자 소유의 부동산에 대해 채무자를 대신하여 등기를 신청하는 것으로서 신청자는 채권자이나 등기·등록을 받는 자는 채무자이므로 등록면허세 납세의무자는 신청자가 아닌 채무자이다.

⑤ 소유권 이전등기시 등록면허세 납세의무자는 매수자이다.

05 甲이 은행에서 1억원을 융자받기 위하여 乙 소유의 부동산을 담보로 제공하였다. 이 경우 저당권
상**중**하 설정등기에 따른 등록면허세 납세의무자는?
납세의무자

① 甲   ② 乙

③ 은행   ④ 甲과 乙

⑤ 저당권 설정권자

제3절 **등록면허세 과세표준**

대표유형

「지방세법」상 등록면허세의 과세표준에 대한 설명 중 틀린 것은 몇 개인가?

㉠ 취득세 부과제척기간이 경과한 물건의 등기 또는 등록의 과세표준은 등록당시가액으로 한다.
㉡ 부동산의 등록면허세 과세표준은 조례로 정하는 바에 따라 등록자의 신고에 따른다. 다만,
  신고가 없거나 신고가액이 시가표준액보다 적은 경우에는 시가표준액을 과세표준으로 한다.
㉢ 등록 당시에 자산재평가 또는 감가상각 등의 사유로 그 가액이 달라진 경우에는 변경된 가액
  을 과세표준으로 한다.
㉣ 채권금액으로 과세액을 정하는 경우에 일정한 채권금액이 없을 때에는 채권의 목적이 된 것
  의 가액 또는 처분의 제한의 목적이 된 금액을 그 채권금액으로 본다.
㉤ 등록면허세 신고서상의 금액과 공부상의 금액이 다를 경우에는 공부상의 금액을 과세표준으
  로 한다.

① 0개   ② 1개   ③ 2개

④ 3개   ⑤ 4개

해설 ㉠ 취득세 부과제척기간이 경과한 물건의 등기 또는 등록의 과세표준은 등록당시가액과 취득당시가액 중
높은 가액으로 한다.   **A** 정답 ②

---

06 「지방세법」상 등록에 대한 등록면허세 과세표준을 채권금액에 의하는 것은?
상**중**하
과세표준 ① 소유권이전청구권 가등기   ② 경매신청

③ 지상권 설정   ④ 전세권 설정

⑤ 지역권 설정

Point
07 「지방세법」상 등록에 대한 등록면허세의 과세표준에 관한 설명으로 틀린 것은?

상중하
과세표준

① 임차권설정등기의 경우 임차보증금을 과세표준으로 한다.

② 자산재평가 또는 감가상각 등의 사유로 변경된 가액을 과세표준으로 할 경우에는 등기일 또는 등록일 현재의 법인장부 또는 결산서 등으로 증명되는 가액을 과세표준으로 한다.

③ 신고가액이 시가표준액보다 적은 경우에는 원칙적으로 시가표준액을 과세표준으로 한다.

④ 취득세 부과제척기간이 경과한 물건의 등기 또는 등록의 과세표준은 등록당시가액과 취득당시가액 중 높은 가액으로 한다.

⑤ 채권금액으로 과세액을 정하는 경우에 일정한 채권금액이 없을 때에는 채권의 목적이 된 것의 가액 또는 처분의 제한의 목적이 된 금액을 그 채권금액으로 본다.

08 등록면허세의 과세표준 중 부동산가액을 과세표준으로 하는 경우가 아닌 것은?

상중하
과세표준

① 가등기   ② 지상권

③ 상속으로 인한 소유권이전등기   ④ 전세권

⑤ 소유권보존등기

| 제4절 | **등록면허세 세율** |

대표유형

「지방세법」상 부동산등기에 대한 등록면허세의 표준세율로 틀린 것은? (단, 표준세율을 적용하여 산출한 세액이 부동산등기에 대한 그 밖의 등기 또는 등록세율보다 크다고 가정하며, 중과세 및 비과세와 「지방세특례제한법」은 고려하지 않음)

① 지상권 설정 등기: 부동산 가액의 1천분의 2

② 유상으로 인한 소유권 이전 등기: 부동산 가액의 1천분의 20

③ 무상으로 인한 소유권 이전 등기: 부동산 가액의 1천분의 15. 다만, 상속으로 인한 소유권 이전 등기의 경우에는 부동산 가액의 1천분의 8

④ 소유권의 보존 등기: 부동산 가액의 1천분의 8

⑤ 전세권 설정 등기: 부동산 가액의 1천분의 2

해설 ⑤ 전세권 설정 등기: 전세금액의 1천분의 2   **A** 정답 ⑤

Point

09

상중하
과세표준과 세율

부동산에 대한 등록면허세 과세표준과 세율의 연결이 잘못된 것은?

등기원인	과세표준	세 율
① 소유권보존등기	부동산가액	1,000분의 8
② 지역권설정등기	요역지가액	1,000분의 2
③ 전세권설정등기	전세금액	1,000분의 2
④ 저당권말소등기	채권금액	1,000분의 2
⑤ 지상권설정등기	부동산가액	1,000분의 2

10

상중하
세 율

다음은 등록면허세의 세율에 관한 설명이다. 틀린 것은?

① 대도시 밖에 있는 법인의 본점이나 주사무소를 대도시(산업단지는 제외)로 전입(전입 후 5년 이내에 자본 또는 출자액이 증가하는 경우를 포함)함에 따른 등기시 등록면허세 세율은 표준세율의 100분의 300으로 한다.

② 부동산등기에 대한 등록면허세액이 6천원 미만일 때에는 6천원으로 한다.

③ 대도시(산업단지는 제외)에서 법인을 설립(설립 후 또는 휴면법인을 인수한 후 5년 이내에 자본 또는 출자액을 증가하는 경우를 포함한다)하거나 지점이나 분사무소를 설치함에 따른 등기를 하는 경우에는 표준세율의 100분의 300으로 한다.

④ 지방자치단체의 장은 조례로 정하는 바에 따라 등록면허세의 세율을 부동산 등기에 따른 표준세율의 100분의 50의 범위에서 가감할 수 있다.

⑤ 담보가등기의 경우 부동산가액의 1천분의 8의 세율을 적용한다.

11

상중하
세 율

「지방세법」상 등록에 대한 등록면허세의 세율에 관한 설명으로 틀린 것은?

① 지방자치단체의 장은 조례로 정하는 바에 따라 부동산등기에 대한 등록면허세의 세율을 표준세율의 100분의 50의 범위에서 가감할 수 있다.

② 저당권을 설정하는 경우에는 채권금액의 1천분의 2의 세율을 적용한다.

③ 유상으로 인한 소유권 이전등기의 경우에는 부동산 가액의 1천분의 20이다.

④ 대도시에서 법인을 설립하거나 지점이나 분사무소를 설치함에 따른 등기는 법인등기에 대한 세율의 100분의 400으로 한다. 다만, 「의료법」 제3조에 따른 의료업 등 대도시 중과 제외 업종에 대해서는 그러하지 아니하다.

⑤ 대도시 중과 제외 업종으로 법인등기를 한 법인이 정당한 사유 없이 그 등기일부터 2년 이내에 대도시 중과 제외 업종 외의 업종으로 변경하거나 대도시 중과 제외 업종 외의 업종을 추가하는 경우 그 해당 부분에 대하여는 중과세율을 적용한다.

12
상**중**하
세 율

부동산 등기와 관련한 등록에 대한 등록면허세 세율이 1천분의 2가 아닌 것은?

① 말소등기   ② 가등기

③ 가처분   ④ 가압류

⑤ 임차권설정등기

13
상종**하**
과세표준과 세율

「지방세법」상 등록에 대한 등록면허세의 과세표준과 세율에 관한 설명으로 틀린 것은? (다만, 산출한 세액이 6천원 보다 적을 때에는 6천원으로 함)

① 소유권의 보존 등기 : 부동산 가액의 1천분의 8

② 지상권에 대한 저당권의 설정 등기 : 채권금액 1천분의 2

③ 상속으로 인한 소유권 이전 등기 : 부동산 가액의 1천분의 15

④ 임차권의 설정 등기 : 월 임대차금액의 1천분의 2

⑤ 가압류 설정 등기 : 채권금액의 1천분의 2

Point
14
상**중**하
세 율

「지방세법」상 등록면허세의 세율에 대한 설명 중 틀린 것은 몇 개인가?

㉠ 담보가등기의 경우 채권금액의 1천분의 2로 한다.

㉡ 대도시 밖에 있는 법인의 본점이나 주사무소를 대도시로 전입함에 따른 등기는 법인등기에 대한 세율의 100분의 200을 적용한다.

㉢ 지방자치단체의 장은 조례로 정하는 바에 따라 등록면허세의 세율을 부동산등기에 대한 표준세율의 100분의 50의 범위에서 가감할 수 있다.

㉣ 「한국은행법」 및 「한국수출입은행법」에 따른 은행업을 영위하기 위하여 대도시에서 법인을 설립함에 따른 등기를 한 법인이 그 등기일부터 2년 이내에 업종 변경이나 업종 추가가 없는 때에는 등록면허세의 세율을 중과하지 아니한다.

㉤ 「여신전문금융업법」 제2조 제12호에 따른 할부금융업을 영위하기 위하여 대도시에서 법인을 설립함에 따른 등기를 할 때에는 그 세율을 해당 표준세율의 100분의 300으로 한다. 단, 그 등기일부터 2년 이내에 업종변경이나 업종추가는 없다.

① 1개   ② 2개   ③ 3개

④ 4개   ⑤ 5개

제5절 등록면허세 부과와 징수

대표유형

「지방세법」상 등록에 대한 등록면허세의 신고 및 납부에 관한 설명 중 틀린 것은 몇 개인가?

　㉠ 등록을 하려는 자는 과세표준에 세율을 적용하여 산출한 세액을 등록을 하기 전까지 납세지를 관할하는 지방자치단체의 장에게 신고하고 납부하여야 한다.
　㉡ 등록면허세 과세물건을 등록한 후에 해당 과세물건이 중과세 세율의 적용대상이 되었을 때에는 대통령령으로 정하는 날부터 60일 이내에 중과세 세율을 적용하여 산출한 세액에서 이미 납부한 세액(가산세는 제외한다)을 공제한 금액을 세액으로 하여 납세지를 관할하는 지방자치단체의 장에게 대통령령으로 정하는 바에 따라 신고하고 납부하여야 한다.
　㉢ 신고의무를 다하지 아니한 경우에도 등록면허세 산출세액을 등록을 하기 전까지 납부하였을 때에는 신고를 하고 납부한 것으로 본다. 이 경우 무신고가산세 및 과소신고가산세를 부과하지 아니한다.
　㉣ 채권자대위자는 납세의무자를 대위하여 부동산의 등기에 대한 등록면허세를 신고납부할 수 있다. 이 경우 채권자대위자는 행정안전부령으로 정하는 바에 따라 납부확인서를 발급받을 수 있다.
　㉤ 지방자치단체의 장은 채권자대위자의 부동산의 등기에 대한 등록면허세 신고납부가 있는 경우 납세의무자에게 그 사실을 즉시 통보하여야 한다.

① 0개　　　　　　　② 1개　　　　　　　③ 2개
④ 3개　　　　　　　⑤ 4개

해설 ① 틀린 것은 없고 모두 옳은 내용이다.　　　　　　Ⓐ 정답 ①

15 「지방세법」상 등록면허세 납세지에 대한 설명으로 틀린 것은 몇 개인가?

상중하

납세지

　㉠ 부동산 등기에 대한 등록면허세의 납세지는 부동산 소재지이다.
　㉡ 부동산 등기에 대한 등록면허세의 납세지가 분명하지 아니한 경우에는 등록관청 소재지를 납세지로 한다.
　㉢ 같은 등록에 관계되는 재산이 둘 이상의 지방자치단체에 걸쳐 있어 등록면허세를 지방자치단체별로 부과할 수 없을 때에는 등록관청 소재지를 납세지로 한다.
　㉣ 같은 채권의 담보를 위하여 설정하는 둘 이상의 저당권을 등록하는 경우에는 이를 하나의 등록으로 보아 그 등록에 관계되는 재산을 처음 등록하는 등록관청 소재지를 납세지로 한다.

① 0개　　　　　　　② 1개　　　　　　　③ 2개
④ 3개　　　　　　　⑤ 4개

16 다음 중 등록면허세에 대한 설명으로 틀린 것은?

상중하
종합문제

① 재산권 그 밖의 권리의 설정·변경 또는 소멸에 관한 사항을 공부에 등기하거나 등록하려는 자는 과세표준에 세율을 적용하여 산출한 세액을 등록을 하기 전까지 납세지를 관할하는 지방자치단체의 장에게 신고하고 납부하여야 한다.

② 등록면허세를 신고를 하지 아니한 경우라도 등록면허세 산출세액을 등기·등록을 하기 전까지 납부한 때에는 신고를 하고 납부한 것으로 보아 신고불성실가산세를 부과하지 아니한다.

③ 같은 채권의 담보를 위하여 설정하는 2 이상의 저당권의 등기·등록에 있어서는 이를 하나의 등기·등록으로 보아 처음 등기·등록하는 등기소 또는 등록관청 소재지를 납세지로 한다.

④ 채권금액에 의하여 과세표준을 정하는 경우에 일정한 채권금액이 없을 때에는 채권의 목적이 된 것 또는 처분제한의 목적이 된 금액을 그 채권금액으로 본다.

⑤ 등록당시 자산재평가 또는 감가상각 등의 사유로 그 가액이 달라진 경우에는 변경 전 가액을 과세표준으로 한다.

Point 17 「지방세법」상 등록에 대한 등록면허세의 납세절차 등에 관한 설명으로 틀린 것은?

상중하
납세절차

① 부동산 등기에 대한 등록에 대한 등록면허세의 납세지는 부동산 소재지이다.

② 지방자치단체의 장이 「지방세법」에 따라 과세표준과 세액을 결정하여 통지하기 전에는 기한 후 신고서를 제출할 수 있다.

③ 부동산 등기에 대한 등록면허세의 납세지가 분명하지 아니한 경우에는 등록관청 소재지를 납세지로 한다.

④ 신고의무를 다하지 아니한 경우에도 등록면허세 산출세액을 등록을 하기 전까지 납부하였을 때에는 신고를 하고 납부한 것으로 본다. 이 경우 무신고가산세액 및 과소신고가산세액의 100분의 50에 상당하는 금액을 감면한다.

⑤ 등기·등록관서의 장은 등기 또는 등록 후에 등록면허세가 납부되지 아니하였거나 납부부족액을 발견한 경우에는 다음 달 10일까지 납세지를 관할하는 시장·군수·구청장에게 통보하여야 한다.

제6절 | 등록면허세 비과세

대표유형

등록에 대한 등록면허세의 비과세대상을 설명한 것이다. 틀린 것은?

① 지방세의 체납으로 인하여 압류의 등기 또는 등록을 한 재산에 대하여 압류해제의 등기 또는 등록 등을 할 경우에는 등록면허세가 비과세된다.

② 국가와 지방자치단체가 「공익사업을 위한 토지 등의 취득 및 보상에 관한 법률」에 따라 공공사업(도로신설 및 도로확장 등)에 필요한 토지를 수용하여 공공용지에 편입하기 위해 행하는 분필등기, 공유물분할등기는 국가와 지방자치단체가 자기를 위하여 하는 등기에 해당하므로 등록면허세가 비과세된다.

③ 무덤과 이에 접속된 부속시설물의 부지로 사용되는 토지로서 지적공부상 지목이 묘지인 토지에 관한 등기에 대해서는 등록면허세가 비과세된다.

④ 법원의 촉탁에 의한 가압류등기는 등록면허세가 비과세된다.

⑤ 「국세징수법」에 의해 체납처분된 압류등기는 등록면허세가 비과세된다.

해설 ④ 법원의 촉탁에 의한 등록 중 회사의 정리 또는 특별청산에 관한 것만 등록면허세가 비과세된다.

Ⓐ 정답 ④

18

상**중**하

비과세 등

「지방세법」상 등록면허세에 관한 설명으로 틀린 것은?

① 무덤과 이에 접속된 부속시설물의 부지로 사용되는 토지로서 지적공부상 지목이 묘지인 토지에 관한 등기에 대하여는 등록면허세를 부과하지 아니한다.

② 대한민국 정부기관의 등기 또는 등록에 대하여 과세하는 외국정부의 등기 또는 등록을 비과세한다.

③ 등록면허세 신고서상 금액과 공부상 금액이 다를 경우 공부상 금액을 과세표준으로 한다.

④ 부동산 등기에 대한 등록면허세의 납세지는 부동산 소재지이나 그 납세지가 분명하지 아니한 경우에는 등록관청 소재지로 한다.

⑤ 지방세의 체납으로 인하여 압류의 등기를 한 재산에 대하여 압류해제의 등기를 할 경우 등록면허세가 비과세된다.

19
상**중**하
비과세

「지방세법」상 등록면허세의 비과세대상이 아닌 것은?

① 국가, 지방자치단체, 지방자치단체조합, 외국정부 및 주한국제기구가 자기를 위하여 받는 등록

② 대한민국 정부기관의 등록 또는 면허에 대하여 과세하는 외국정부의 등록

③ 회사의 정리 또는 특별청산에 관하여 법원의 촉탁으로 인한 등록

④ 행정구역의 변경, 주민등록번호의 변경, 지적 소관청의 지번 변경, 계량단위의 변경, 등록 담당 공무원의 착오 및 이와 유사한 사유로 인한 등록으로서 주소, 성명, 주민등록번호, 지번, 계량단위 등의 단순한 표시변경·회복 또는 경정 등록

⑤ 무덤과 이에 접속된 부속시설물의 부지로 사용되는 토지로서 지적공부상 지목이 묘지인 토지에 관한 등기

제**7**절 **등록면허세 종합문제**

┌ **대표유형** ┐

「지방세법」상 등록에 대한 등록면허세에 관한 설명으로 틀린 것은?

① 부동산 등기에 대한 등록면허세의 납세지는 부동산 소재지이나 그 납세지가 분명하지 아니한 경우에는 등록관청 소재지로 한다.

② 甲소유 미등기 건물에 대하여 채권자인 乙이 채권확보를 위하여 법원의 판결을 받아 甲의 명의로 등기할 경우 등록면허세 납세의무는 甲에게 있다.

③ 부동산등기에 대한 등록면허세의 산출한 세액이 6천원보다 적을 때에는 징수하지 아니한다.

④ 등록을 하려는 자는 과세표준에 세율을 적용하여 산출한 세액을 등록을 하기 전까지 납세지를 관할하는 지방자치단체의 장에게 신고하고 납부하여야 한다.

⑤ 등록면허세 신고서상 금액과 공부상 금액이 다를 경우 공부상 금액을 과세표준으로 한다.

해설 ③ 부동산등기에 대한 등록면허세의 산출한 세액이 6천원보다 적을 때에는 6천원을 그 세액으로 한다.

Ⓐ 정답 ③

20
상중하
종합문제

다음은 등록면허세에 대한 설명이다. 옳지 않은 것은?

① 대도시 내 법인 설립등기 등에 대한 등록면허세는 표준세율의 100분의 300을 적용한다. 다만, 「의료법」 등에 따른 의료업 등 대도시 중과 제외 업종에 대해서는 그러하지 아니하다.

② 지방자치단체의 장은 채권자대위자의 부동산의 등기에 대한 등록면허세 신고납부가 있는 경우 납세의무자에게 그 사실을 즉시 통보하여야 한다.

③ 등록면허세의 경우 채권자 대위자는 납세의무자를 대위하여 부동산의 등기에 대한 등록면허세를 신고·납부할 수 있다. 이 경우 채권자 대위자는 행정안전부령이 정하는 바에 따라 납부확인서를 발급받을 수 있다.

④ 등록면허세를 신고하지 않은 경우에도 등록을 하기 전까지 납부한 때에는 신고를 하고 납부한 것으로 보아 신고불성실가산세 100분의 50을 경감한다.

⑤ 같은 등록에 관계되는 재산이 둘 이상의 지방자치단체에 걸쳐있어 등록면허세를 지방자치단체별로 부과할 수 없을 때에는 등록관청 소재지를 납세지로 한다.

Point
21
상중하
종합문제

甲이 乙 소유 부동산에 관해 전세권설정등기를 하는 경우 지방세법상 등록에 대한 등록면허세에 관한 설명으로 틀린 것은?

① 등록면허세의 납세의무자는 전세권자인 甲이다.

② 부동산 소재지와 乙의 주소지가 다른 경우 등록면허세의 납세지는 乙의 주소지로 한다.

③ 전세권 설정등기에 대한 등록면허세 표준세율은 전세금액의 1,000분의 2이다.

④ 전세권 설정등기에 대한 등록면허세의 산출세액이 건당 6천원보다 적을 때에는 등록면허세의 세액은 6천원으로 한다.

⑤ 만약 丙이 甲으로부터 전세권을 이전받아 등기하는 경우라면 등록면허세 납세의무자는 丙이다.

22
상중하
종합문제

「지방세법」상 등록면허세에 관한 설명으로 틀린 것은?

① 등록을 하기 전까지란 등기 또는 등록 신청서를 등기·등록관서에 접수하는 날까지를 말한다.

② 부동산의 등록에 대한 등록면허세의 과세표준은 등록자가 신고한 당시의 가액으로 하고, 신고가 없거나 신고가액이 시가표준액보다 많은 경우에는 시가표준액으로 한다.

③ 등기 또는 등록에 대한 등록면허세는 재산권 등 그 밖의 권리를 등기 또는 등록하는 때에 납세의무가 성립한다.

④ 재산권 기타 권리의 설정·변경 또는 소멸에 관한 사항을 공부에 등기 또는 등록을 받는 등기·등록부상에 기재된 명의자는 등록면허세를 납부할 의무를 진다.

⑤ 「여신전문금융업법」 제2조 제12호에 따른 할부금융업을 영위하기 위하여 대도시에서 법인을 설립함에 따른 등기의 경우에는 중과세하지 아니한다.

23 거주자인 개인 乙은 甲이 소유한 부동산(시가 6억원)에 전세기간 2년, 전세보증금 3억원으로 하는 전세계약을 체결하고, 전세권 설정등기를 하였다. 「지방세법」상 등록면허세에 관한 설명으로 옳은 것은?

상중하
종합문제

① 과세표준은 부동산 가액인 6억원이다.

② 표준세율은 전세보증금의 1천분의 2이다.

③ 납부세액은 6천원이다.

④ 납세의무자는 임대인 甲이다.

⑤ 납세지는 甲의 주소지이다.

24 「지방세법」상 등록에 대한 등록면허세에 관한 설명으로 옳은 것은?

상중하
종합문제

① 등록을 하려는 자는 과세표준에 세율을 적용하여 산출한 세액을 등록을 한 후 60일 이내에 납세지를 관할하는 지방자치단체의 장에게 신고하고 납부하여야 한다.

② 부동산 등기에 대한 등록면허세의 산출한 세액이 6천원보다 적을 때에는 등록면허세를 징수하지 아니한다.

③ 소유권이전 등의 청구권을 보존하기 위한 가등기에 해당하는 경우에는 채권금액의 1천분의 2의 세율을 적용한다.

④ 신고의무를 다하지 아니한 경우에도 등록면허세 산출세액을 등록을 하기 전까지 납부하였을 때에는 신고를 하고 납부한 것으로 본다. 이 경우 무신고가산세 및 과소신고가산세를 부과하지 아니한다.

⑤ 등기·등록관서의 장은 등기 또는 등록 후에 등록면허세가 납부되지 아니하였거나 납부부족액을 발견한 경우에는 다음 달 5일까지 납세지를 관할하는 시장·군수·구청장에게 통보하여야 한다.

Point

25

상**중**하
종합문제

「지방세법」상 등록면허세에 관한 설명으로 틀린 것은?

① 甲이 乙소유 부동산에 관해 전세권설정등기를 하는 경우 등록면허세의 납세의무자는 전세권자인 甲이다.

② 지방자치단체의 장은 조례로 정하는 바에 따라 등록면허세의 세율을 표준세율의 100분의 50의 범위에서 가감할 수 있다.

③ 같은 등록에 관계되는 재산이 둘 이상의 지방자치단체에 걸쳐 소재하고 있어 등록면허세를 지방자치단체별로 부과할 수 없을 때에는 물건의 소재지별 시가표준액 비율로 나누어 계산한다.

④ 등록면허세를 신고기한 내 신고를 하지 아니한 경우에는 과세권자가 결정하는 때 납세의무가 확정된다.

⑤ 취득가액이 50만원 이하인 차량의 등록은 등록면허세가 과세된다.

26

상**중**하
종합문제

「지방세법」상 등록에 대한 등록면허세에 관한 설명으로 옳은 것은?

① 부동산 가처분 등기에 대한 등록면허세의 세율은 부동산가액의 1천분의 2로 한다.

② 부동산등기에 대한 등록면허세 납세지는 부동산 소재지이나, 그 납세지가 분명하지 아니한 경우에는 등록하는 자의 주소지로 한다.

③ 상속으로 인한 소유권이전등기에 대한 등록면허세의 세율은 부동산가액의 1천분의 8로 한다.

④ 근저당권 설정등기의 경우 등록면허세의 납세의무자는 근저당권 설정자이다.

⑤ 무덤과 이에 접속된 부속시설물의 부지로 사용되는 토지로서 지적공부상 지목이 묘지인 토지에 관한 등기에 대하여는 등록면허세를 부과한다.

27 다음 지방세 중 **등록면허세**에 대한 설명으로 잘못된 것은?

상중하
종합문제

① 등기·등록이 된 이후 법원의 판결 등에 의해 그 등기 또는 등록이 무효 또는 취소가 되어 등기·등록이 말소된 경우 이미 납부한 등록면허세는 과오납으로 환급할 수 있다.

② 등기 또는 등록에 대한 등록면허세는 재산권 등 그 밖의 권리를 등기 또는 등록하는 때에 납세의무가 성립한다.

③ 등록면허세는 부동산등기에 대한 등록면허세의 표준세율에 대하여 조례가 정하는 바에 따라 100분의 50 범위 안에서 가감 조정할 수 있다.

④ 같은 채권의 담보를 위하여 설정하는 2 이상의 저당권의 등록에 있어서는 이를 하나의 등록으로 보아 그 등록에 관계되는 재산을 처음 등록하는 등록관청 소재지 도에서 부과한다.

⑤ 등록을 하려는 자가 법정신고기한까지 등록면허세 산출세액을 신고하지 아니한 경우로서 등록을 하기 전까지 그 산출세액을 납부한 경우에는 지방세기본법에 따른 가산세를 부과하지 아니한다.

28 다음은 **등록에 대한 등록면허세**에 관한 설명이다. 틀린 것은?

상중하
종합문제

① 재산권과 그 밖의 권리의 설정·변경 또는 소멸에 관한 사항을 공부에 등기하거나 등록하는 경우에 그 등록을 하는 자가 등록면허세를 납부할 의무를 진다.

② 취득을 원인(취득세 부과제척기간이 경과한 물건의 등기 또는 등록은 제외한다)으로 하는 등록의 경우 취득세의 규정에서 정하는 취득 당시가액을 과세표준으로 한다.

③ 등록면허세는 재산권 등 그 밖의 권리를 등기·등록하는 때 성립하고, 등기·등록하기 전까지 신고하는 때 확정된다.

④ 등록면허세의 과세대상인 등록에는 「지방세기본법」 제38조에 따른 취득세 부과제척기간이 경과한 물건의 등기 또는 등록은 포함하지 아니한다.

⑤ 甲이 은행에서 1억원을 융자받기 위하여 乙 소유의 부동산을 담보로 저당권설정등기를 한 후 채무를 변제하여 저당권말소등기를 한 경우 말소등기에 따른 등록면허세 납세의무자는 乙이다.

29 「지방세기본법」 및 「지방세법」상 **등록에 대한 등록면허세**와 관련하여 시행되고 있는 제도는 모두 몇 개인가?

상중하
종합문제

㉠ 세부담상한	㉡ 면세점
㉢ 분납	㉣ 소액징수면제
㉤ 신고납부	㉥ 중가산세

① 1개 ② 2개 ③ 3개
④ 4개 ⑤ 5개

Point
30
상중하
취득세와 등록면허세
비교

甲이 乙로부터 부동산을 취득한 경우 취득세와 등록면허세에 대하여 설명한 내용 중 가장 잘못된 것은?

① 취득세 과세물건이나 등록면허세 과세물건을 취득하거나 등록한 후 중과세율 적용대상이 된 경우에는 대통령령이 정하는 날부터 60일 이내에 중과세율을 적용하여 산출한 세액에서 이미 납부한 세액(가산세는 제외)을 공제한 금액을 세액으로 하여 납세지 관할하는 지방자치단체의 장에게 신고하고 납부하여야 한다.

② 취득세를 신고기한 내 신고를 하지 아니한 경우에도 취득세 산출세액을 신고기한 내 납부를 한 경우에는 신고를 하고 납부한 것으로 보아 신고불성실 가산세를 징수하지 아니한다.

③ 등록면허세의 경우 사실상의 권리자라 하더라도 등기·등록(등재를 포함한다)을 받지 않는 자에게는 등록면허세를 부과하지 아니한다.

④ 등록면허세의 경우 부동산 등기의 경우 산출세액이 6,000원 미만인 경우 6,000원을 그 세액으로 한다.

⑤ 취득가액이 50만원인 때에는 취득세를 부과하지 아니한다. 이때 연부취득의 경우 면세점 여부 판단은 연부금 총액을 기준으로 판단한다.

31
상중하
취득세와 등록면허세
비교

다음 중 취득세와 등록면허세에 관한 설명으로 틀린 것은?

① 취득세와 등록면허세 모두 납세의무자가 신고하는 때 납세의무가 확정되는 조세이다.

② 취득세와 등록면허세는 소액징수 면제가 적용되지 아니한다.

③ 취득세는 중가산세 규정을 적용하지만 등록면허세는 중가산세 규정을 적용하지 아니한다.

④ 취득세와 등록면허세를 신고기한 내 신고하지 아니한 경우 신고불성실 가산세 20%를 부과한다.

⑤ 취득세와 등록면허세는 차등비례세율과 초과누진세율 구조로 되어 있다.

제1절   재산세 특징

01 재산세의 특징에 관한 설명으로 틀린 것은?

상중**하**
재산세 특징

① 재산세에서 "토지"란 「공간정보의 구축 및 관리 등에 관한 법률」에 따라 지적공부의 등록대상이 되는 토지와 그 밖에 사용되고 있는 사실상의 토지를 말한다.
② 보유단계에 과세하는 지방세이다.
③ 재산세의 과세대상 물건이 공부상 등재 현황과 사실상의 현황이 다른 경우에는 사실상 현황에 따라 재산세를 부과한다.
④ 도세에 해당한다.
⑤ 보통징수방법에 의한다.

02 재산세의 특징에 관한 설명으로 옳은 것은 모두 몇 개인가?

상**중**하
재산세 특징

㉠ 기한 후 신고	㉡ 면세점
㉢ 과세기준일	㉣ 신고납부제도
㉤ 물납	㉥ 중가산세
㉦ 사실상의 현황에 따라 부과	㉧ 분할납부
㉨ 소액징수면제	㉩ 세 부담의 상한

① 5개   ② 6개   ③ 7개
④ 8개   ⑤ 10개

제2절 **재산세 과세대상**

대표유형

재산세 과세대상에 대한 설명 중 틀린 것은?

① 1동(棟)의 건물이 주거와 주거 외의 용도로 사용되고 있는 경우에는 주거용으로 사용되는 부분만을 주택으로 본다. 이 경우 건물의 부속토지는 주거와 주거 외의 용도로 사용되는 건물의 면적비율에 따라 각각 안분하여 주택의 부속토지와 건축물의 부속토지로 구분한다.

② 1구(構)의 건물이 주거와 주거 외의 용도로 사용되고 있는 경우에는 주거용으로 사용되는 면적이 전체의 100분의 50 이상인 경우에는 주택으로 본다.

③ 「건축법 시행령」 별표 1 제1호 다목에 따른 다가구주택은 1가구가 독립하여 구분사용할 수 있도록 분리된 부분을 1구의 주택으로 본다. 이 경우 그 부속토지는 건물면적의 비율에 따라 각각 나눈 면적을 1구의 부속토지로 본다.

④ 재산세에서 "주택"이란 「주택법」에 따른 주택을 말한다. 이 경우 토지와 건축물의 범위에서 주택은 제외한다.

⑤ 주택의 부속토지의 경계가 명백하지 아니한 경우에는 그 주택의 바닥면적의 10배(도시지역 안은 5배)에 해당하는 토지를 주택의 부속토지로 한다.

해설 ⑤ 주택의 부속토지의 경계가 명백하지 아니한 경우에는 그 주택의 바닥면적의 10배에 해당하는 토지를 주택의 부속토지로 한다. 도시지역 안과 밖의 구분없이 10배를 적용한다. **A 정답** ⑤

03

상중하
과세대상

재산세 과세대상에 해당되는 것은?

㉠ 토지	㉡ 건축물
㉢ 기계장비	㉣ 차량
㉤ 선박	㉥ 항공기
㉦ 골프 회원권	㉧ 입목

① ㉡, ㉤, ㉥, ㉦

② ㉠, ㉡, ㉤, ㉥

③ ㉠, ㉡, ㉢, ㉣

④ ㉡, ㉢, ㉤, ㉥

⑤ ㉠, ㉡, ㉢, ㉣, ㉤, ㉥

Point
04
상중하
과세대상

「지방세법」상 재산세의 과세대상에 관한 설명으로 틀린 것은?

① 재산세의 과세대상 물건이 토지대장 건축물대장 등 공부상 등재되지 아니하였거나 공부상 등재현황과 사실상의 현황이 다른 경우에는 사실상의 현황에 따라 재산세를 부과한다. 다만, 재산세의 과세대상 물건을 공부상 등재현황과 달리 이용함으로써 재산세 부담이 낮아지는 경우 등 대통령령으로 정하는 경우에는 공부상 등재현황에 따라 재산세를 부과한다.

② 주택에 대한 재산세는 납세의무자별로 해당 지방자치단체의 관할구역에 있는 주택의 과세표준을 합산하여 주택의 세율을 적용한다.

③ 주택의 부속토지의 경계가 명백하지 아니한 경우에는 그 주택의 바닥면적의 10배에 해당하는 토지를 주택의 부속토지로 한다.

④ 토지에 대한 재산세 과세대상은 종합합산과세대상, 별도합산과세대상 및 분리과세대상으로 구분한다.

⑤ 주택에 대한 토지와 건물의 소유자가 다를 경우 해당 주택의 토지와 건물의 가액을 합산한 과세표준에 주택의 세율을 적용한다.

05
상중하
과세대상 주택

「지방세법」상 주택에 대한 재산세의 과세대상에 관한 설명으로 틀린 것은?

① 1구의 건물이 건축물에서 허가 등이나 사용승인을 받지 아니하고 주거용으로 사용하는 면적이 전체 건축물 면적의 100분의 50 이상인 경우에는 그 건축물 전체를 주택으로 보지 아니하고 그 부속토지는 종합합산대상토지로 본다.

② 재산세에서 주택은 토지와 건축물을 통합하여 과세한다.

③ 재산세에서 주택의 경우 $1/1,000 \sim 4/1,000$ 초과누진세율을 적용하고 고급주택의 경우 $40/1,000$의 세율을 적용한다.

④ 다가구주택은 1가구가 독립하여 구분사용할 수 있도록 분리된 부분을 1구의 주택으로 본다. 이 경우 그 부속토지는 건물면적의 비율에 따라 각각 나눈 면적을 1구의 부속토지로 본다.

⑤ 재산세 과세대상인 주택이란 「주택법」 제2조 제1호에 따른 주택을 말한다. 이 경우 토지와 건축물의 범위에서 주택은 제외한다.

제3절 토지의 과세대상 구분

대표유형

「지방세법」상 재산세 과세대상 토지 중 분리과세대상 임야가 아닌 것은?

① 1990년 5월 31일 이전부터 소유하고 있는 「수도법」에 따른 상수원보호구역의 임야
② 「체육시설의 설치·이용에 관한 법률 시행령」에 따른 스키장 및 골프장용 토지 중 원형이 보전되는 임야
③ 1990년 5월 31일 이전부터 소유하고 있는 종중이 소유하고 있는 임야
④ 「자연공원법」에 따라 지정된 공원자연환경지구의 임야
⑤ 「문화재보호법」에 따른 지정문화재 및 보호구역 안의 임야

해설 ② 「체육시설의 설치·이용에 관한 법률 시행령」에 따른 스키장 및 골프장용 토지 중 원형이 보전되는 임야는 별도합산대상토지이다. **ⓐ 정답 ②**

Point
06
상중하
분리과세대상 토지

다음은 토지분 재산세에 있어서 분리과세대상이다. 옳지 않은 것은?

① 군 지역에 소재하는 공장용 건축물의 부속토지로서 공장입지 기준면적 이내의 토지
② 도시지역 안의 개발제한구역과 녹지지역을 제외한 지역에 소재하는 개인소유 농지로서 과세기준일 현재 실제 영농에 사용하고 있는 전, 답, 과수원
③ 군·읍·면에 소재하는 축산용 토지로서 기준면적 이내의 목장용지
④ 고급오락장용 토지
⑤ 「여객자동차 운수사업법 및 물류시설의 개발 및 운영에 관한 법률」에 따라 면허 또는 인가를 받은 자가 계속하여 사용하는 여객자동차터미널 및 물류터미널용 토지

07
상중하
종합합산대상 토지

다음 토지 중 재산세 종합합산과세대상에 해당되는 것으로 올바른 것은?

① 특별시·광역시·시지역(읍·면지역 제외)의 도시지역 안의 개발제한구역과 녹지지역 안의 목장용지로서 기준면적 이내의 토지
② 서울특별시지역의 산업단지와 공업지역 안에 위치한 공장용 건축물의 부속토지로서 공장입지기준면적을 초과하는 부분의 토지
③ 일반영업용 건축물로서 건축물의 시가표준액이 해당 부속토지의 시가표준액의 100분의 2에 미달하는 건축물의 부속토지 중 그 건축물의 바닥면적의 부속토지
④ 영업용 건축물의 부속토지 중 건축물의 바닥면적에 용도지역별 적용배율을 곱하여 산정한 면적 범위의 토지
⑤ 군지역의 공장용 건축물의 부속토지로서 공장입지 기준면적 범위 안의 토지

Point

08

상중하

합산과세대상 토지

재산세의 과세대상 토지 중 합산과세대상에 해당하지 않는 것은?

① 「건축법」 등의 규정에 의하여 허가 등을 받아야 할 건축물로서 허가 등을 받지 아니한 건축물의 부속토지

② 시지역의 주거지역에 소재하는 공장 건축물의 부속토지로서 기준면적 이내인 토지

③ 과세기준일 현재 계속 염전으로 실제 사용하고 있거나 사용하다가 사용을 폐지한 토지

④ 도시지역의 개발제한구역 안의 목장용지로서 기준면적을 초과하는 토지

⑤ 「여객자동차 운수사업법 또는 화물자동차 운수사업법」에 따라 「여객자동차운송사업 또는 화물자동차 운송」 사업의 면허·등록 또는 자동차대여사업의 등록을 받은 자가 그 면허·등록조건에 따라 사용하는 차고용 토지로서 자동차운송 또는 대여사업의 최저보유차고면적기준의 배에 해당하는 면적 이내의 토지

09

상중하

토지의 과세대상 구분

다음은 재산세 과세대상 토지에 대한 설명이다. 틀린 것은?

① 과세기준일 현재 도시지역 안의 녹지지역에서 실제 영농에 사용되고 있는 개인 소유농지는 분리과세대상이다.

② 시 이상의 주거지역 내 공장 건축물 부속토지로서 공장입지기준면적 범위 안의 토지는 종합합산 과세대상이다.

③ 도시지역 안의 개발제한구역 내 기준면적 이내 목장용지는 분리과세대상이다.

④ 고급오락장용 건축물 부속토지는 분리과세대상이다.

⑤ 지역에 관계없이 공장 건축물 부속토지는 기준면적을 초과하는 부분은 종합합산 과세대상이다.

10

상중하

토지의 과세대상 구분

다음은 「지방세법」상 토지분 재산세에 대한 설명이다. 틀린 것은?

① 한국농어촌공사가 농가에 공급하기 위하여 소유하는 농지는 분리과세대상이다.

② 「도로교통법」에 따라 등록된 자동차운전학원용 토지로서 같은 법에서 정하는 시설을 갖춘 구역 안의 토지는 별도합산과세대상이다.

③ 일반영업용 건축물의 시가표준액이 해당 부속토지의 시가표준액의 100분의 2에 미달하는 건축물의 부속토지 중 그 건축물 바닥면적을 제외한 부속토지는 별도합산과세대상이다.

④ 1990년 5월 31일 이전에 취득하여 종중이 소유하는 농지는 분리과세대상이다.

⑤ 군 지역에 소재하는 공장용 건축물 부속토지로서 공장입지 기준면적을 초과하는 토지는 종합합산대상이다.

11

상중하

토지의 과세대상 구분

「지방세법」상 재산세의 과세대상 토지를 분류한 것이다. 틀린 것은?

① 1990년 5월 31일 이전부터 종중이 소유하고 있는 임야 : 분리과세대상

② 여객자동차 운수사업법 에 따라 면허 또는 인가를 받은 자가 계속하여 사용하는 여객자동차터미널용 토지 : 분리과세대상

③ 읍·면지역에 소재하는 공장용 건축물의 부속토지로서 법령 소정의 공장입지 기준면적 범위 안의 토지 : 별도합산 과세대상

④ 「건축법」 등 관계 법령에 따라 허가 등을 받아야 할 건축물로서 허가 등을 받지 아니한 건축물의 부속토지 : 종합합산 과세대상

⑤ 「장사 등에 관한 법률」 제13조 제3항의 규정에 의한 설치·관리 허가를 받은 법인 묘지용 토지로서 지적공부상 지목이 묘지인 토지 : 별도합산 과세대상

Point

12

상중하

토지의 과세대상 구분

「지방세법」상 토지에 대한 재산세를 부과함에 있어서 과세대상의 구분(종합합산과세대상, 별도합산과세대상, 분리과세대상)이 같은 것으로만 묶인 것은?

> ㉠ 1990년 5월 31일 이전부터 종중이 소유하고 있는 임야
> ㉡ 「체육시설의 설치·이용에 관한 법률 시행령」에 따른 회원제 골프장이 아닌 골프장용 토지 중 원형이 보전되는 임야
> ㉢ 과세기준일 현재 계속 염전으로 실제 사용하고 있는 토지
> ㉣ 「도로교통법」에 따라 등록된 자동차운전학원의 자동차운전학원용 토지로서 같은 법에서 정하는 시설을 갖춘 구역 안의 토지

① ㉠, ㉡   ② ㉡, ㉢   ③ ㉡, ㉣
④ ㉠, ㉡, ㉢   ⑤ ㉠, ㉢, ㉣

13

상중하

종합합산대상 토지

「지방세법」상 재산세 종합합산대상 토지는?

① 「문화재 보호법」 제2조 제3항에 따른 지정문화재 안의 임야

② 국가가 국방상의 목적 외에는 그 사용 및 처분 등을 제한하는 공장 구내의 토지

③ 「건축법」 등 관계 법령에 따라 허가 등을 받아야 할 건축물로서 허가 등을 받지 아니한 공장용 건축물의 부속토지

④ 「자연공원법」에 따라 지정된 공원자연환경지구의 임야

⑤ 1989년 12월 31일 이전부터 소유하고 있는 「개발제한구역의 지정 및 관리에 관한 특별조치법」에 따른 개발제한구역의 임야

제4절 재산세 납세의무자

재산세의 납세의무에 대한 다음 설명 중 틀린 것은?

① 「신탁법」 제2조에 따른 수탁자의 명의로 등기 또는 등록된 신탁재산의 경우 위탁자(「주택법」 제2조 제11호 가목에 따른 지역주택조합 및 같은 호 나목에 따른 직장주택조합이 조합원이 납부한 금전으로 매수하여 소유하고 있는 신탁재산의 경우에는 해당 지역주택조합 및 직장주택조합을 말한다)는 재산세를 납부할 의무가 있다.

② 상속이 개시된 토지로서 상속등기가 이행되지 않은 경우에는 상속인들이 공동으로 납세의무자가 된다.

③ 개인의 명의로 등기되어 있는 사실상의 종중토지는 이 사실을 신고하지 아니한 경우 공부상의 소유자가 납세의무자가 된다.

④ 공부상 소유자가 소유권에 변동이 있음에도 불구하고 이를 신고하지 아니하여 사실상의 소유자를 알 수 없는 경우에는 공부상의 소유자가 납세의무자가 된다.

⑤ 지방자치단체조합과 과세대상토지를 연부로 매매계약을 체결하고, 그 토지의 사용권을 무상으로 부여 받은 경우에는 그 매수계약자가 납세의무자가 된다.

해설 ② 상속이 개시된 토지로서 상속등기가 이행되지 아니하고 사실상의 소유자를 신고하지 아니하였을 때에는 행정안전부령으로 정하는 주된 상속자를 재산세 납세의무자로 한다. **△ 정답** ②

14

납세의무자

「지방세법」상 재산세 납세의무에 관한 설명으로 옳은 것은?

① 재산세 과세기준일 현재 소유권의 귀속이 분명하지 아니하여 사실상의 소유자를 확인할 수 없는 경우 그 사용자가 재산세를 납부할 의무가 있다.

② 주택의 건물과 부속토지의 소유자가 다를 경우 그 주택에 대한 산출세액을 건축물과 그 부속토지의 면적 비율로 안분계산한 부분에 대하여 그 소유자를 납세의무자로 본다.

③ 국가와 재산세 과세대상 재산을 연부로 매수계약을 체결하고 그 재산의 사용권을 무상으로 받은 경우 매도계약자가 재산세를 납부할 의무가 있다.

④ 공부상에 개인 등의 명의로 등재되어 있는 사실상의 종중재산으로서 종중소유임을 신고하지 아니한 경우 종중을 납세의무자로 본다.

⑤ 공유재산인 경우 그 지분에 해당하는 부분에 대하여 그 지분권자를 납세의무자로 보되, 지분의 표시가 없는 경우 공유자 중 최연장자를 납세의무자로 본다.

15
실중하
납세의무자

「지방세법」상 재산세의 납세의무자에 관한 설명으로 틀린 것은?

① 재산세 납세의무자인지의 해당 여부를 판단하는 기준 시점은 재산세 과세기준일 현재로 한다.
② 재산세 과세대상 재산의 공부상 소유자를 그 재산에 대한 재산세 납세의무자로 하는 경우가 있다.
③ 재산세 과세대상 재산의 사용자를 그 재산에 대한 재산세 납세의무자로 하는 경우가 있다.
④ 지방자치단체와 재산세 과세대상 재산을 연부로 매매계약을 체결하고 그 재산의 사용권을 무상으로 부여받은 경우, 그 매수계약자를 납세의무자로 한다.
⑤ 재산세 과세대상 재산을 여러 사람이 공유하는 경우, 관할 지방자치단체가 지정하는 공유자 중 1인을 납세의무자로 본다.

16
실중하
납세의무자

다음 중 재산세 납세의무자에 대한 설명으로 틀린 것은?

① 과세기준일 현재 양도 양수된 경우에는 양수인을 재산세 납세의무자로 본다.
② 부동산을 국가 등과 연부로 매매계약을 체결하고 그 부동산에 대한 사용권을 무상으로 부여 받은 경우에 매수계약자는 납세의무를 지지 아니한다.
③ 「도시개발법」에 따라 시행하는 환지방식에 의한 도시개발사업의 시행에 따른 환지계획에서 일정한 토지를 환지로 정하지 아니하고 체비지 또는 보류지로 정한 경우에는 사업시행자가 재산세 납세의무자이다.
④ 「신탁법」에 의하여 수탁자 명의로 등기 등록된 신탁재산에 대하여는 위탁자가 재산세를 납부할 의무를 진다.
⑤ 국가, 지방자치단체 및 지방자치단체조합이 선수금을 받아 조성하는 매매용 토지로서 사실상 조성이 완료된 토지의 사용권을 무상으로 부여 받은 자가 있는 경우에는 무상 사용권을 부여받은자가 납세의무를 진다.

Point 17
실중하
납세의무자

「지방세법」상 재산세 납세의무에 관한 설명으로 옳은 것은?

① 과세기준일 현재 외국인 소유의 항공기 또는 선박을 임차하여 수입하는 경우 수입하는 자가 재산세를 납부할 의무가 있다.
② 상속이 개시된 토지로서 상속등기가 이행되지 아니한 경우 사실상 소유자를 신고를 하면 주된 상속자가 납세의무자가 된다.
③ 지방자치단체와 과세대상 토지를 연부로 매매계약을 체결하고 그 토지의 사용권으로 유상으로 부여 받은 경우에는 매수계약자가 납세의무가 있다.
④ 과세기준일 현재 「도시개발법」에 따라 시행하는 환지 방식에 의한 도시개발사업 및 「도시 및 주거환경정비법」에 따른 정비사업(재개발사업만 해당)의 시행에 따른 환지계획에서 일정한 토지를 환지로 정하지 아니하고 체비지 또는 보류지로 정한 경우에는 종전 토지 소유자가 재산세를 납부할 의무가 있다.
⑤ 2024년 6월 1일에 재산세 과세대상 재산의 매매잔금을 수령하고 소유권 이전 등기한 경우 양도인은 2024년 재산세를 납부할 의무가 있다.

18 다음 자료에 의하여 2024년도 재산세의 납세의무자로 옳은 것은?

<small>상중하</small>
납세의무자

> 1. 甲은 소유한 1주택을 乙에게 양도하였다.
> 2. 계약일 : 2024년 5월 1일
> 3. 사실상 잔금지급일 : 2024년 5월 30일
> 4. 등기·등록일 : 2024년 6월 10일

① 甲이 납세의무자이다.　　　　　② 乙이 납세의무자이다.

③ 甲과 乙이 공동으로 부담한다.　④ 사용자가 납세의무자이다.

⑤ 주택의 거주자가 납세의무자이다.

Point

19 다음은 재산세 납세의무자에 관한 설명이다. 옳은 것은?

<small>상중하</small>
납세의무자

① 甲이 乙에게 재산을 매도한 후 乙이 소유권이전등기를 이행하지 아니하였더라도 사실상 소유자는 乙이므로 甲의 소유권변동신고 여부와 관계없이 재산세 납세의무자는 乙이다.

② 상속이 개시된 재산은 상속등기의 이행여부나 사실상의 소유자신고 여부에 관계없이 법정상속인이 연대하여 재산세 납세의무를 진다.

③ 등기부상 甲 개인 소유로 등재되어 있는 재산은 甲이 사실상 종중 소유임을 과세관청에 신고하더라도 재산세 납세의무자는 甲이다.

④ 과세기준일 현재 양도 양수된 경우에는 양도인이 재산세 납세의무자이다.

⑤ 「신탁법」에 의하여 수탁자 명의로 등기된 신탁재산의 경우 납세의무자는 위탁자이다.

---

20 「지방세법」상 재산세의 납세의무자에 관한 설명으로 틀린 것은?

<small>상중하</small>
납세의무자

① 2024년 5월 31일에 재산세 과세대상 재산의 매매잔금을 수령하고 소유권이전등기한 경우에 매수인은 2024년 재산세의 납세의무자이다.

② 공유재산인 경우 그 지분에 해당하는 부분(지분의 표시가 없는 경우에는 지분이 균등한 것으로 봄)에 대해서는 그 지분권자를 납세의무자로 본다.

③ 재산세 과세기준일 현재 소유권의 귀속이 분명하지 아니하여 사실상의 소유자를 확인할 수 없는 경우에는 그 공부상의 소유자가 재산세를 납부할 의무가 있다.

④ 「도시개발법」에 따라 시행하는 환지 방식에 의한 도시개발사업 및 「도시 및 주거환경정비법」에 따른 정비사업(재개발사업만 해당)의 시행에 따른 환지계획에서 일정한 토지를 환지로 정하지 아니하고 체비지 또는 보류지로 정한 경우에는 사업시행자가 재산세를 납부할 의무가 있다.

⑤ 「채무자 회생 및 파산에 관한 법률」에 따른 파산선고 이후 파산종결의 결정까지 파산재단에 속하는 재산의 경우 공부상 소유자가 재산세를 납부할 의무가 있다.

21
상중하
납세의무자

「지방세법」상 재산세의 납세의무자에 관한 설명으로 틀린 것은?

① 외국인 소유의 항공기 또는 선박을 임차하여 수입하는 경우 수입하는 자가 납세의무자이다.

② 과세기준일 현재 공부상 개인 등의 명의로 등재되어 있는 사실상의 종중재산으로 종중 소유임을 신고한 경우 종중이 납세의무를 진다.

③ 재산세 과세대상 재산의 사용자를 그 재산에 대한 재산세 납세의무자로 하는 경우가 있다.

④ 과세기준일 현재 상속이 개시된 재산으로 상속등기가 이행되지 아니하고 사실상의 소유자를 신고하지 아니한 경우 상속지분이 가장 높은 사람으로 하되 상속지분이 가장 높은 사람이 두 명 이상이면 그중 나이가 가장 많은 사람을 납세의무자로 한다.

⑤ 과세기준일 현재 국가 지방자치단체 및 지방자치단체 조합과 연부로 매매계약을 체결하고 그 사용권을 유상으로 부여 받은 경우 그 매수계약자를 납세의무자로 한다.

22
상중하
납세의무자

「지방세법」상 재산세 납세의무자에 관한 설명으로 옳은 것은?

① 토지를 매매로 유상 이전하는 경우로 매매계약서 작성일이 5월 1일이고 잔금지급 및 소유권 이전 등기일이 6월 1일인 경우 재산세 납세의무자는 매도인이다.

② 주택의 건물과 부속토지의 소유자가 다를 경우 그 주택에 대한 산출세액을 건축물과 그 부속토지의 면적 비율로 안분계산한 부분에 대하여 그 소유자를 납세의무자로 본다.

③ 「신탁법」에 따라 수탁자 명의로 등기·등록된 신탁재산의 경우 위탁자별로 구분된 재산에 대해서는 그 수탁자를 납세의무자로 본다.

④ 국가가 선수금을 받아 조성하는 매매용 토지로서 사실상 조성이 완료된 토지의 사용권을 무상으로 받은 자는 재산세를 납부할 의무가 없다.

⑤ 상속이 개시된 재산으로서 상속등기가 되지 아니한 때에는 상속자가 지분에 따라 신고하면 신고된 지분에 따른 납세의무가 성립하고 신고가 없으면 주된 상속자에게 납세의무가 있다.

제5절 재산세 과세표준

대표유형

「지방세법」상 재산세 과세표준에 관한 설명으로 틀린 것은?

① 단독주택의 재산세 과세표준은 토지·건물을 일체로 한 개별주택가격에 100분의 60을 곱하여 산정한 가액으로 한다.

② 건축물의 재산세 과세표준은 거래가격 등을 고려하여 시장·군수·구청장이 결정한 가액으로 한다.

③ 토지의 재산세 과세표준은 개별공시지가에 100분의 70을 곱하여 산정한 가액으로 한다.

④ 주택(법령이 정하는 1세대 1주택이 아님)에 대한 재산세의 과세표준은 시가표준액의 100분의 60으로 한다.

⑤ 법령에 따른 고급주택의 재산세 과세표준은 시가표준액에 공정시장가액비율 100분의 60을 곱하여 산정한 가액이다.

해설 ② 건축물의 재산세 과세표준은 시가표준액에 100분의 70을 곱하여 산정한 가액으로 한다. Ⓐ 정답 ②

23

상중하
과세표준

「지방세법」상 재산세 과세표준에 관한 설명으로 옳은 것은?

① 토지의 재산세 과세표준은 법인의 경우 법인장부에 의해 증명되는 가격으로 한다.

② 단독주택의 재산세 과세표준은 개별주택가격으로 한다.

③ 공동주택의 재산세 과세표준은 공동주택가격으로 한다.

④ 건축물의 재산세 과세표준은 거래가격 등을 고려하여 시장·군수·구청장 등이 결정한 가액에 100분의 70의 공정시장가액비율을 곱하여 산정한 가액으로 한다.

⑤ 선박 및 항공기에 대한 재산세의 과세표준은 시가표준액에 100분의 70의 공정시장가액비율을 곱하여 산정한 가액으로 한다.

Point
24
상중하
과세표준

「지방세법」상 재산세 과세표준에 대한 설명이다. 틀린 것은?

① 토지분 재산세 과세표준액을 계산함에 있어서 지방세법이나 기타 법령에 의하여 토지분 재산세가 일정비율만 감면되는 경우에는 그 비율에 해당하는 토지가액을 과세표준에서 공제하여야 한다.

② 법령에 따라 산정한 주택의 과세표준이 과세표준상한액[직전 연도 해당 주택의 과세표준 상당액 + (과세기준일 당시 시가표준액으로 산정한 과세표준 × 과세표준 상한율)]보다 큰 경우에는 해당 주택의 과세표준은 과세표준 상한액으로 한다.

③ 토지분 재산세의 과세표준 계산시 종합합산대상 토지의 가액은 시·군·구내의 소유토지를 인별로 합산한다.

④ 토지분 재산세는 법인이라 하더라도 장부가액을 인정하지 않고 시가표준액인 개별공시지가에 공정시장가액비율을 적용하여 과세표준액을 산출하고 있다.

⑤ 주택에 대한 재산세의 경우 세부담상한제도를 적용하고 있다.

제**6**절 재산세 세율

대표유형

지방세법령상 재산세의 표준세율에 관한 설명으로 틀린 것은? (단, 지방세관계법령상 감면 및 특례를 고려하지 않음)
제34회

① 법령에서 정하는 고급선박 및 고급오락장용 건축물의 경우 고급선박의 표준세율이 고급오락장용 건축물의 표준세율보다 높다.

② 특별시 지역에서 국토의 계획 및 이용에 관한 법률과 그 밖의 관계 법령에 따라 지정된 주거지역 및 해당 지방자치단체의 조례로 정하는 지역의 대통령령으로 정하는 공장용 건축물의 표준세율은 과세표준의 1천분의 5이다.

③ 주택(법령으로 정하는 1세대 1주택이 아님)의 경우 표준세율은 최저 1천분의 1에서 최고 1천분의 4까지 4단계 초과누진세율로 적용한다.

④ 항공기의 표준세율은 1천분의 3으로 법령에서 정하는 고급선박을 제외한 그 밖의 선박의 표준세율과 동일하다.

⑤ 지방자치단체의 장은 특별한 재정수요나 재해 등의 발생으로 재산세의 세율 조정이 불가피하다고 인정되는 경우 조례로 정하는 바에 따라 표준세율의 100분의 50의 범위에서 가감할 수 있다. 다만, 가감한 세율은 해당 연도를 포함하여 3년간 적용한다.

해설 ⑤ 지방자치단체의 장은 특별한 재정수요나 재해 등의 발생으로 재산세의 세율 조정이 불가피하다고 인정되는 경우 조례로 정하는 바에 따라 표준세율의 100분의 50의 범위에서 가감할 수 있다. 다만, 가감한 세율은 해당 연도에만 적용한다.
Ⓐ 정답 ⑤

25 다음 중 재산세 세율에 관한 내용으로 틀린 것은?

상**중**하
세율

① 광역시(군 지역은 제외) 지역에서 「국토의 계획 및 이용에 관한 법률」과 그 밖의 관계 법령에 따라 지정된 주거지역의 대통령령으로 정하는 공장용 건축물의 재산세 표준세율은 과세표준의 1천분의 2.5이다.

② 시장, 군수는 재산세의 세율 조정이 불가피하다고 인정되는 경우 재산세의 세율을 표준세율의 100분의 50범위 안에서 가감 조정할 수 있다. 다만, 가감한 세율은 당해 연도에 한하여 적용한다.

③ 주택의 경우 주택별로 해당 주택의 토지와 건물을 가액을 합산한 과세표준에 0.1~0.4%의 4단계 초과누진세율을 적용한다.

④ 과밀억제권역 안에서 공장을 신설하거나 또는 증설하는 경우 해당 건축물에 대한 재산세 세율은 최초 과세기준일부터 5년간 일반 건축물의 표준세율에 500/100에 해당하는 세율을 적용한다.

⑤ 골프장, 고급오락장용 건축물에 대하여는 과세표준의 1,000분 50의 세율을 적용한다.

26 「지방세법」상 재산세의 표준세율에 관한 설명으로 옳은 것은?

상**중**하
표준세율

① 분리과세되는 전 · 답 · 과수원 : 1천분의 2
② 분리과세되는 공장용지 : 1천분의 0.7
③ 회원제 골프장, 고급오락장용 건축물 : 1천분의 50
④ 시(읍 · 면지역은 제외) 지역에서 주거지역의 법령으로 정하는 공장용 건축물 : 1천분의 5
⑤ 고급주택 : 1천분의 40

27 「지방세법」상 재산세의 표준세율에 관한 설명으로 틀린 것은?

상**중**하
표준세율

① 고급주택에 대한 재산세의 세율은 40/1,000의 세율을 적용한다.
② 취득세 중과대상인 골프장용 토지에 대한 재산세의 세율은 1천분의 40이다.
③ 1세대 1주택(시가표준액이 9억원 이하인 주택에 한정한다)에 대해서는 0.5/1,000~3.5/1,000의 세율을 적용한다.
④ 주택에 대한 재산세는 주택별로 각각 표준세율을 적용한다.
⑤ 종합합산대상 토지의 경우 납세의무자가 해당 지방자치단체 관할구역에 소유하고 있는 종합합산과세대상 토지의 가액을 모두 합한 금액을 과세표준으로 하여 종합합산과세대상의 세율을 적용한다.

Point

28

상**중**하
세율

재산세의 세율에 관한 다음 설명 중 옳지 않은 것은?

① 「수도권정비계획법」 제6조에 따른 과밀억제권역(「산업집적활성화 및 공장설립에 관한 법률」을 적용받는 산업단지 및 유치지역과 「국토의 계획 및 이용에 관한 법률」을 적용받는 공업지역은 제외한다)에서 행정안전부령으로 정하는 공장 신설·증설에 해당하는 경우 그 건축물에 대한 재산세의 세율은 최초의 과세기준일부터 5년간 표준세율의 100분의 500에 해당하는 세율로 한다.

② 동일 시·군에 2 이상의 주택을 소유한 경우 납세의무자별로 주택의 과세표준을 합한 금액에 주택의 세율을 적용한다.

③ 별도합산과세대상 토지에 대한 재산세는 납세의무자가 소유하고 있는 해당 지방자치단체 관할구역에 있는 별도합산과세대상이 되는 토지의 가액을 모두 합한 금액을 과세표준으로 하여 세율을 적용한다.

④ 분리과세대상 토지에 대한 재산세는 납세의무자가 소유하고 있는 해당 지방자치단체 관할구역에 있는 분리과세대상이 되는 해당 토지 각각의 금액을 과세표준으로 하여 세율을 적용한다.

⑤ 주택을 2명 이상이 공동으로 소유하거나 토지와 건물의 소유자가 다를 경우 해당 주택에 대한 세율을 적용할 때 해당 주택의 토지와 건물의 가액을 합산한 과세표준에 세율을 적용한다.

29

상**중**하
표준세율

「지방세법」상 분리과세대상 토지 중 재산세 표준세율이 다른 하나는?

① 과세기준일 현재 특별시지역의 도시지역 안의 녹지지역에서 실제 영농에 사용되고 있는 개인이 소유하는 전(田)

② 1990년 5월 31일 이전부터 관계법령에 의한 사회복지 사업자가 복지시설의 소비용(消費用)에 공(供)하기 위하여 소유하는 농지

③ 산림의 보호육성을 위하여 필요한 임야로서 「자연공원법」에 의하여 지정된 공원자연환경지구 안의 임야

④ 1990년 5월 31일 이전부터 종중이 소유하고 있는 임야

⑤ 과세기준일 현재 계속 염전으로 실제 사용하고 있는 토지

30

상중**하**
표준세율

「지방세법」상 다음의 재산세 과세대상 중 가장 낮은 표준세율이 적용되는 것은?

① 고급선박

② 군(郡)지역에 소재하는 공장용 건축물

③ 고급오락장용 토지

④ 고급오락장용 건축물

⑤ 「문화재 보호법」 제2조 제3항에 따른 지정문화제 안의 임야

Point
31
상중하
세율

다음 중 토지분 재산세의 과세대상과 세율을 연결한 것이다. 틀린 것은?

> ㉠ 0.2~0.5% ㉡ 0.2~0.4%
> ㉢ 0.07% ㉣ 0.2%
> ㉤ 4%

> ⓐ 일반건축물 중 허가를 받아야 할 건축물로서 허가 등을 받지 아니한 건축물의 부속토지
> ⓑ 「도로교통법」에 따라 등록된 자동차운전학원의 자동차운전학원용 토지로서 같은 법에서 정하는 시설을 갖춘 구역 안의 토지
> ⓒ 과세기준일 현재 도시지역 안의 녹지지역 안에 실제 영농에 사용되고 있는 개인소유의 농지
> ⓓ 특별시, 광역시, 시 지역 상업지역에 소재하는 공장용 건축물의 부속토지로서 공장입지 기준면적 범위 안의 토지
> ⓔ 회원제골프장용 부동산 중 구분등록의 대상이 되는 토지

① ㉠ - ⓐ ② ㉡ - ⓑ ③ ㉢ - ⓒ
④ ㉣ - ⓓ ⑤ ㉤ - ⓔ

32
상중하
초과누진세율

「지방세법」상 재산세 표준세율이 초과누진세율로 되어 있는 재산세 과세대상을 모두 고른 것은?

> ㉠ 「체육시설의 설치·이용에 관한 법률 시행령」에 따른 회원제 골프장이 아닌 골프장용 토지 중 원형이 보전되는 임야
> ㉡ 과세기준일 현재 염전으로 이용되고 있는 토지
> ㉢ 고급오락장용 건축물
> ㉣ 주택

① ㉠, ㉡ ② ㉠, ㉢ ③ ㉠, ㉣
④ ㉡, ㉢ ⑤ ㉢, ㉣

33

상중하
과세표준과 세율

「지방세법」상 재산세의 과세표준과 세율에 관한 설명으로 옳은 것은?

① 지방자치단체의 장은 세율조정이 불가피하다고 인정되는 경우 조례로 정하는 바에 따라 표준세율의 100분의 50의 범위에서 가감할 수 있으며, 가감한 세율은 5년간 적용한다.

② 「건축법 시행령」에 따른 다가구주택은 1가구가 독립하여 구분사용 할 수 있도록 분리된 부분을 1구의 주택으로 보며, 이 경우 그 부속토지는 건물면적의 비율에 따라 각각 나눈 면적을 1구의 부속토지로 본다.

③ 법령에 따른 고급주택은 1천분의 40, 그 밖의 주택은 누진세율을 적용한다.

④ 토지와 건물의 소유자가 다른 주택에 대해 세율을 적용할 때 해당 주택의 토지와 건물의 가액을 소유자별로 구분계산한 과세표준에 해당 세율을 적용한다.

⑤ 주택공시가격이 6억원인 주택(개인 소유)에 대한 재산세의 산출세액이 직전 연도의 해당 주택에 대한 재산세액 상당액의 100분의 110을 초과하는 경우에는 100분의 110에 해당하는 금액을 해당 연도에 징수할 세액으로 한다.

Point 34

상중하
과세표준과 세율

「지방세법」상 재산세의 과세표준과 세율에 관한 설명으로 틀린 것은?

① 토지, 건축물 및 주택에 대한 재산세의 과세표준은 시가표준액에 공정시장가액비율을 곱하여 산정한 가액으로 한다.

② 토지에 대하여 2024년에 적용되는 공정시장가액비율은 100분의 70이다.

③ 고급주택에 대하여는 1천분의 1~1천분의 4에 해당하는 초과누진세율을 적용한다.

④ 시가표준액이 3억원 이하인 1세대 1주택의 공정시장가액 비율은 「지방세법」 제4조 제2항에 따른 시가표준액의 100분의 60이다.

⑤ 사치성이 아닌 영업용 건축물에 대하여는 1천분의 2.5의 세율을 적용한다.

35

상중하
세율

「지방세법」상 재산세 과세대상에 대한 표준세율 적용에 관한 설명으로 틀린 것은?

① 납세의무자가 해당 지방자치단체 관할구역에 소유하고 있는 종합합산과세대상 토지의 가액을 모두 합한 금액을 과세표준으로 하여 종합합산과세대상의 세율을 적용한다.

② 납세의무자가 해당 지방자치단체 관할구역에 소유하고 있는 별도합산과세대상 토지의 가액을 모두 합한 금액을 과세표준으로 하여 별도합산과세대상의 세율을 적용한다.

③ 납세의무자가 해당 지방자치단체 관할구역에 소유하고 있는 분리과세대상이 되는 해당 토지의 가액을 모두 합한 금액을 과세표준으로 하여 분리과세대상의 세율을 적용한다.

④ 납세의무자가 해당 지방자치단체 관할구역에 2개 이상의 주택을 소유하고 있는 경우 그 주택의 가액을 합산하지 아니하고 주택별로 주택의 세율을 적용한다.

⑤ 재산세 과세대상 중 초과누진세율을 적용하는 대상은 주택과 별도합산대상 토지와 종합합산대상 토지이다.

36 다음은 주택에 대한 재산세의 세율 적용에 대한 내용이다. 옳지 않은 것은?

상중하
세율

① 재산세의 경우 고급주택의 개념이 적용되지 아니한다.

② 토지와 건물의 소유자가 다른 주택에 대해 세율을 적용할 때 해당 주택의 토지와 건물가액을 소유자별로 구분 계산한 과세표준에 해당 세율을 적용한다.

③ 1주택자로 시가표준액이 9억원 이하인 주택은 0.5/1,000~3.5/1,000 4단계 초과누진세율을 적용한다.

④ 지방자치단체의 장은 요건을 모두 충족하는 납세의무자가 1세대 1주택(시가표준액 9억원 초과하는 경우도 포함)의 재산세액의 납부유예를 신청한 납세의무자는 그 유예할 주택 재산세에 상당하는 담보를 제공하여야 한다.

⑤ 시 이상 지역의 주거지역 등의 공장 건축물의 경우 1000분의 5의 세율을 적용한다.

제7절 **재산세 부과 · 징수**

대표유형

「지방세법」상 재산세 납부에 관한 설명으로 틀린 것은?

① 건축물에 대한 재산세 납기는 매년 7월 16일부터 7월 31일까지이다.

② 주택에 대한 재산세(해당 연도에 부과할 세액이 20만원을 초과함)의 납기는 해당 연도에 부과 · 징수할 세액의 2분의 1은 매년 7월 16일부터 7월 31일까지, 나머지 2분의 1은 9월 16일부터 9월 30일까지이다.

③ 지방자치단체의 장은 재산세 납부세액이 1천만원을 초과하는 경우 납세의무자의 신청을 받아 관할구역에 관계없이 해당 납세자의 부동산에 대하여 법령으로 정하는 바에 따라 물납을 허가할 수 있다.

④ 재산세 납부세액이 1천만원을 초과하여 재산세를 물납 하려는 자는 법령으로 정하는 서류를 갖추어 그 납부기한 10일 전까지 납세지를 관할하는 시장 · 군수에게 신청하여야 한다.

⑤ 재산세 납부세액이 250만원을 초과하여 재산세를 분할 납부하려는 자는 재산세 납부기한까지 법령으로 정하는 신청서를 시장 · 군수에게 제출하여야 한다.

해설 ③ 지방자치단체의 장은 재산세 납부세액이 1천만원을 초과하는 경우 납세의무자의 신청을 받아 관할구역에 내 소재하는 부동산에 한하여 법령으로 정하는 바에 따라 물납을 허가할 수 있다. **Ⓐ 정답 ③**

37

상중하
부과 · 징수

「지방세법」상 재산세 납부에 관한 설명으로 틀린 것은?

① 건축물에 대한 재산세 납기는 매년 7월 16일부터 7월 31일까지이다.

② 지방자치단체의 장은 주택 재산세의 납부가 유예된 납세의무자가 해당 주택을 타인에게 양도하거나 증여하는 경우 그 납부유예 허가를 취소하여야 한다.

③ 주택분 재산세의 납세지는 주택 소유자의 주소지 관할 시 · 군 · 구이다.

④ 재산세 납부세액의 400만원인 경우 최대 150만원까지 분할 · 납부가 가능하다.

⑤ 소방분에 대한 지역자원시설세의 납기와 재산세의 납기가 같을 때에는 재산세의 납세고지서에 나란히 적어 고지할 수 있다.

38

상중하
부과 · 징수

지방세법령상 재산세의 부과 · 징수에 관한 설명으로 틀린 것은?

① 주택에 대한 재산세의 경우 해당 연도에 부과 · 징수할 세액의 2분의 1은 매년 7월 16일부터 7월 31일까지 나머지 2분의 1은 9월 16일부터 9월 30일까지를 납기로 한다. 다만, 해당 연도에 부과할 세액이 20만원 이하인 경우에는 조례로 정하는 바에 따라 납기를 9월 16일부터 9월 30일까지로 하여 한꺼번에 부과 · 징수할 수 있다.

② 재산세는 관할 지방자치단체의 장이 세액을 산정하여 보통징수의 방법으로 부과 · 징수한다.

③ 재산세를 징수하려면 토지, 건축물, 주택, 선박, 항공기로 구분한 납세고지서에 과세표준과 세액을 적어 늦어도 납기개시 5일 전까지 발급하여야 한다.

④ 재산세의 과세기준일은 매년 6월 1일로 한다.

⑤ 고지서 1장당 재산세로 징수할 세액이 2천원 미만인 경우에는 해당 재산세를 징수하지 아니한다.

Point

39

상중하
부과 · 징수

「지방세법」상 재산세 부과 · 징수에 관한 설명으로 옳은 것은?

① 재산세를 물납하려는 자는 납부기한까지 납세지를 관할하는 시장 · 군수 · 구청장에게 물납을 신청하여야 한다.

② 개인이 주택을 소유한 경우로서 주택의 공시가격이 6억원인 경우 세부담상한은 100분의 110이다.

③ 건축물에 대한 재산세 납기는 매년 9월 16일부터 9월 30일까지이다.

④ 소방분 지역자원시설세의 납기와 재산세의 납기가 같을 때에는 재산세의 납세고지서에 나란히 적어 고지하여야 한다.

⑤ 신탁재산의 위탁자가 재산세 등을 체납한 경우로서 그 위탁자의 다른 재산에 대하여 체납처분을 하여도 징수할 금액에 미치지 못 할 때에는 해당 신탁재산의 수탁자는 그 신탁재산으로써 위탁자의 재산세 등을 납부할 의무가 있다.

40 재산세의 물납을 설명한 것이다. 틀린 것은?

상**중**하
물납

① 불허가 통지를 받은 납세의무자가 그 통지를 받은 날부터 10일 이내에 해당 시·군·구의 관할구역에 있는 부동산으로서 관리·처분이 가능한 다른 부동산으로 변경 신청하는 경우에는 변경하여 허가할 수 있다.

② 지방세의 물납은 납부세액이 1,000만원을 초과하는 재산세에 한하여 인정되며, 재산세의 병기세목인 소방분에 대한 지역자원시설세는 물납을 인정하지 아니한다.

③ 재산세를 물납하려는 자는 행정안전부령으로 정하는 서류를 갖추어 그 납부기한까지 납세지를 관할하는 시장·군수·구청장에게 신청하여야 한다. 물납신청을 받은 시장·군수·구청장은 신청을 받은 날부터 10일 이내에 납세의무자에게 그 허가 여부를 서면으로 통지하여야 한다.

④ 지방자치단체의 장은 재산세의 납부세액이 1천만원을 초과하는 경우에는 납세의무자의 신청을 받아 해당 지방자치단체의 관할구역에 있는 부동산에 대해서만 물납을 허가할 수 있다.

⑤ 물납신청을 받은 부동산이 관리·처분하기가 부적당하다고 인정되는 경우에는 허가하지 아니할 수 있다.

41 「지방세법」상 재산세의 물납에 관한 설명으로 틀린 것은?

상**중**하
물납

① 「지방세법」상 물납의 신청 및 허가 요건을 충족하고 재산세(재산세 도시지역분 포함)의 납부세액이 1천만원을 초과하는 경우 물납이 가능하다.

② 서울특별시 강남구와 경기도 성남시에 부동산을 소유하고 있는 자의 성남시 소재 부동산에 대하여 부과된 재산세의 물납은 성남시 내에 소재하는 부동산만 가능하다.

③ 물납허가를 받는 부동산을 행정안전부령으로 정하는 바에 따라 물납하였을 때에는 납부기한 내에 납부한 것으로 본다.

④ 물납하려는 자는 행정안전부령으로 정하는 서류를 갖추어 그 납부기한 10일 전까지 납세지를 관할하는 시장·군수·구청장에게 신청하여야 한다.

⑤ 물납 신청 후 불허가 통지를 받은 경우에 해당 시·군·구의 다른 부동산으로의 변경신청은 허용되지 않으며 금전으로만 납부하여야 한다.

「지방세법」상 재산세의 물납과 분할납부에 관한 설명으로 틀린 것은?

① 건축물분 재산세 납부세액이 400만원인 경우에 250만원은 7월 16일부터 7월 31일까지 납부하고, 150만원은 8월 1일부터 10월 31일까지 분할납부할 수 있다.

② 물납의 경우 물납을 신청하여 허가를 받아야 물납이 가능하고 분납의 경우 허가가 필요 없고 납부기한까지 신청하면 된다.

③ 물납을 허가하는 부동산의 가액은 재산세 과세기준일 현재의 시가로 한다. 여기서 시가는 시가표준액에 따른다. 다만, 수용·공매가액 및 감정가액 등으로서 행정안전부령으로 정하는 바에 따라 시가로 인정되는 것은 시가로 본다.

④ 재산세가 물납과 분할납부대상에 해당할 경우 소방분에 대한 지역자원시설세도 함께 물납과 분할납부할 수 있다.

⑤ 시장·군수·구청장은 분할납부신청을 받았을 때에는 이미 고지한 납세고지서를 납부기한 내에 납부하여야 할 납세고지서와 분할납부기간 내에 납부하여야 할 납세고지서로 구분하여 수정고지하여야 한다.

「지방세법」상 재산세의 부과·징수 등에 관한 설명으로 틀린 것은?

① 재산세는 보통징수방법에 의한다.

② 고지서 1장당 재산세로 징수할 세액이 2천원인 경우에는 해당 재산세를 징수하지 아니한다.

③ 토지에 대한 재산세는 납세의무자별로 한 장의 납세고지서로 발급하여야 한다.

④ 지방자치단체의 장은 과세대상 누락, 위법 또는 착오 등으로 인하여 이미 부과한 세액을 변경하거나 수시부과하여야 할 사유가 발생하면 수시로 부과·징수할 수 있다.

⑤ 재산의 소유권 변동 또는 과세대상 재산의 변동 사유가 발생하였으나 과세기준일까지 그 등기·등록이 되지 아니한 재산의 공부상 소유자는 과세기준일부터 15일 이내에 그 소재지를 관할하는 지방자치단체의 장에게 그 사실을 알 수 있는 증거자료를 갖추어 신고하여야 한다.

44 「지방세법」상 재산세에 관한 설명으로 틀린 것은?

상중하
부과·징수

① 재산세 물납신청을 받은 시장·군수·구청장이 물납을 허가하는 경우 물납을 허가하는 부동산의 가액은 과세기준일 현재의 시가로 한다.

② 지방자치단체가 1년 이상 공용으로 사용하는 재산으로서 유료로 사용하는 경우에는 재산세를 부과한다.

③ 토지 외의 재산에 대한 재산세는 건축물·주택·선박 및 항공기로 구분하여 과세대상 물건마다 각각 한 장의 납세고지서를 발급하거나 물건의 종류별로 한 장의 고지서로 발급할 수 있다.

④ 사실상 종중재산으로서 공부상에는 개인 명의로 등재되어 있는 경우 종중은 과세기준일부터 15일 이내에 그 소재지를 관할하는 지방자치단체의 장에게 그 사실을 알 수 있는 증거자료를 갖추어 신고하여야 한다.

⑤ 상속이 개시된 재산으로서 상속등기가 되지 아니한 경우에 주된 상속자는 과세기준일부터 15일 이내에 그 소재지를 관할하는 지방자치단체의 장에게 그 사실을 알 수 있는 증거자료를 갖추어 신고하여야 한다.

Point

45 다음 중 과세기준일로부터 15일 이내 소유권 변동신고를 해야 하는 경우에 해당하지 않는 것은?

상중하
소유권 변동신고

① 재산의 소유권 변동사유가 발생하였으나 과세기준일까지 그 등기가 되지 아니한 재산의 공부상 소유자

② 상속이 개시된 재산으로 상속등기가 되지 아니한 경우 주된 상속자

③ 사실상 종중재산으로 공부상 개인 명의로 등재되어 있는 재산의 공부상 소유자

④ 신탁법에 따라 수탁자 명의로 등기된 신탁재산의 수탁자

⑤ 공동소유 재산의 경우 지분권자

46 「지방세법」상 재산세 징수에 관한 설명으로 틀린 것은?

상중하
부과·징수

① 지방자치단체의 장은 재산세의 납부할 세액이 500만원 이하인 경우 250만원을 초과하는 금액은 납부기한이 지난 날부터 2개월 이내 분할납부하게 할 수 있다.

② 고지서 1매당 재산세로 징수할 세액이 2,000원 미만인 경우에는 해당 재산세를 징수하지 아니한다.

③ 납세의무자는 재산세의 납부세액이 1천만원을 초과하는 경우, 당해 지방자치단체의 관할구역 안에 소재하는 부동산에 한하여 법령이 정하는 바에 따라 물납할 수 있다.

④ 토지분 재산세의 납기는 매년 9월 16일부터 9월 30일까지이다.

⑤ 보통징수방법에 의하여 부과·징수한다.

47

상중하

부과 · 징수

재산세 부과 · 징수에 대한 설명이다. 옳은 것은?

① 재산세 과세대상 토지는 분리과세대상, 종합합산대상, 별도합산대상으로 구분하여 시 · 군 · 구 별로 소유자별로 합산하여 초과누진세율을 적용한다.

② 해당 연도에 부과할 토지분 재산세액이 20만원 이하인 경우 조례로 정하는 바에 따라 납기를 7월 16일부터 7월 31일까지로 하여 한꺼번에 부과 · 징수할 수 있다.

③ 지방세특례제한법에도 불구하고 동일한 주택이 1세대 1주택에 대한 주택 세율 특례와 재산세 경감규정의 적용대상이 되는 경우로서 이 둘이 중복되는 경우에는 중복하여 적용한다.

④ 과밀억제권역 내 공장 신 · 증설의 경우 공장 건축물에 대하여 표준세율의 5배에 해당하는 세율을 5년간 중과세하지만 중과세 기간 중에 승계 취득한 자는 남은 기간에 대하여 납세의무가 없다.

⑤ 재산세를 징수하려면 토지, 건축물, 주택, 선박, 항공기로 각각 구분된 납세고지서에 과세표준과 세액을 적어 늦어도 납기개시 5일 전까지 발급하여야 한다.

48

상중하

세부담상한

甲이 소유한 토지에 대한 재산세에 대하여 2023년에 납부한 재산세액이 1,000,000원이고 2024년 재산세 산출세액이 1,300,000원이라고 가정한다. 이 경우 2024년도에 甲이 납부하여야 할 재산세는 얼마인가?

① 1,000,000원
② 1,500,000원
③ 1,300,000원
④ 2,000,000원
⑤ 3,000,000원

제8절 | 재산세 비과세

대표유형

「지방세법」상 재산세의 비과세 대상이 아닌 것은? (단, 아래의 답항별로 주어진 자료 외의 비과세요 건은 충족된 것으로 가정함)   제28회

① 임시로 사용하기 위하여 건축된 건축물로서 재산세 과세기준일 현재 1년 미만의 것

② 재산세를 부과하는 해당 연도에 철거하기로 계획이 확정되어 재산세 과세기준일 현재 행정 관청으로부터 철거명령을 받은 주택과 그 부속토지인 대지

③ 농업용 구거와 자연유수의 배수처리에 제공하는 구거

④ 「군사기지 및 군사시설 보호법」에 따른 군사기지 및 군사시설 보호구역 중 통제보호구역에 있는 토지(전·답·과수원 및 대지는 제외)

⑤ 「도로법」에 따른 도로와 그밖에 일반인의 자유로운 통행을 위하여 제공할 목적으로 개설한 사설도로(「건축법 시행령」 제80조의2에 따른 대지 안의 공지는 제외)

해설 ② 재산세를 부과하는 해당 연도에 철거하기로 계획이 확정되어 재산세 과세기준일 현재 행정관청으로부터 철거명령을 받은 주택에 대해서는 건축물 부분만 재산세를 비과세한다. 그 부속토지인 대지는 재산세가 과세된다.
정답 ②

Point 49 비과세

「지방세법」상 재산세의 비과세 대상인 것은?

① 대한민국 정부기관의 재산에 대하여 과세하는 외국정부의 재산

② 「자연공원법」에 따라 지정된 공원자연환경지구의 임야

③ 임시로 사용하기 위하여 건축된 고급오락용 건축물로서 재산세 과세기준일 현재 1년 미만의 것

④ 「군사기지 및 군사시설 보호법」에 따른 군사기지 및 군사시설 보호구역 중 통제보호구역에 있는 전·답·과수원 및 대지

⑤ 농업용 구거와 자연유수의 배수처리에 제공하는 구거

50

상중하

비과세

다음의 토지 중 재산세가 과세되는 토지는?

① 「백두대간 보호에 관한 법률」에 따라 지정된 백두대간보호지역의 임야

② 국가 등과 재산세 과세대상 재산을 연부로 매매계약을 체결하고 그 재산의 사용권을 무상으로 받음에 따라 매수계약자에게 납세의무가 있는 재산

③ 「자연공원법」에 따른 공원자연보존지구의 임야

④ 「산림보호법」에 따라 지정된 산림보호구역 및 「산림자원의 조성 및 관리에 관한 법률」에 따라 지정된 채종림·시험림

⑤ 무덤과 이에 접속된 부속시설물의 부지로 사용되는 토지로서 지적공부상 지목이 묘지인 토지

제9절 재산세 종합문제

대표유형

재산세에 대한 설명으로 틀린 것은?

① 재산세는 지적공부에 등록되어 있지 않은 토지라도 과세대상으로 한다.

② 토지·건축물·주택에 대한 재산세 과세표준을 계산하는 경우에는 과세기준일 현재의 시가표준액에 공정시장가액비율을 곱하여 계산하나, 선박과 항공기에 대한 재산세 과세표준을 계산하는 경우에는 과세기준일 현재의 시가표준액으로 한다.

③ 재산세를 징수하려면 토지, 건축물, 주택, 선박 및 항공기로 구분한 납세고지서에 과세표준과 세액을 적어 늦어도 납기개시 5일 전까지 발급하여야 한다.

④ 1세대 1주택의 해당여부를 판단할 때 「신탁법」에 따라 신탁된 주택은 위탁자의 주택 수에 가산한다.

⑤ 법인 또는 국가·지방자치단체와의 거래에 대하여는 사실상의 거래가격을 재산세의 과세표준으로 한다.

해설 ⑤ 재산세 과세표준은 개인 법인 무관하게 시가표준액을 원칙으로 한다. **정답 ⑤**

---

51 「지방세법」상 재산세에 관한 설명으로 옳은 것은?

상중하
종합문제

① 주택에 대한 재산세는 주택별로 각각의 과세표준에 주택의 세율을 적용한다.

② 과세기준일 현재 공부상의 소유자가 매매로 소유권이 변동되었는데도 신고하지 아니하여 사실상의 소유자를 알 수 없는 경우 그 공부상의 소유자가 아닌 사용자에게 재산세 납부의무가 있다.

③ 지방자치단체의 장은 재산세의 납부세액이 250만원을 초과하는 경우 법령에 따라 납부할 세액의 일부를 납부기한이 지난날부터 2개월 이내에 분납하게 할 수 있다.

④ 주택에 대한 토지와 건물의 소유자가 다를 경우 해당 주택의 소유자별로 각각의 과세표준에 주택의 세율을 적용한다.

⑤ 과세기준일은 매년 7월 1일이다.

Point

52 거주자 甲은 2024년 3월 1일 거주자 乙로부터 국내소재 상업용 건축물(오피스텔 아님)을 취득하고, 2024년 10월 현재 소유하고 있다. 이 경우 2024년도분 甲의 재산세에 관한 설명으로 틀린 것은? (단, 사기나 그 밖의 부정한 행위 및 수시부과사유는 없음)

상중하
종합문제

① 甲의 재산세 납세의무는 과세표준과 세액을 지방자치단체가 결정하는 때 확정된다.

② 甲의 재산세에 대한 부과권의 제척기간의 기산일은 2024년 6월 1일이다.

③ 甲의 건축물분에 대한 재산세 납세의무성립시기는 과세기준일(매년 6월 1일)이다.

④ 甲의 재산세 납세의무는 2029년 5월 31일까지 지방자치단체가 부과하지 아니하면 소멸한다.

⑤ 甲의 재산세에 대한 징수권의 소멸시효에 대한 기산일은 2024년 10월 1일이다.

53 다음은 「지방세법」상 재산세에 대한 설명이다. 틀린 것은?

상중하
종합문제

① 토지, 건축물, 주택에 대한 재산세의 과세표준은 시가표준액에 공정시장가액비율을 곱하여 산정한 가액으로 한다.

② 해당 연도에 주택에 부과할 세액이 100만원인 경우 납기를 7월 16일부터 7월 31일까지로 하여 한꺼번에 부과·징수한다.

③ 소방분 지역자원시설세의 납기와 재산세의 납기가 같을 때에는 재산세의 납세고지서에 나란히 적어 고지할 수 있다.

④ 주택의 건물과 부속토지의 소유자가 다를 경우에는 그 주택에 대한 산출세액을 건축물과 그 부속토지의 시가표준액 비율로 안분 계산한 부분에 대하여 그 소유자를 납세의무자로 본다.

⑤ 1세대 1주택의 재산세액의 납부유예를 신청한 납세의무자는 그 유예할 주택 재산세에 상당하는 담보를 제공하여야 한다.

54

상중하

종합문제

「지방세법」상 재산세에 관한 설명으로 틀린 것은? (단, 주어진 조건 외에는 고려하지 않음)

① 지방자치단체장이 분납신청을 받은 때에는 이미 고지한 납세고지서를 납기 내에 납부하여야 할 납세고지서와 분납기간 내 납부하여야 할 납세고지서로 구분하여 수정 고지하여야 한다.

② 재산세를 납부하는 경우 그 재산세액(재산세 도시지역분 포함)의 100분의 20에 해당하는 지방교육세를 부과한다.

③ 재산세는 과세기준일에 납세의무가 성립하고 과세권자가 결정하는 때 납세의무가 확정되는 조세이다.

④ 재산세는 신고·납부방법이 아닌 보통징수의 방법으로 부과하므로 납부기한까지 조세를 납부하지 아니한 경우에는 납부지연가산세를 부과한다.

⑤ 재산세의 납기에도 불구하고 지방자치단체의 장은 과세대상 누락, 위법 또는 착오 등으로 인하여 이미 부과한 세액을 변경하거나 수시부과하여야 할 사유가 발생하면 수시로 부과·징수할 수 있다.

Point

55

상중하

종합문제

「지방세법」상 재산세에 대한 설명으로 틀린 것은?

① 지방자치단체의 장은 법령이 정하는 요건을 모두 충족하는 납세의무자가 1세대 1주택(시가표준액 9억원 초과)의 재산세 납부유예를 납부기한 10일 전까지 신청하는 경우 이를 허가할 수 있다.

② 국가가 1년 이상 공용이나 공공용으로 유료로 사용하는 재산에 대하여는 재산세를 부과한다.

③ 다가구주택은 1세대가 독립하여 구분 사용할 수 있도록 분리된 부분을 1구의 주택으로 본다.

④ 「지방세특례제한법」에도 불구하고 동일한 주택이 1세대 1주택에 대한 주택 세율 특례와 「지방세특례제한법」에 따른 재산세 경감규정의 적용대상이 되는 경우에는 중복하여 적용하지 아니하고 둘 중 경감 효과가 큰 것 하나만 적용한다.

⑤ 재산세 납세의무자인지 해당 여부를 판단하는 기준 시점은 재산세 과세기준일 현재로 한다.

56 「지방세법」상 재산세에 관한 설명으로 틀린 것은?

상중하
종합문제

① 재산세 납부세액이 1천만원을 초과하는 경우에는 관할구역에 관계없이 부동산에 한하여 물납을 할 수 있다.

② 재산세 과세대상 토지란 「공간정보의 구축 및 관리 등에 관한 법률」에 따라 지적공부의 등록 대상이 되는 토지와 그 밖에 사용되고 있는 사실상의 토지를 말한다.

③ 시장·군수는 과세대상의 누락으로 인하여 이미 부과한 재산세액을 변경하여야 할 사유가 발생한때에는 이를 수시로 부과징수할 수 있다.

④ 시가표준액이 3억원을 초과하고 6억원 이하인 1세대 1주택의 공정시장가액비율은 시가표준액의 100분의 44이다.

⑤ 재산세는 법령이 정하는 바에 따라 세부담의 상한이 적용된다.

57 「지방세법」상 재산세에 관한 설명으로 옳은 것은?

상중하
종합문제

① 재산세 납부세액이 400만원인 경우 최대 100만원을 납부기한 지난 후 3개월 이내 분할납부할 수 있다.

② 재산세를 징수하고자 하는 때에는 토지, 건축물, 주택, 선박 및 항공기로 구분한 납세고지서에 과세표준액과 세액을 기재하여 늦어도 납기개시 10일 전까지 발부하여야 한다.

③ 주택분 재산세의 납세지는 주택 소유자의 주소지를 관할하는 지방자치단체이다.

④ 지방자치단체의 장은 재산세의 납부할 세액이 500만원 이하인 경우 250만원을 초과하는 금액은 납부기한이 지난 날부터 3개월 이내 분할납부하게 할 수 있다.

⑤ 고지서 1장당 재산세로 징수할 세액이 2천원 이하인 경우에는 해당 재산세를 징수하지 아니한다.

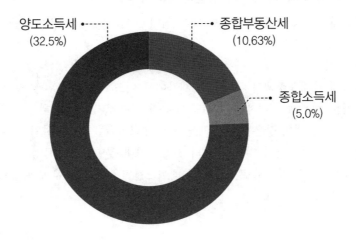

양도소득세 (32.5%)
종합부동산세 (10.63%)
종합소득세 (5.0%)

▌최근 5개년 출제경향 분석

종합부동산세의 출제비중은 최근 2문제 정도 출제되고 있다. 종합부동산세 과세구분, 신고·납부 등을 종합문제 형태로 출제하고 있다. 여기에 재산세와 종합부동산세를 비교하는 문제까지 출제하고 있다.

소득세 총론에서는 부동산임대업의 사업소득이 1문제 정도 출제되고 있다. 부동산임대업의 범위, 비과세, 주택수의 계산, 소득금액 계산(간주임대료) 등이 종합적으로 출제되고 있다.

양도소득세의 출제비중은 5문제 정도이다. 양도의 정의, 과세대상, 양도·취득시기, 양도소득 과세표준과 세액의 계산, 양도소득세의 신고와 납부, 국외자산양도에 대한 양도소득세, 비과세 양도소득, 이월과세, 부당행위계산부인 등이 종합적으로 골고루 출제되고 있다. 여기에 계산문제가 1문제 정도 출제되고 있다.

PART

03

국 세

제1절 | 종합부동산세 총칙

대표유형

「종합부동산세법」상 종합부동산세의 과세대상인 것은?

① 상업용 건축물(오피스텔 제외)

② 「건축법」 등 관계법령에 따라 허가 등을 받아야 할 건축물로서 허가 등을 받지 아니한 건축물의 부속토지

③ 고급오락장용 건축물과 그 부속토지

④ 시의 도시지역 밖의 일정한 기준면적 이내의 목장용지

⑤ 일반 영업용 건축물

해설 ② 「건축법」 등 관계법령에 따라 허가 등을 받아야 할 건축물로서 허가 등을 받지 아니한 건축물의 부속토지는 재산세에서 종합합산과세대상으로 종합부동산세 과세대상이다.
① 상업용 건축물(오피스텔 제외) : 재산세는 과세하지만 종합부동산세 과세대상은 아니다.
③ 고급오락장용 건축물과 그 부속토지 : 재산세는 과세하지만 종합부동산세 과세대상은 아니다.
④ 시의 도시지역 밖의 일정한 기준면적 이내의 목장용지 : 재산세에서 분리과세대상으로 종합부동산세 과세대상은 아니다.
⑤ 일반 영업용 건축물 : 재산세는 과세하지만 종합부동산세 과세대상은 아니다. **Ⓐ 정답 ②**

01 「종합부동산세법」상 종합부동산세의 과세대상인 것은?

상중하
과세대상

① 취득세 중과세대상인 고급오락장

② 관계법령에 따른 사회복지사업자가 복지시설이 소비목적으로 사용할 수 있도록 하기 위하여 1990년 5월 1일부터 소유하는 농지

③ 상업용 건축물(오피스텔 제외)

④ 공장용 건축물

⑤ 「건축법」 등 관계법령에 따라 허가 등을 받아야 할 건축물로서 허가 등을 받지 아니한 건축물의 부속토지

02 「종합부동산세법」상 종합부동산세의 과세대상이 아닌 것을 모두 고른 것은?

상중하
과세대상

> ㉠ 종중이 1990년 1월부터 소유하는 토지
> ㉡ 회원제 골프장용 부속토지
> ㉢ 「지방세법」에 따라 재산세가 비과세되는 토지
> ㉣ 취득세 중과대상인 고급오락장용 건축물

① ㉠, ㉡   ② ㉡, ㉢   ③ ㉢, ㉣

④ ㉠, ㉡, ㉣   ⑤ ㉠, ㉡, ㉢, ㉣

Point
03 종합부동산세의 과세기준일 현재 과세대상은 몇 개인가? (단, 주어진 조건 외에는 고려하지 않음)

상중하
과세대상

> ㉠ 회원제 골프장용 토지(회원제 골프장업의 등록시 구분등록의 대상이 되는 토지)
> ㉡ 상업용 건축물(오피스텔 제외)
> ㉢ 관계법령에 따른 사회복지사업자가 복지시설이 소비목적으로 사용할 수 있도록 하기 위하여 1990년 5월 1일부터 소유하는 농지
> ㉣ 취득세 중과세대상인 고급오락장
> ㉤ 여객자동차운송사업 면허를 받은 자가 그 면허에 따라 사용하는 차고용 토지(자동차운송사업의 최저보유차고면적기준의 1.5배에 해당하는 면적 이내의 토지)
> ㉥ 「지방세법」에 따라 재산세가 비과세되는 토지

① 1개   ② 2개   ③ 3개

④ 4개   ⑤ 5개

제2절 **주택에 대한 과세**

대표유형

「종합부동산세법령」상 주택의 과세표준 계산과 관련한 내용으로 틀린 것은? (단, 2024년 납세의무 성립분임)

① 대통령령으로 정하는 1세대 1주택자(공동명의 1주택자 제외)의 경우 주택에 대한 종합부동산세의 과세표준은 납세의무자별로 주택의 공시가격을 합산한 금액에서 12억원을 공제한 금액에 100분의 60을 곱한 금액으로 한다. 다만, 그 금액이 영보다 작은 경우에는 영으로 본다.

② 1세대 1주택자에 대하여는 주택분 종합부동산세 산출세액에서 소유자의 연령과 주택 보유 기간에 따른 공제액을 공제율 합계 100분의 80의 범위에서 중복하여 공제한다.

③ 1주택(주택의 부속토지만을 소유한 경우는 제외)과 다른 주택의 부속토지(주택의 건물과 부속토지의 소유자가 다른 경우의 그 부속토지)을 함께 소유하고 있는 경우는 1세대 1주택자로 본다.

④ 혼인으로 인한 1세대 2주택의 경우 납세의무자가 해당 연도 9월 16일부터 9월 30일까지 관할세무서장에게 합산배제를 신청하면 1세대 1주택자로 본다.

⑤ 2주택을 소유하여 1천분의 27의 세율이 적용되는 법인의 경우 주택에 대한 종합부동산세의 과세표준은 납세의무자별로 주택의 공시가격을 합산한 금액에서 0원을 공제한 금액에 100분의 60을 곱한 금액으로 한다. 다만, 그 금액이 영보다 작은 경우에는 영으로 본다.

해설 ④ 혼인으로 인한 1세대 2주택의 경우 납세의무자가 해당 연도 9월 16일부터 9월 30일까지 관할세무서장에게 합산배제를 신청하는 것과 관계없이 혼인한 날로부터 5년간은 각각 별도세대로 본다. **A 정답 ④**

Point
04
상중하
주택분 종합부동산세

주택에 대한 종합부동산세에 대한 설명이다. 틀린 것은?

① 과세기준일 현재 주택분 재산세의 납세의무자는 종합부동산세를 납부할 의무가 있다.

② 종합부동산세 납세의무자가 비거주자인 개인으로서 국내사업장이 없고 국내원천소득이 발생하지 아니하는 1주택을 소유한 경우 그 주택 소재지를 납세지로 정한다.

③ 주택에 대한 세부담상한의 기준이 되는 직전 연도에 해당 주택에 부과된 주택에 대한 총세액 상당액은 납세의무자가 해당 연도의 과세표준 합산주택을 직전 연도 과세기준일에 실제로 소유하였는지의 여부를 불문하고 직전 연도 과세기준일 현재 소유한 것으로 보아 계산한다.

④ 과세기준일 현재 세대원 중 1인과 그 배우자만이 공동으로 1주택을 소유하고 해당 세대원 및 다른 세대원이 다른 주택을 소유하지 아니한 경우 9월 16일부터 9월 30일까지 신청하는 경우 공동명의 1주택자를 해당 1주택에 대한 납세의무자로 한다.

⑤ 「문화재보호법」에 따른 등록문화재에 해당하는 주택은 과세표준 합산의 대상이 되는 주택의 범위에 포함한다.

05

「종합부동산세법」상 주택에 대한 과세에 대한 설명 중 틀린 것은?

① 주택분 과세표준 금액에 대하여 해당 과세대상주택의 주택분 재산세로 부과된 세액(「지방세법」 제111조 제3항에 따라 가감조정된 세율이 적용된 경우에는 그 세율이 적용된 세액을 말한다)은 주택분 종합부동산세액에서 이를 공제한다.

② 종합부동산세는 금액에 관계없이 물납은 허용되지 않는다.

③ 1세대가 일반 주택과 합산배제 신고한 임대주택을 각각 1채씩 소유한 경우 해당 일반 주택에 그 주택 소유자가 과세기준일 현재 그 주택에 주민등록이 되어 있고 실제로 거주하고 있는 경우에 한정하여 1세대 1주택자에 해당한다.

④ 법인(일반 누진세율이 적용되는 법인 등이 아님)이 2주택 이하를 소유한 경우 종합부동산세 세율은 1천분의 27을 적용한다.

⑤ 법인이 3주택을 소유한 경우 종합부동산세 세부담의 상한은 100분의 300으로 한다.

제3절 토지에 대한 과세

대표유형

토지에 대한 종합부동산세 과세에 관한 설명 중 틀린 것은?

① 토지에 대한 종합부동산세는 국내에 소재하는 토지에 대하여 「지방세법」 제106조 제1항 제1호에 따른 종합합산과세대상과 같은 법 제106조 제1항 제2호에 따른 별도합산과세대상으로 구분하여 과세한다.

② 과세기준일 현재 토지분 재산세의 납세의무자로서 종합합산과세대상인 경우에는 국내에 소재하는 해당 과세대상토지의 공시가격을 합한 금액이 6억원을 초과하는 자는 해당 토지에 대한 종합부동산세를 납부할 의무가 있다.

③ 과세기준일 현재 토지분 재산세의 납세의무자로서 별도합산과세대상인 경우에는 국내에 소재하는 해당 과세대상토지의 공시가격을 합한 금액이 80억원을 초과하는 자는 해당 토지에 대한 종합부동산세를 납부할 의무가 있다.

④ 종합합산과세대상인 토지의 과세표준 금액에 대하여 해당 과세대상토지의 토지분 재산세로 부과된 세액(「지방세법」 제111조 제3항에 따라 가감조정된 세율이 적용된 경우에는 그 세율이 적용된 세액, 같은법 제122조에 따라 세부담 상한을 적용받은 경우에는 그 상한을 적용받은 세액을 말한다)은 토지분 종합합산세액에서 이를 공제한다.

⑤ 별도합산과세대상인 토지에 대한 종합부동산세의 과세표준은 납세의무자별로 해당 과세대상토지의 공시가격을 합산한 금액에서 80억원을 공제한 금액에 공정시장가액비율을 곱한 금액으로 한다.

▶해설 ② 과세기준일 현재 토지분 재산세의 납세의무자로서 종합합산과세대상인 경우에는 국내에 소재하는 해당 과세대상토지의 공시가격을 합한 금액이 5억원을 초과하는 자는 해당 토지에 대한 종합부동산세를 납부할 의무가 있다.

ⓐ 정답 ②

06 다음은 토지에 대한 종합부동산세 설명이다. 틀린 것은?

상중하
토지분 종합부동산세

① 종합합산과세대상인 토지에 대한 종합부동산세의 세액은 과세표준에 1%~3%의 3단계 초과누진세율을 적용하여 계산한 금액으로 한다.

② 별도합산과세대상인 토지에 대한 종합부동산세의 세액은 과세표준에 0.5%~0.7%의 3단계 초과누진세율을 적용하여 계산한 금액으로 한다.

③ 과세기준일 현재 재산세가 부과된 토지 중 지방세법 규정에 의한 분리과세대상토지는 종합부동산세가 부과되지 않는다.

④ 별도합산과세대상인 토지에 대한 세부담의 상한은 직전년도에 해당 토지에 부과된 별도합산과세대상인 토지에 대한 총세액상당액의 100분의 150이다.

⑤ 종합합산과세대상인 토지에 대한 종합부동산세의 과세표준은 납세의무자별로 해당 과세대상토지의 공시가격을 합산한 금액에서 5억원을 공제한 금액으로 한다.

제4절 종합부동산세 신고 · 납부 등

대표유형

종합부동산세법령상 종합부동산세의 부과 · 징수에 관한 내용으로 틀린 것은? 제34회

① 관할세무서장은 납부하여야 할 종합부동산세의 세액을 결정하여 해당 연도 12월 1일부터 12월 15일까지 부과 · 징수한다.

② 종합부동산세를 신고 · 납부방식으로 납부하고자 하는 납세의무자는 종합부동산세의 과세표준과 세액을 관할세무서장이 결정하기 전인 해당 연도 11월 16일부터 11월 30일까지 관할세무서장에게 신고하여야 한다.

③ 관할세무서장은 종합부동산세로 납부하여야 할 세액이 250만원을 초과하는 경우에는 대통령령으로 정하는 바에 따라 그 세액의 일부를 납부기한이 지난 날부터 6개월 이내에 분납하게 할 수 있다.

④ 관할세무서장은 납세의무자가 과세기준일 현재 1세대 1주택자가 아닌 경우 주택분 종합부동산세액의 납부유예를 허가할 수 없다.

⑤ 관할세무서장은 주택분 종합부동산액의 납부가 유예된 납세의무자가 해당 주택을 타인에게 양도하거나 증여하는 경우에는 그 납부유예 허가를 취소하여야 한다.

해설 ② 종합부동산세를 신고 · 납부방식으로 납부하고자 하는 납세의무자는 종합부동산세의 과세표준과 세액을 관할세무서장이 결정하기 전인 해당 연도 12월 1일부터 12월 15일까지 관할세무서장에게 신고하여야 한다.

Ⓐ 정답 ②

07
상중하
신고·납부

「종합부동산세법」상 신고·납부 등에 설명 중 틀린 것은?

① 종합부동산세 과세대상인 주택의 범위는 재산세의 과세대상인 주택의 범위와 다르다.

② 「지방세특례제한법」 또는 「조세특례제한법」에 의한 재산세의 비과세·과세면제 또는 경감에 관한 규정은 종합부동산세를 부과하는 경우에 준용한다.

③ 종합부동산세를 신고·납부방식으로 납부하고자 하는 납세의무자는 종합부동산세의 과세 표준과 세액을 해당 연도 12월 1일부터 12월 15일까지 대통령령으로 정하는 바에 따라 관 할세무서장에게 신고하여야 한다. 이 경우 관할세무서장의 결정은 없었던 것으로 본다.

④ 납부고지서를 받은 자가 분납하려는 때에는 종합부동산세의 납부기한 10일 전까지 기획 재정부령으로 정하는 신청서를 관할세무서장에게 제출해야 한다.

⑤ 관할세무서장은 종합부동산세로 납부하여야 할 세액이 250만원을 초과하는 경우에는 대 통령령으로 정하는 바에 따라 그 세액의 일부를 납부기한이 지난 날부터 6개월 이내에 분납하게 할 수 있다.

Point
08
상중하
신고·납부

「종합부동산세법」상 신고·납부 등에 대한 설명 중 틀린 것은?

① 2주택을 보유한 종합부동산세의 납세의무자가 해당 연도에 납부하여야 할 주택분 재산 세액 상당액과 주택분 종합부동산세 상당액의 합계액으로 해당 납세의무자에게 직전 연 도에 해당 주택에 부과된 주택에 대한 총세액상당액으로 계산한 세액의 100분의 150을 초과하는 세액에 대하여는 이를 없는 것으로 본다.

② 종합부동산세는 주택에 대한 종합부동산세액과 토지에 대한 종합부동산세의 세액을 합 한 금액을 그 세액으로 한다.

③ 종합부동산세의 납세의무자가 비거주자인 개인 또는 외국법인으로서 국내사업장이 없 고 국내원천소득이 발생하지 아니하는 주택 및 토지를 소유한 경우에는 그 주택 또는 토지의 소재지(주택 또는 토지가 둘 이상인 경우에는 공시가격이 가장 높은 주택 또는 토지의 소재지를 말한다)를 납세지로 정한다.

④ 종합부동산세로 납부할 세액이 1,000만원을 초과하는 경우 종합부동산세 과세대상인 주 택과 토지에 한하여 물납할 수 있다.

⑤ 종합부동산세의 납세의무자는 종합부동산세 납부세액의 100분의 20에 해당하는 농어촌 특별세가 부가세로 부과된다.

대표유형

「종합부동산세법」상 토지 및 주택에 대한 과세와 부과·징수에 관한 설명으로 옳은 것은?

① 종합합산과세대상인 토지에 대한 종합부동산세의 세액은 과세표준에 1%~5%의 세율을 적용하여 계산한 금액으로 한다.

② 종합부동산세로 납부해야 할 세액이 200만원인 경우 관할세무서장은 그 세액의 일부를 납부기한이 지난 날부터 6개월 이내에 분납하게 할 수 있다.

③ 관할세무서장이 종합부동산세를 징수하려면 납부기간 개시 5일 전까지 주택분과 토지분을 합산한 과세표준과 세액을 납부고지서에 기재하여 발급하여야 한다.

④ 종합부동산세를 신고납부방식으로 납부하고자 하는 납세의무자는 종합부동산세의 과세표준과 세액을 해당 연도 12월 1일부터 12월 15일까지 관할세무서장에게 신고하여야 한다.

⑤ 별도합산과세대상인 토지에 대한 종합부동산세의 세액은 과세표준에 0.5%~0.8%의 세율을 적용하여 계산한 금액으로 한다.

해설 ④ 종합부동산세를 신고납부방식으로 납부하고자 하는 납세의무자는 종합부동산세의 과세표준과 세액을 해당 연도 12월 1일부터 12월 15일까지 관할세무서장에게 신고하여야 한다(종합부동산세법 제16조 제3항).
① 종합합산과세대상인 토지에 대한 종합부동산세의 세액은 과세표준에 1%~3%의 세율을 적용하여 계산한 금액으로 한다(종합부동산세법 제14조 제1항).
② 종합부동산세로 납부해야 할 세액이 250만원을 초과하는 경우 관할세무서장은 그 세액의 일부를 납부기한이 지난 날부터 6개월 이내에 분납하게 할 수 있다(종합부동산세법 제20조).
③ 관할세무서장은 종합부동산세를 징수하려면 납부고지서에 주택 및 토지로 구분한 과세표준과 세액을 기재하여 납부기간 개시 5일 전까지 발급하여야 한다(종합부동산세법 제16조 제2항).
⑤ 별도합산과세대상인 토지에 대한 종합부동산세의 세액은 과세표준에 0.5%~0.7%의 세율을 적용하여 계산한 금액으로 한다(종합부동산세법 제14조 제4항).   **A** 정답 ④

09
상중하
재산세와
종합부동산세 비교

다음은 주택, 상업용 건축물 및 토지를 보유하고 있는 거주자 다합격 씨가 2024년에 납부해야 할 재산세와 종합부동산세에 대한 설명이다. 가장 잘못된 설명은?

① 주택에 대한 재산세는 2024년 6월 1일 현재의 소유 주택에 대하여 재산세를 부과하며, 당해 연도 부과·징수할 세액의 2분의 1은 2024년 7월 16일부터 7월 31일까지, 나머지 2분의 1은 2024년 9월 16일부터 9월 30일까지 납부한다.

② 상업용 건축물에 대한 재산세는 2024년 6월 1일 현재의 소유 건축물에 대하여 재산세를 부과하며, 세액은 건축물의 소재지를 관할하는 시·군에 납부한다.

③ 토지에 대한 재산세는 2024년 6월 1일 현재의 소유 토지에 대하여 재산세를 부과하며, 세액은 2024년 9월 16일부터 9월 30일까지 납부한다.

④ 주택에 대한 종합부동산세는 국내에 있는 재산세 과세대상인 주택의 공시가격을 합산한 금액이 9억원(1세대 1주택의 경우 12억원 초과)을 초과하는 경우 납세의무가 있다.

⑤ 상업용 건축물에 대한 종합부동산세의 과세기준일은 2024년 6월 1일이며, 2024년 12월 1일부터 12월 15일까지 납부해야 한다.

10
상중하
주택에 대한 과세 및 납세지

「종합부동산세법」상 주택에 대한 과세 및 납세지에 관한 설명으로 옳은 것은?

① 납세의무자가 법인(공익법인 등은 제외)이며 3주택 이상을 소유한 경우 소유한 주택 수에 따라 과세표준에 1.2%~6%의 세율을 적용하여 계산한 금액을 주택분 종합부동산세액으로 한다.

② 납세의무자가 법인으로 보지 않는 단체인 경우 주택에 대한 종합부동산세 납세지는 해당 주택의 소재지로 한다.

③ 과세표준합산의 대상에 포함되지 않는 주택을 보유한 납세의무자는 해당 연도 10월 16일부터 10월 31일까지 관할세무서장에게 해당 주택의 보유현황을 신고하여야 한다.

④ 종합부동산세 과세대상 1세대 1주택자로서 과세기준일 현재 해당 주택을 12년 보유한 자의 보유기간별 세액공제에 적용되는 공제율은 100분의 50이다.

⑤ 과세기준일 현재 주택분 재산세의 납세의무자는 종합부동산세를 납부할 의무가 있다.

11
상중하
종합문제

「종합부동산세법」상 종합부동산세에 관한 설명 중 옳은 것은? (단, 감면 및 비과세와 「지방세특례제한법」 또는 「조세특례제한법」은 고려하지 않음)

① 납세의무자는 선택에 따라 신고·납부할 수 있으나, 신고를 함에 있어 납부세액을 과소하게 신고한 경우라도 과소신고가산세가 적용되지 않는다.

② 「신탁법」 제2조에 따른 수탁자의 명의로 등기 또는 등록된 신탁주택의 경우에는 수탁자가 종합부동산세를 납부할 의무가 있다. 이 경우 수탁자가 신탁주택을 소유한 것으로 본다.

③ 1세대 1주택자(단독명의)의 경우 연령별 세액공제와 보유기간별 세액공제를 받을 수 있으며 이 경우 세액공제가 중복되는 경우에는 이 중 공제율이 높은 것을 선택하여 공제받을 수 있다.

④ 토지에 대한 종합부동산세는 종합합산대상토지에 대한 종합부동산세액과 별도합산대상토지에 대한 종합부동산세액을 합한 금액으로 한다.

⑤ 납세자에게 부정행위가 없으며 특례제척기간에 해당하지 않는 경우 원칙적으로 납세의무 성립일부터 7년이 지나면 종합부동산세를 부과할 수 없다.

12 「종합부동산세법」상 종합부동산세에 관한 설명으로 틀린 것은?

상중하
종합문제

① 종합부동산세의 납세의무자가 비거주자인 개인으로서 국내사업장이 없고 국내 원천소득이 발생하지 아니하는 1주택을 소유한 경우 그 주택 소재지를 납세지로 정한다.

② 종합부동산세의 납세의무자가 개인 또는 법인으로 보지 아니하는 단체인 경우에는 소득세법의 규정을 준용하여 납세지를 정한다.

③ 혼인함으로써 1세대를 구성하는 경우에는 혼인한 날부터 10년 동안은 주택 또는 토지를 소유하는 자와 그 혼인한 자별로 각각 1세대로 본다.

④ 종합부동산세를 신고·납부방식으로 납부하고자 하는 경우 과세표준과 세액을 해당 연도 12월 1일부터 12월 15일까지 관할세무서장에게 신고하는 때에 종합부동산세 납세의무는 확정된다.

⑤ 주택분 종합부동산세액을 계산할 때 1주택을 여러 사람이 공동으로 매수하여 소유한 경우 공동 소유자 각자가 그 주택을 소유한 것으로 본다.

Point

13 다음은 종합부동산세 납세의무자에 대한 설명이다. 납세의무가 없는 경우로 옳은 것은?

상중하
종합문제

① 공시가격이 18억원인 1주택을 부부인 甲이 40%, 乙이 60%씩 공동소유하는 경우의 乙

② 동일 세대원인 甲, 乙, 丙이 소유하는 주택으로서 공시가격이 10억원, 5억원, 9억원인 경우의 甲

③ 6년 전에 혼인한 甲, 乙이 소유하는 주택의 공시가격이 10억원, 5억원인 경우의 甲

④ 아버지가 공시가격 11억원, 아들이 10억원인 주택을 소유하던 중 동거봉양을 위해 합가한 지 4년이 된 경우의 아버지의 주택

⑤ 동일 세대원인 甲, 乙 중 甲 단독 소유 주택의 공시가격이 15억원인 경우의 甲

14 종합부동산세에 관한 설명으로 틀린 것은? (단, 감면 및 비과세와 「지방세특례제한법」 또는 「조세특례제한법」은 고려하지 않음)

① 1세대 1주택자(단독명의)는 주택의 공시가격을 합산한 금액에서 12억원을 공제한 금액에 공정시장가액비율을 곱한 금액을 과세표준으로 한다.

② 과세대상 토지가 매매로 유상이전되는 경우로서 계약서 작성일이 2024년 6월 1일이고 잔금지급 및 소유권이전 등기일이 2024년 6월 10일인 경우 종합부동산세 납세의무자는 매도인이다.

③ 주택에 대한 세부담 상한의 기준이 되는 직전 연도에 해당 주택에 부과된 주택에 대한 총세액상당액은 납세의무자가 해당 연도의 과세표준합산주택을 직전 연도 과세기준일에 실제로 소유하였는지의 여부를 불문하고 직전 연도 과세기준일 현재 소유한 것으로 보아 계산한다.

④ 1세대가 일반주택과 합산배제 신고한 임대주택을 각각 1채씩 소유한 경우 해당 일반 주택에 그 주택 소유자가 과세기준일 현재 그 주택 실제 거주여부와 관계없이 1세대 1주택으로 본다.

⑤ 주택분 종합부동산세 납세의무자가 1세대 1주택자에 해당하는 경우의 주택분 종합부동산세액은 주택분 종합부동산세액에서 연령별 공제 또는 장기보유기간에 따른 1세대 1주택자에 대한 공제액을 공제한 금액으로 한다. 이 경우 연령별 공제와 장기보유 기간별 공제가 중복되는 경우 공제율 합계 100분의 80 범위에서 중복하여 공제할 수 있다.

15 「종합부동산세법」상 2024년 종합부동산세에 관한 설명으로 틀린 것은?

① 종합부동산세액을 계산할 때 「건축법 시행령」 별표 다목에 따른 다가구 주택은 1주택으로 본다.

② 종합부동산세를 신고납부방식으로 납부하고자 하는 납세의무자는 종합부동산세의 과세표준과 세액을 당해연도 12월 1일부터 12월 15일까지 관할세무서장에게 신고하여야 한다. 이 경우 관할세무서장의 결정은 없었던 것으로 본다.

③ 과세기준일 현재 1세대 1주택자로서 해당연도에 주택분 종합부동산세액이 100만원을 초과하는 자는 소득기준을 충족하였을 경우 주택분 종합부동산세액의 납부유예를 그 납부기한 만료 3일 전까지 신청할 수 있다.

④ 종합부동산세의 징수권에 대한 소멸시효에 대한 기산일은 2024년 12월 16일이다.

⑤ 종합부동산세 과세기준일(매년 6월 1일)에 납세의무가 확정되는 조세이다.

16 2024년 귀속 종합부동산세에 관한 설명으로 틀린 것은?

①　공동명의 1주택자에 대한 납세의무 특례를 적용받으려는 납세의무자는 해당 연도 9월 16일부터 9월 30일까지 공동명의 1주택자 신청서를 제출하여야 한다.

②　종합부동산세 납세의무자는 종합부동산세 납부세액의 100분의 20에 해당하는 농어촌특별세를 부가세로 부과된다.

③　납세자에게 부정행위가 없으며 특례제척기간에 해당하지 않는 경우, 원칙적으로 납세의무 성립일부터 5년이 지나면 종합부동산세를 부과할 수 없다.

④　납세의무자는 선택에 따라 신고·납부할 수 있으나, 신고를 함에 있어 납부세액을 과소하게 신고한 경우라도 과소신고가산세가 적용되지 않는다.

⑤　종합부동산세에 대한 부과권의 제척기간에 대한 기산일은 2024년 6월 1일이다.

17 「종합부동산세법」상 주택분 종합부동산세액의 계산시 적용하여야 하는 주택 수에 관한 설명으로 틀린 것은?

①　1주택을 여러 사람이 공동으로 소유한 경우 공동 소유자 각자가 그 주택을 소유한 것으로 본다.

②　상속을 통해 공동 소유한 주택으로 과세기준일 현재 주택에 대한 소유 지분율이 30% 이하인 경우 기간과 관계없이 주택 수에서 제외한다.

③　「건축법 시행령」 별표 1 제1호 다목에 따른 다가구주택은 1주택으로 본다.

④　1세대 1주택자가 종전주택 양도 전 다른 주택을 대체 취득한 경우 주택 수에서 제외한다. 단, 신규주택 취득 후 3년 이내 종전 주택을 양도하는 경우로 한정한다.

⑤　1세대 1주택자가 지방 저가주택(수도권, 광역시, 특별자치시 밖의 소재 주택)으로 공시가격 3억원 이하인 주택은 주택 수에 제외한다.

18
<small>상중하</small>
재산세와 종합부동산세
납세의무자

(주)박문각은 소유하던 토지를 거주자 갑(甲)에게 매도하였다. 다음의 자료에 의하여 해당 연도의 재산세와 종합부동산세의 납세의무자로 바르게 연결된 것은?

• 계약일: 2024년 4월 15일
• 중도금지급일: 2024년 5월 10일
• 계약상의 잔금지급일: 2024년 5월 30일
• 사실상의 잔금지급일: 2024년 6월 5일
• 등기접수일: 2024년 6월 10일

	재산세	종합부동산세
①	甲	甲
②	甲	(주)박문각
③	(주)박문각	甲
④	(주)박문각	(주)박문각
⑤	甲(50%)	甲(50%)

19
<small>상중하</small>
재산세와
종합부동산세 비교

다음은 종합부동산세와 재산세에 대한 설명이다. 틀린 것은?

① 재산세와 종합부동산세의 납세의무 성립시기는 동일하지만 납세지는 다르다.
② 재산세의 경감에 관한 규정은 종합부동산세를 부과함에 있어서 이를 준용한다.
③ 재산세와 종합부동산세는 납부세액이 250만원을 초과하는 경우 납부기한 지난 후 2개월 이내 분할납부할 수 있다.
④ 재산세는 과세대상별로 납부기간을 다르게 규정하지만 종합부동산세는 과세대상의 종류와 관계없이 동일하다.
⑤ 재산세와 종합부동산세의 분납의 경우 기준금액은 동일하지만 분납기간은 다르다.

Chapter 02 소득세

제1절 | 소득세 총론

대표유형

「소득세법」상 양도소득세에 관한 설명으로 옳은 것은?

① 거주자가 국외 토지를 양도한 경우 양도일까지 계속해서 10년간 국내에 주소를 두었다면 양도소득과세표준을 예정신고하여야 한다.

② 비거주자가 국외 토지를 양도한 경우 양도소득세 납부의무가 있다.

③ 거주자가 국내 상가건물을 양도한 경우 거주자의 주소지와 상가건물의 소재지가 다르다면 양도소득세 납세지는 상가건물의 소재지이다.

④ 비거주자가 국내 주택을 양도한 경우 양도소득세 납세지는 비거주자의 국외 주소지이다.

⑤ 거주자가 국외 주택을 양도한 경우 양도일까지 계속해서 5년간 국내에 주소를 두었다면 양도소득금액 계산시 장기보유특별공제가 적용된다.

해설 ② 비거주자가 국외 토지를 양도한 경우 양도소득세 납부의무가 없다.
③ 거주자가 국내 상가건물을 양도한 경우 거주자의 주소지와 상가건물의 소재지가 다르다면 양도소득세 납세지는 양도자의 주소지이다.
④ 비거주자가 국내 주택을 양도한 경우 양도소득세 납세지는 비거주자의 국내 사업장 소재지이고, 사업장이 없는 경우 국내 원천소득이 발생한 장소이다.
⑤ 국외자산의 양도의 경우 장기보유특별공제를 적용하지 아니한다. **ⓐ 정답** ①

Point 01

상중하
소득세 특징

다음은 「소득세법」에 대한 설명이다. 틀린 것은?

① 주택의 임대로 인하여 얻은 과세대상 소득은 사업소득으로서 해당 거주자의 종합소득금액에 합산된다.

② 양도소득에 대한 과세표준은 종합소득 및 퇴직소득에 대한 과세표준과 구분하여 계산한다.

③ 비주거용 건물 임대업에서 발생한 결손금은 종합소득 과세표준을 계산할 때 공제한다.

④ 거주자는 국내에 있는 토지의 양도로 발생하는 소득에 대하여 양도소득세 납세의무가 있다.

⑤ 거주자가 국내 상가건물을 양도한 경우 거주자의 주소지와 상가건물의 소재지가 다르면 양도소득세 납세지는 거주자의 주소지이다.

02 다음은 「소득세법」에 대한 설명이다. 틀린 것은?

상**중**하
소득세 특징

① 공동으로 소유한 자산에 대한 양도소득금액을 계산하는 경우에는 해당 자산을 공동으로 소유하는 각 거주자가 납세의무를 진다.

② 현행 「소득세법」은 기본적으로 소득원천설의 입장을 취하고 있으면서, 순자산증가설의 입장도 일부 수용하고 있다.

③ "거주자"란 국내에 주소를 두거나 183일 이상의 거소(居所)을 둔 개인을 말하며 "비거주자"란 거주자가 아닌 개인을 말한다.

④ 거주자의 소득세 납세지는 그 주소지로 한다. 다만, 주소지가 없는 경우에는 그 거소지로 한다.

⑤ 부동산임대업에 관련된 사업소득의 경우 과세소득을 부부단위로 합산하여 과세한다.

03 「소득세법」상 양도소득세의 납세의무에 관한 설명으로 틀린 것은? (다만, 양도자산은 비과세되지 아니한다)

상**중**하
거주자와 비거주자

① 거주자는 국내에 있는 토지의 양도로 발생하는 소득에 대하여 양도소득세 납세의무가 있다.

② 거주자가 양도일까지 계속하여 국내에 5년 이상 주소 또는 거소를 둔 경우 국외에 있는 토지의 양도로 인하여 발생하는 소득에 대하여 양도소득세 납세의무가 있다.

③ 비거주자는 국내에 있는 토지의 양도로 인하여 발생하는 소득에 대하여 양도소득세 납세의무가 있다.

④ 비거주자는 국외에 있는 건물의 양도로 인하여 발생하는 소득에 대하여 양도소득세 납세의무가 있다.

⑤ 출국일 현재 국내에 1주택을 보유한 1세대가 「해외이주법」에 따른 해외이주로 세대전원이 출국한 경우 출국일로부터 2년 이내에 동 주택의 양도로 인하여 발생하는 소득에 대하여는 양도소득세가 비과세된다.

제2절 부동산임대업

대표유형

「소득세법」상 부동산임대업에서 발생한 소득에 관한 설명으로 틀린 것은? ㅤㅤㅤㅤ제33회

① 해당 과세기간의 주거용 건물 임대업을 제외한 부동산임대업에서 발생한 결손금은 그 과세 기간의 종합소득과세표준을 계산할 때 공제하지 않는다.

② 사업소득에 부동산임대업에서 발생한 소득이 포함되어 있는 사업자는 그 소득별로 구분하여 회계처리하여야 한다.

③ 3주택(주택 수에 포함되지 않는 주택 제외) 이상을 소유한 거주자가 주택과 주택부수토지를 임대(주택부수토지만 임대하는 경우 제외)한 경우에는 법령으로 정하는 바에 따라 계산한 금액(간주임대료)을 총수입금액에 산입한다.

④ 간주임대료 계산시 3주택 이상 여부 판정에 있어 주택 수에 포함되지 않는 주택이란 주거의 용도로만 쓰이는 면적이 1호 또는 1세대당 40m² 이하인 주택으로서 해당 과세기간의 기준시가가 2억원 이하인 주택을 말한다.

⑤ 해당 과세기간에 분리과세 주택임대소득이 있는 거주자(종합소득과세표준이 없거나 결손금이 있는 거주자 포함)는 그 종합소득 과세표준을 그 과세기간의 다음 연도 5월 1일부터 5월 31일까지 신고하여야 한다.

해설 ③ 3주택(주택 수에 포함되지 않는 주택 제외) 이상을 소유한 거주자가 주택과 주택부수토지를 임대(주택부수토지만 임대하는 경우 제외)한 경우에는 해당 주택의 보증금 등의 합계액이 3억원을 초과하는 경우 법령으로 정하는 바에 따라 계산한 금액(간주임대료)을 총수입금액에 산입한다. ㅤㅤㅤ**A 정답 ③**

Point 04 상중하 부동산임대업

「소득세법」상 국내에 소재한 주택을 임대한 경우 발생하는 소득에 관한 설명으로 틀린 것은?

① 주택 1채만을 소유한 거주자가 과세기간 종료일 현재 기준시가 15억원인 해당 주택을 전세금을 받고 임대하여 얻은 소득에 대해서는 소득세가 과세되지 아니한다.

② 주택임대료로 인하여 발생하는 소득에 대한 총수입금액의 수입할 시기는 계약에 의하여 지급일이 정하여진 경우 그 정하여진 날로 한다.

③ 거주자의 보유주택 수를 계산함에 있어서 다가구주택은 1개의 주택으로 보되, 구분등기된 경우에는 각각을 1개의 주택으로 계산한다.

④ 주택의 임대로 인하여 얻은 과세대상 소득은 사업소득으로서 해당 거주자의 종합소득금액에 합산된다.

⑤ 주택을 임대하여 얻은 소득은 거주자가 사업자등록을 한 경우에 한하여 소득세 납세의무가 있다.

05
상중하
부동산임대업

「소득세법」상 거주자의 부동산과 관련된 사업소득에 관한 설명으로 옳은 것은?

① 국외에 소재하는 주택의 임대소득은 주택 수에 관계없이 과세하지 아니한다.

② 「공익사업을 위한 토지 등의 취득 및 보상에 관한 법률」에 따른 공익사업과 관련하여 지역권을 대여함으로써 발생하는 소득은 부동산업에서 발생하는 소득으로 한다.

③ 부동산임대업에서 발생하는 사업소득의 납세지는 부동산 소재지로 한다.

④ 국내에 소재하는 논·밭을 작물 생산에 이용하게 함으로써 발생하는 사업소득은 소득세를 과세하지 아니한다.

⑤ 주거용 건물 임대업에서 발생한 결손금은 종합소득 과세표준을 계산할 때 공제하지 아니한다.

06
상중하
부동산임대업

다음은 「소득세법」상 부동산임대업 관련 사업소득에 대한 설명이다. 틀린 것은?

① 국외에 소재하는 주택임대소득은 주택 수에 관계없이 과세한다.

② 주택임대소득이 과세되는 고가주택은 과세기간 종료일 현재 기준시가 12억원을 초과하는 주택을 말한다.

③ 주택을 1채만 소유한 거주자가 과세기간 종료일 현재 기준시가 13억원인 해당 주택을 전세금을 받고 임대하여 얻은 소득에 대해서는 소득세가 과세되지 아니한다.

④ 사업소득에 부동산임대업에서 발생한 소득이 포함되어 있는 사업자는 그 소득별로 구분하여 회계처리하여야 한다.

⑤ 3주택(법령에 따른 소형주택이 아님)을 소유하는 자가 받은 보증금의 합계액이 2억원인 경우 법령으로 정하는 바에 따라 계산한 간주임대료를 사업소득 총수입금액에 산입한다.

07
상중하
부동산임대업

「소득세법」상 거주자의 부동산임대업에서 발생하는 소득에 관한 설명으로 틀린 것은? (해당 과세기간에 주거용 건물 임대업에서 발생한 수입금액의 합계액이 2천만원 초과라 가정함)

① 1개의 주택을 소유하는 자의 주택임대소득은 소득세를 과세하지 아니한다. 이 경우 기준시가가 12억원을 초과하는 주택 및 국외에 소재하는 주택의 임대소득은 제외한다.

② 공익사업과 관련된 지상권을 대여함으로써 발생하는 소득은 기타소득이다.

③ 본인과 배우자가 각각 주택을 소유하는 경우에는 합산하지 아니하고 각각 주택 수를 계산한다.

④ 자기소유의 부동산을 타인의 담보로 사용하게 하고 그 사용대가로 받는 것은 사업소득이다.

⑤ 국외 소재 주택을 임대하고 그 대가로 받는 것은 사업소득이다.

08 「소득세법」상 거주자의 부동산임대업에서 발생하는 소득에 관한 설명으로 틀린 것은? (해당 과
상중하
부동산임대업 세기간에 주거용 건물 임대업에서 발생한 수입금액의 합계액이 2천만원 초과라 가정함)

① 주거용 건물 임대업에서 발생하는 수입금액 총액이 2천만원 이하인 경우에는 다른 종합
소득금액에 합산하지 아니하고 분리과세를 선택할 수 있다.

② 주택임대소득이 과세되는 고가주택은 과세기간 종료일 현재 기준시가 9억원을 초과하는
주택을 말한다.

③ 공동소유하는 주택은 지분이 가장 큰 사람의 소유로 계산(지분이 가장 큰 사람이 2인
이상인 경우로서 그들이 합의하여 그들 중 1인을 당해 주택의 임대수입의 귀속자로 정한
경우에는 그의 소유로 계산)한다.

④ 주거용 건물 임대업에서 발생한 결손금은 종합소득과세표준을 계산할 때 공제한다.

⑤ 사업자가 부동산을 임대하고 임대료 외에 전기료·수도료 등 공공요금의 명목으로 지급
받은 금액이 공공요금의 납부액을 초과할 때 그 초과하는 금액은 사업소득 총수입금액
에 산입한다.

09 「소득세법」상 거주자의 주택임대소득의 비과세 및 총수입금액에 관한 설명으로 옳은 것은? (단,
상중하
비과세 주택은 상시 주거용으로 사업을 위한 주거용이 아님, 해당 과세기간에 주거용 건물 임대업에서
발생한 수입금액의 합계액이 2천만원 초과라 가정함)

① 임대하는 국내소재 1주택의 비과세 여부 판단시 가액은 「소득세법」상 실지거래가액이
12억원을 기준으로 판단한다.

② 「소득세법」상 기준시가 5억원인 국외소재 1주택을 임대하는 경우에는 비과세된다.

③ 본인과 배우자가 각각 국내소재 주택을 소유한 경우, 이를 합산하지 아니하고 각 거주자
별 소유 주택을 기준으로 주택임대소득 비과세 대상인 1주택 여부를 판단한다.

④ 국내소재 3주택을 소유한 자가 받은 주택임대보증금의 합계액이 4억원인 경우, 그 보증
금에 대하여 법령에서 정한 산식으로 계산한 금액을 총수입금액에 산입한다.

⑤ 과세기간 종료일 현재 소유중인 국내소재 주택에 대한 주택임대소득의 비과세여부 판단
시 기준시가는 과세기간 개시일을 기준으로 한다.

Point 10
상중하
부동산임대업

「소득세법」상 거주자의 부동산임대업에서 발생하는 소득에 관한 설명으로 옳은 것은? (해당 과세기간에 주거용 건물 임대업에서 발생한 수입금액의 합계액이 2천만원 초과라 가정함, 각 지문은 별개의 상황이라 가정)

① 지역권·지상권을 설정하거나 대여함으로써 발생하는 소득은 사업소득이다. 다만, 「공익사업을 위한 토지 등의 취득 및 보상에 관한 법률」 제4조에 따른 공익사업과 관련하여 지역권·지상권을 설정하거나 대여함으로써 발생하는 소득은 제외한다.

② 미등기 부동산을 임대하고 그 대가로 받는 것은 사업소득이 아니다.

③ 본인과 배우자가 각각 국내 소재 주택을 소유한 경우, 이를 합산하지 아니하고 각 거주자별 소유 주택을 기준으로 주택임대소득 비과세 대상인 1주택 여부를 판단한다.

④ 2주택(법령에 따른 소형주택 아님)과 2개의 상업용 건물을 소유하는 자가 보증금을 받은 경우 2주택과 2개의 상업용 건물에 대하여 법령으로 정하는 바에 따라 계산한 간주임대료를 사업소득 총수입금액에 산입한다.

⑤ 甲과 乙이 고가주택이 아닌 공동소유 1주택(甲 지분율 40%, 乙 지분율 60%)을 임대하는 경우, 주택임대소득의 비과세 여부를 판정할 때 甲과 乙이 각각 1주택을 소유한 것으로 보아 주택 수를 계산한다.

11
상중하
부동산임대업

「소득세법」상 국내에 소재한 주택을 임대한 경우 발생하는 소득에 관한 설명으로 틀린 것은? (단, 아래의 주택은 상시 주거용으로 사용하고 있음)

① 주택임대로 인하여 발생하는 소득에 대한 총수입금액의 수입할 시기는 계약에 의하여 지급일이 정하여진 경우 그 정하여진 날로 한다.

② 임차 또는 전세받은 주택을 전대하거나 전전세하는 경우 해당 임차 또는 전세받은 주택을 임차인 또는 전세받은 자의 주택으로 계상한다.

③ 거주자의 보유주택 수를 계산함에 있어서 다가구주택은 1개의 주택으로 보되 구분등기된 경우에는 각각을 1개의 주택으로 계산한다.

④ 간주임대료 계산시 3주택 이상 여부 판단시 주택 수에 포함되지 않는 주택이란 주거의 용도로만 쓰는 면적이 1호 또는 1세대당 40㎡ 이하인 주택으로서 해당 과세기간의 기준시가가 2억원 이하인 주택을 말한다.

⑤ 임대보증금의 간주임대료를 계산하는 과정에서 금융수익을 차감할 때 그 금융수익은 수입이자와 할인료, 유가증권처분이익으로 한다.

12

[상]중하
임대수입계산

주택임대사업자인 거주자 甲의 국내주택 임대현황(A, B, C 각 주택의 임대기간 : 2024.1.1.~ 2024.12.31.)을 참고하여 계산한 주택임대에 따른 2024년 귀속 사업소득의 총수입금액은? (단, 법령에 따른 적격증명서류를 수취·보관하고 있고, 기획재정부령으로 정하는 이자율은 연 4%로 가정하며 주어진 조건 이외에는 고려하지 않음)

구분(주거전용면적)	보증금	월세[1]	기준시가
A주택(85m²)	3억원	5십만원	5억원
B주택(40m²)	1억원	−	2억원
C주택(109m²)	5억원	1백만원	7억원

[1] 월세는 매월 수령하기로 약정한 금액임

① 0원
② 16,800,000원
③ 18,000,000원
④ 32,400,000원
⑤ 54,000,000원

13

상[중]하
주택신축판매업

「소득세법」상 부동산 관련 사업소득에 관한 설명이다. 틀린 것은?

① 부동산 매매를 사업목적으로 「부가가치세법」상 1과세 기간 중에 1회 이상 부동산을 취득하고 2회 이상 판매하는 경우 부동산매매업에 해당한다.

② 토지를 개발하여 주택지·상가 등으로 분할·판매하는 경우 부동산매매업에 해당한다.

③ 자기의 토지 위에 상가를 신축하여 판매할 목적으로 건축 중인 「건축법」에 의한 건물과 토지를 제3자에 양도한 경우 부동산매매업에 해당한다.

④ 주택신축판매사업자로서 1동의 주택을 1년에 1회 신축하여 판매하는 경우 부동산매매업에 해당한다.

⑤ 묘지를 개발하여 분묘지기권을 설정하고 분묘설치자로부터 지료 등을 받는 경우 부동산임대업에 해당한다.

양도소득세

제1절 **양도소득세 특징**

01 「소득세법」상 양도소득세와 관련하여 시행되고 있는 제도는 모두 몇 개인가?

상중하
특 징

> ㉠ 양도소득기본공제   ㉡ 예정신고납부
> ㉢ 초과누진세율   ㉣ 분할납부
> ㉤ 물납   ㉥ 가산세
> ㉦ 장기보유특별공제   ㉧ 중가산세

① 2개   ② 3개   ③ 4개
④ 5개   ⑤ 6개

제2절 **양도소득세 과세대상**

대표유형

소득세법령상 거주자의 양도소득세 과세대상은 모두 몇 개인가? (단, 국내 소재 자산을 양도한 경우임)

- 전세권
- 등기되지 않은 부동산 임차권
- 사업에 사용하는 토지 및 건물과 함께 양도하는 영업권
- 토지 및 건물과 함께 양도하는 「개발제한구역의 지정 및 관리에 관한 특별조치법」에 따른 이축권
  (해당 이축권의 가액을 대통령령으로 정하는 방법에 따라 별도로 평가하여 신고함)

① 0개   ② 1개   ③ 2개
④ 3개   ⑤ 4개

해설 ③ 2개
- 부동산 임차권은 등기된 경우에만 과세대상이다.
- 이축권을 별도로 평가하여 신고하는 경우에는 양도소득세 과세대상이 아니다.   **A** 정답 ③

02 다음은 「소득세법」상 양도소득세 과세대상에 해당하지 않는 것은?

상중**하**
과세대상

① 부동산을 취득할 수 있는 권리의 양도로 인하여 발생하는 소득

② 전세권 및 부동산임차권의 양도로 인하여 발생하는 소득

③ 지상권의 양도로 인하여 발생하는 소득

④ 사업에 사용하는 토지·건물 및 부동산에 관한 권리와 함께 양도하는 영업권

⑤ 시설물을 배타적으로 이용하거나 일반이용자에 비하여 유리한 조건으로 시설물을 이용할 수 있는 권리가 부여된 주식의 양도로 인하여 발생하는 소득

Point
03 「소득세법」상 양도소득세 과세대상이 아닌 것은?

상중**하**
과세대상

> ㉠ 「도시개발법」에 따라 토지의 일부가 보류지로 충당되는 경우
> ㉡ 지방자치단체가 발행하는 토지상환채권을 양도하는 경우
> ㉢ 이혼으로 인하여 혼인 중에 형성된 부부공동재산을 「민법」 제839조의 2에 따라 재산분할하는 경우
> ㉣ 개인이 토지를 법인에 현물출자하는 경우
> ㉤ 주거용 건물건설업자가 당초부터 판매할 목적으로 신축한 다가구주택을 양도하는 경우

① ㉠, ㉡, ㉢   ② ㉠, ㉢, ㉤
③ ㉡, ㉢, ㉣   ④ ㉡, ㉣, ㉤
⑤ ㉢, ㉣, ㉤

04 「소득세법」상 양도소득의 과세대상자산으로 옳지 않은 것은? (단, 거주자가 국내 자산을 양도한 것으로 가정함)

상중**하**
과세대상

① 이혼위자료로 토지의 소유권을 이전한 경우

② 지방자치단체가 발행하는 토지상환채권을 양도하는 경우

③ 건물이 완성되는 때에 그 건물과 이에 딸린 토지를 취득할 수 있는 권리의 양도

④ 영업권(사업에 사용하는 토지·건물 및 부동산에 관한 권리와 분리되어 양도되는 것)의 양도

⑤ 골프 회원권의 양도

05 다음 중 취득세와 양도소득세 과세대상에 모두 해당하는 것으로 옳은 것은?

상중**하**
과세대상

> ㉠ 토지 ㉡ 차량
> ㉢ 골프 회원권 ㉣ 광업권
> ㉤ 분양권 ㉥ 전세권
> ㉦ 건물

① ㉠, ㉢, ㉦ ② ㉡, ㉢, ㉤

③ ㉢, ㉤, ㉦ ④ ㉠, ㉢, ㉤

⑤ ㉢, ㉤, ㉥

06 「소득세법」 양도소득세에 대한 설명으로 틀린 것은?

상중**하**
과세대상

① 양도란 매매·교환·법인에 대한 현물출자 등 유상으로 자산이 사실상 이전되는 것을 말한다.

② 납세의무자가 사망한 경우 양도소득세 과세기간은 1월 1일부터 12월 31일까지이다.

③ 신탁의 이익을 받을 권리는 양도소득세 과세대상이다.

④ 미등기 지상권을 양도하는 경우에도 양도소득세 과세대상에 해당한다.

⑤ 지역권의 양도는 양도소득세를 과세하지 아니한다.

제3절 양도의 정의

대표유형

다음은 소득세법령 및 판례상 양도에 대한 설명이다. 틀린 것은?

① 양도란 자산에 대한 등기 또는 등록과 관계없이 매도, 교환, 법인에 대한 현물출자 등으로 인하여 그 자산이 유상으로 사실상 이전되는 것을 말한다.

② 이혼시 당사자가 합의한 위자료를 일방이 소유하고 있는 부동산으로 대물변제하는 경우 양도로 본다.

③ A는 토지를 출자하고, B는 자금을 출자하여 공동으로 부동산사업을 시행하는 경우 A의 토지출자는 양도로 본다.

④ 배우자 간의 부담부증여에 있어서 수증자가 인수한 증여자의 채무액은 증여재산가액에서 공제하지 아니하고 증여세가 과세되므로, 항상 양도로 보지 아니한다.

⑤ 「도시개발법」에 따른 도시개발사업 시행자가 공사대금으로 취득한 보류지를 양도하는 경우에는 양도로 본다.

해설 ④ 배우자 간의 부담부증여에 있어서 수증자가 인수한 증여자의 채무액은 증여재산가액에서 공제하지 아니하고 증여세가 과세된다. 다만, 채무액이 객관적으로 인정되는 경우 양도로 본다(지문에서 '항상' 양도로 보지 아니한다가 틀린 부분).

Ⓐ 정답 ④

07
상중하
양도의 형태 구분

「소득세법」상 양도소득세에서 양도의 개념과 범위에 관한 설명으로 틀린 것은?

① 양도란 자산에 대한 등기 또는 등록과 관계없이 매도, 교환, 법인에 대한 현물출자 등을 통하여 그 자산을 유상으로 사실상 이전하는 것을 말한다.

② 배우자 또는 직계존비속에 대한 부담부증여의 경우에는 양도라는 사실을 입증하지 못할 경우에는 증여로 추정한다.

③ 신탁을 설정하는 자와 신탁을 인수하는 자 간 신임관계에 기하여 위탁자의 자산에 신탁이 설정되고 그 자산의 소유권이 수탁자에게 이전된 경우로서 위탁자가 신탁설정을 해지하거나 신탁의 수익자를 변경할 수 있는 등 신탁재산을 실질적으로 지배하고 소유하는 것으로 볼 수 있는 경우 양도로 보지 아니한다.

④ 법정요건을 갖춘 양도담보계약에 의하여 소유권을 이전하는 경우에는 이를 양도로 보지 아니하되, 채무불이행으로 변제에 충당한 때에는 이를 양도한 것으로 본다.

⑤ 이혼에 따른 위자료에 갈음하여 부동산의 소유권을 이전한 경우에는 양도에 해당하지 아니한다.

Point
08
상중하
양도의 형태 구분

「소득세법」상 양도에 해당하는 것으로 옳은 것은?

① 법원의 확정판결에 의하여 신탁해지를 원인으로 소유권 이전등기를 하는 경우

② 법원의 확정판결에 의한 이혼위자료로 배우자에게 토지의 소유권을 이전하는 경우

③ 공동소유의 토지를 공유자지분 변경없이 2개 이상의 공유토지로 분할하였다가 공동지분의 변경없이 그 공유토지를 소유지분별로 단순히 재분할하는 경우

④ 본인 소유자산을 경매·공매로 인하여 자기가 재취득하는 경우

⑤ 매매원인 무효의 소에 의하여 그 매매사실이 원인무효로 판시되어 환원될 경우

Point
09
상중하
부담부증여

거주자 甲이 2024년 중 아래의 국내 소재 상업용 건물을 특수관계인이 아닌 거주자 乙에게 부담부증여하고 乙이 甲의 해당 피담보채권을 인수한 경우, 양도차익 계산시 상업용 건물의 취득가액은 얼마인가?

> ㉠ 취득당시 실지거래가액 : 8천만원
> ㉡ 취득당시 기준시가 : 5천만원
> ㉢ 증여일 현재 「상속세 및 증여세법」에 따른 평가액(감정가액) : 5억원
> ㉣ 상업용 건물에는 금융회사로부터의 차입금 1억원(채권최고액 : 1억2천만원)에 대한 근저당권이 설정되어 있음
> ㉤ 양도가액은 양도당시 「상속세 및 증여세법」에 따른 평가액(감정가액)을 기준으로 계산함

① 1천만원 ② 1천2백만원

③ 1천6백만원 ④ 1천9백2십만원

⑤ 8천만원

10
상중하
양도의 형태 구분

다음은 양도소득세가 과세되는 양도에 대한 설명이다. 틀린 것은?

① 본인 소유의 양도소득세 과세대상물이 법인의 경매절차에 의하여 직계비속에게 이전된 경우 양도로 본다.

② 양도담보계약에 의하여 채무자가 양도담보권자에게 토지 등의 소유권을 이전하는 경우에는 양도로 본다.

③ 등기·등록에 관계없이 매도·교환 등 자산이 유상으로 이전되는 경우 양도소득세가 과세된다.

④ 甲, 乙, 丙이 균등으로 공동소유한 토지를 甲 40%, 乙 30%, 丙 30% 지분으로 분할한 경우 양도에 해당한다.

⑤ 「도시개발법」이나 그 밖의 법률에 따른 환지처분으로 지목 또는 지번이 변경되거나 보류지로 충당되는 경우에는 양도로 보지 아니한다.

11
상중하
부담부증여

다음 자료에 의하여 甲과 乙이 부담하여야 할 세금에 대한 내용으로 옳은 것은? (단, 甲과 乙은 배우자 직계존비속 간이 아님)

> ㉠ 증여자 : 甲
> ㉡ 수증자 : 乙
> ㉢ 증여당시 재산가액 : 10억원
> ㉣ 증여당시 담보된 채무액 : 3억원
> ㉤ 채무액을 수증자가 인수하는 조건이다

① 甲은 10억원 전부에 대하여 양도소득세 납세의무가 있다.
② 乙은 10억원 전부에 대하여 양도소득세 납세의무가 있다.
③ 甲은 10억원 전부에 대하여 양도소득세 납세의무가 있으며, 乙은 7억원에 대하여 증여세 납세의무가 발생한다.
④ 甲은 3억원에 대하여 양도소득세 납세의무가 있고, 乙은 7억원에 대하여 증여세 납세의무가 있다.
⑤ 甲은 7억원에 대하여 양도소득세 납세의무가 있고, 乙은 3억원에 대하여 증여세 납세의무를 진다.

12
상중하
양도의 형태 구분

다음은 양도소득세가 과세되는 양도에 관한 설명이다. 옳은 것은?

① 공유자 지분변경 없이 2개 이상의 공유토지로 분할한 때에는 양도로 보지 아니하는 것이나 분할한 그 공유토지를 소유지분별로 재분할하는 경우에는 이를 양도로 본다.
② 「도시개발법」에 의한 도시개발사업의 시행자가 「도시개발법」에 의하여 취득한 보류지를 매각하는 경우에는 이를 양도로 보지 아니한다.
③ 양도라 함은 매도 교환 법인에 대한 현물출자 등으로 그 자산이 유상으로 이전되는 것으로서 소유권이전을 위한 등기 또는 등록을 과세의 조건으로 한다.
④ 배우자간의 부담부증여에 있어서 수증자가 인수한 증여자의 채무액은 증여재산가액에서 공제하지 아니하고 증여세가 과세되므로 항상 양도로 보지 아니한다.
⑤ 손해배상에 있어 당사 간의 합의에 의하거나 법원의 확정판결에 의하여 일정액의 위자료를 지급하기로 하고 동 위자료 지급에 갈음하여 당사자 일방이 소유하고 있던 부동산으로 대물변제한 때에는 그 자산을 양도한 것으로 본다.

13
배우자 직계존비속 간
거래

아버지로부터 아들에게 부동산이 양도된 경우 그 부동산의 가액을 아들이 증여 받은 것으로 추정한다. 이에 대한 예외에 해당하지 않는 것은?

① 법원의 결정으로 경매처분되는 경우
② 파산선고로 인하여 처분된 경우
③ 「국세징수법」에 따라 공매된 경우
④ 매매계약을 통하여 부동산의 소유권을 이전하는 경우
⑤ 아들이 아버지의 부동산을 취득하기 위하여 자기 재산을 처분한 금액으로 당해 부동산의 매매대금을 지급한 사실이 명백히 입증되는 경우

14
양 도

다음 중 양도소득세가 과세되지 아니하는 경우는?

① 1세대 1주택으로 보유기간 3년(거주기간 2년)인 남편의 주택을 이혼위자료로 아내에게 소유권을 이전해 준 경우
② 甲, 乙, 丙이 균등으로 공동 소유한 토지를 甲 40%, 乙 30%, 丙 30% 지분으로 분할한 경우
③ 부동산을 동등가치로 대금수수가 없이 상호 교환하는 경우
④ 양도담보로 된 자산에 대하여 채무불이행으로 변제에 충당한 경우
⑤ 부담부증여의 경우 수증자의 채무부담분(배우자 직계존비속이 아님)

제4절 | 양도 또는 취득시기

대표유형

소득세법령상 양도소득세의 양도 또는 취득시기에 관한 설명으로 틀린 것은? 제34회

① 대금을 청산한 날이 분명하지 아니한 경우에는 등기부·등록부 또는 명부 등에 기재된 등기·등록접수일 또는 명의개서일이다.

② 상속에 의하여 취득한 자산에 대하여는 그 상속이 개시된 날

③ 대금을 청산하기 전에 소유권이전등기를 한 경우에는 등기부에 기재된 등기접수일

④ 자기가 건축한 건축물로서 건축허가를 받지 아니하고 건축하는 건축물에 있어서는 그 사실상의 사용일

⑤ 완성되지 아니한 자산을 양도한 경우로서 해당 자산의 대금을 청산한 날까지 그 목적물이 완성되지 아니한 경우에는 해당 자산의 대금을 청산한 날

해설 ⑤ 완성되지 아니한 자산을 양도한 경우로서 해당 자산의 대금을 청산한 날까지 그 목적물이 완성되지 아니한 경우에는 그 목적물이 완성 또는 확정된 날을 양도 또는 취득시기로 한다. **Ⓐ 정답 ⑤**

Point
15
상중**하**
양도 또는 취득시기

「소득세법」상 양도차익을 계산함에 있어서 양도 또는 취득시기로 틀린 것은?

① 「민법」상 점유로 인하여 부동산의 소유권을 취득한 경우: 등기부에 기재된 등기접수일

② 대금을 청산한 날이 분명하지 아니한 경우: 등기부·등록부 또는 명부 등에 기재된 등기·등록접수일 또는 명의개서일

③ 대금을 청산하기 전에 소유권이전등기를 한 경우: 등기부에 기재된 등기접수일

④ 장기할부조건의 경우: 소유권이전등기(등록 및 명의개서 포함) 접수일·인도일 또는 사용수익일 중 **빠른** 날

⑤ 상속에 의하여 취득한 부동산의 경우: 상속이 개시된 날

16

양도 또는 취득시기

「소득세법 시행령」 제162조에서 규정하는 양도 또는 취득의 시기에 관한 내용으로 틀린 것은?

① 제1항 제4호: 자기가 건설한 건축물에 있어서 건축허가를 받지 아니하고 건축하는 건축물은 추후 사용승인 또는 임시사용승인을 받는 날

② 제1항 제3호: 기획재정부령이 정하는 장기할부조건의 경우에는 소유권이전등기(등록 및 명의개서를 포함) 접수일·인도일 또는 사용수익일 중 빠른 날

③ 제1항 제2호: 대금을 청산하기 전에 소유권이전등기(등록 및 명의개서를 포함)를 한 경우에는 등기부·등록부 또는 명부 등에 기재된 등기접수일

④ 제1항 제5호: 상속에 의하여 취득한 자산에 대하여는 그 상속이 개시된 날

⑤ 제1항 제9호: 「도시개발법」에 따른 환지처분으로 교부받은 토지의 면적이 환지처분에 의한 권리면적보다 증가한 경우 그 증가된 면적의 토지에 대한 취득시기는 환지처분의 공고가 있은 날의 다음 날

17

양도 또는 취득시기

「소득세법」상 양도차익을 계산함에 있어서 양도 또는 취득시기로 틀린 것은?

① 자기가 건설한 건축물로 「건축법」에 따른 사용승인서 교부 전 임시사용을 받은 경우: 사용승인서 교부일

② 매매계약서 등에 기재된 잔금약정일보다 앞당겨 받거나 늦게 받은 경우에는 실지로 받은 날이 잔금청산일이다.

③ 잔금을 어음이나 기타, 이에 준하는 증서로 받은 경우: 어음 결제일

④ 부동산의 분양계약을 체결한 자가 해당 계약에 관한 모든 권리를 양도하는 경우: 해당 부동산을 분양받을 수 있는 권리가 확정되는 날

⑤ 1984년 10월 31일에 취득한 토지: 1985년 1월 1일

Point
18 상중하
양도 또는 취득시기

「소득세법」상 양도차익 계산시 양도 또는 취득시기에 대한 설명으로 틀린 것은?

① 대금을 청산한 날이 분명하지 아니한 경우: 등기부·등록부 또는 명부 등에 기재된 등기·등록접수일 또는 명의개서일

② 대금을 청산하기 전에 소유권이전등기(등록 및 명의개서 포함)을 한 경우: 등기부·등록부 또는 명부 등에 기재된 등기접수일

③ 대금을 청산한 날의 판정시 자산의 대금에는 해당 자산의 양도에 대한 양도소득세 및 양도소득세의 부가세액을 양수자가 부담하기로 약정한 경우 해당 양도소득세 및 양도소득세의 부가세액을 포함한다.

④ 부동산의 소유권이 타인에게 이전되었다가 법원의 무효판결로 환원된 부동산의 취득시기는 그 자산의 당초 취득일이다.

⑤ 「공익사업을 위한 토지 등의 취득 및 보상에 관한 법률」에 따라 공익사업을 위하여 수용되는 경우: 대금을 청산한 날, 수용의 개시일 또는 소유권이전등기접수일 중 빠른 날. 다만, 소유권에 관한 소송으로 보상금이 공탁된 경우에는 소유권 관련 소송 판결 확정일로 한다.

19 상중하
양도 또는 취득시기

「소득세법」상 양도소득세의 양도 또는 취득시기에 관한 설명으로 틀린 것은?

① 자기가 건설한 건축물에 있어서는 사용승인서 교부일로 한다. 다만, 사용승인서 교부일 전에 사실상 사용하거나 임시사용승인을 받은 경우에는 그 사실상의 사용일 또는 임시사용승인을 받은 날 중 빠른 날로 한다.

② 「건축법」에 따른 건축 허가를 받지 아니하고 건축하는 건축물에 있어서는 그 사실상의 사용일로 한다.

③ 환지처분으로 인하여 취득한 토지의 취득시기는 환지 전의 토지의 취득일로 한다. 다만, 교부받은 토지의 면적이 환지처분에 의한 권리면적보다 증가 또는 감소된 경우에는 그 증가 또는 감소된 면적의 토지에 대한 취득시기 또는 양도시기는 환지처분의 공고가 있은 날로 한다.

④ 증여로 인하여 취득한 경우에는 증여 받은 날을 취득일로 보며, 상속으로 인하여 취득한 경우에는 상속이 개시된 날을 취득일로 한다.

⑤ 토지·건물·부동산에 관한 권리 및 기타자산으로 1984년 12월 31일 이전에 취득한 것은 1985년 1월 1일에 취득한 것으로 본다.

20
상중하
양도 또는 취득시기

현행 「소득세법」에서 규정하는 토지의 양도 또는 취득의 시기에 관하여 틀린 것은?

① 토지의 양도 또는 취득시기는 원칙적으로 토지의 대금을 청산한 날
② 증여에 의하여 취득한 자산은 증여계약일을 취득시기로 한다.
③ 완성 또는 확정되지 아니한 자산을 양도 또는 취득한 경우로서 해당 자산의 대금을 청산한 날까지 그 목적물이 완성 또는 확정되지 아니한 경우에는 그 목적물이 완성 또는 확정된 날
④ 경락에 의한 자산은 경매대금을 완납한 날
⑤ 장기할부조건의 경우에는 소유권이전등기접수일·인도일 또는 사용수익일 중 빠른 날

21
상중하
양도 또는 취득시기

양도소득세 양도 또는 취득시기로 옳은 것은?

> ㉠ 계약일: 2024년 7월 25일
> ㉡ 계약서상 잔금지급일: 2024년 8월 25일
> ㉢ 대금청산일: 2024년 9월 1일
> ㉣ 등기접수일: 2024년 9월 5일

① 2024년 7월 2일　　　　　② 2024년 8월 25일
③ 2024년 9월 1일　　　　　④ 2024년 9월 5일
⑤ 2024년 10월 5일

22
상**중**하
양도소득세
양도시기와
취득세 취득시기

甲(매수인)은 乙(매도인) 소유의 건축물을 매매로 취득하였다. 취득과 관련된 사항은 다음과 같다. 양도소득세의 양도시기와 「지방세법」상 취득시기는 언제인가?

- ㉠ 계약서상
  - 계약일 : 2024년 9월 20일
  - 중도금지급일 : 2024년 9월 30일
  - 잔금지급일 : 2024년 10월 22일
- ㉡ 사실상 잔금지급일 : 2024년 10월 20일
- ㉢ 공부상 등기·등록일 : 2024년 10월 25일

	양도소득세	취득세
①	2024년 10월 25일	2024년 10월 22일
②	2024년 10월 22일	2024년 10월 22일
③	2024년 10월 20일	2024년 10월 22일
④	2024년 10월 20일	2024년 10월 20일
⑤	2024년 10월 25일	2024년 10월 25일

23
상중**하**
취득시기 의제

「소득세법」상 양도소득세의 양도차익 계산시 취득시기의 의제가 다른 것은?

① 토지
② 건물
③ 부동산에 관한 권리
④ 주식
⑤ 기타자산

제5절 양도소득과세표준과 세액의 계산

01 양도소득과세표준 및 세액의 계산

대표유형

다음은 양도소득세과세표준의 계산순서에 관한 설명이다. 옳은 것은?

① 양도가액 − 필요경비 − 양도소득기본공제 − 장기보유특별공제 = 양도소득과세표준
② 양도가액 − 장기보유특별공제 − 양도소득기본공제 − 필요경비 = 양도소득과세표준
③ 양도가액 − 양도소득기본공제 − 장기보유특별공제 − 필요경비 = 양도소득과세표준
④ 양도가액 − 양도소득기본공제 − 필요경비 − 장기보유특별공제 = 양도소득과세표준
⑤ 양도가액 − 필요경비 − 장기보유특별공제 − 양도소득기본공제 = 양도소득과세표준

해설 양도가액
  − 취득가액
  − 기타필요경비
  ───────────
  = 양도차익
  − 장기보유특별공제
  ───────────
  = 양도소득금액
  − 양도소득기본공제
  ───────────
  = 양도소득과세표준

A 정답 ⑤

Point

24

상중하
양도소득금액

「소득세법」상 국내자산의 양도시 양도소득금액을 감소시킬 수 있는 항목에 해당하지 않는 것은?

① 자산의 취득에 소요된 실지거래가액
② 자산을 양도하기 위하여 직접 지출한 비용
③ 장기보유특별공제
④ 양도소득기본공제
⑤ 자본적 지출액

25
상중하
과세표준 계산

다음은 양도소득세 과세표준에 대한 설명이다. 틀린 것은?

① 거주자의 양도소득에 대한 과세표준은 종합소득, 퇴직소득에 대한 과세표준과 구분하여 계산한다.

② 양도소득과세표준은 양도소득금액에서 양도소득기본공제를 차감한 금액으로 한다.

③ 양도소득기본공제는 양도소득에 대한 인적공제의 성격으로 보유기간, 주택 수를 고려하여 적용한다.

④ 양도소득기본공제는 양도소득이 있는 거주자(비거주자 포함)에 대하여 구분·소득별로 당해 연도의 양도소득금액에서 각각 연 250만원을 공제한다(단, 미등기양도자산은 제외).

⑤ 장기보유특별공제는 등기된 토지·건물·조합원입주권으로서 3년 이상 보유한 경우에 각 자산별로 양도차익에 대해 보유기간에 따른 공제율을 곱한 금액을 공제한다.

Point
26
상중하
과세표준 계산

다음 중 부동산 미등기 양도시 과세표준 계산식으로 옳은 것은?

① 양도가액 − 필요경비 − 장기보유특별공제 − 양도소득기본공제

② 양도차익 − 양도소득기본공제

③ 양도가액 − 필요경비

④ 양도차익 − 장기보유특별공제 − 양도소득기본공제

⑤ 양도가액 − 장기보유특별공제 − 양도소득기본공제 − 필요경비

27
상중하
과세표준 계산

양도소득세 과세표준 산출과정에 관한 내용으로 옳지 않은 것은?

① 양도소득세 산출세액은 양도차익에서 장기보유특별공제와 양도소득기본공제를 한 금액에 해당 양도소득세 세율을 적용하여 계산한 금액을 그 산출세액으로 한다.

② 취득당시 실지거래가액을 확인할 수 없는 경우 추계결정·경정에 의하여 환산취득가액을 취득가액으로 하는 경우에는 실제 발생한 자본적 지출과 양도비용의 합계액이 환산취득가액과 필요경비개산공제액을 합한 금액보다 큰 경우에는 이를 필요경비로 계산할 수 있다.

③ 토지를 취득함에 있어서 부수적으로 매입한 채권을 만기 전에 양도함으로 발생하는 매각차손은 채권의 매매 상대방과 관계없이 전액을 양도비용으로 인정된다.

④ 양도소득금액 계산시 마지막 공제 항목은 장기보유특별공제이다.

⑤ 양도자가 그와 특수관계 있는 자와의 거래로 인하여 조세를 부당하게 감소시킨 것으로 인정되는 때에는 그 거주자의 행위 또는 계산에 관계없이 소득세법에 따라 소득금액을 계산할 수 있다.

02 양도차익의 계산

대표유형

「소득세법」상 거주자의 양도소득세가 과세되는 부동산의 양도가액 또는 취득가액을 추계조사하여 양도소득 과세표준 및 세액을 결정 또는 경정하는 경우에 관한 설명으로 틀린 것은? (단, 매매사례가액과 감정가액은 특수관계인과의 거래가액이 아님)

① 양도 또는 취득당시 실지거래가액의 확인을 위하여 필요한 장부·매매계약서·영수증 기타 증빙서류가 없거나 그 중요한 부분이 미비된 경우 추계결정 또는 경정의 사유에 해당한다.

② 매매사례가액, 감정가액, 환산취득가액, 기준시가를 순차로 적용한다.

③ 매매사례가액은 양도일 또는 취득일 전후 각 3개월 이내에 해당 자산과 동일성 또는 유사성이 있는 자산의 매매사례가 있는 경우 그 가액을 말한다.

④ 감정가액은 당해 자산에 대하여 감정평가기준일이 양도일 또는 취득일 전후 각 3월 이내이고 2 이상의 감정평가 법인이 평가한 것으로서 신빙성이 인정되는 경우 그 감정가액의 평균액으로 한다.

⑤ 환산취득가액은 양도가액을 추계할 경우에는 적용되지만 취득가액을 추계할 경우에는 적용되지 않는다.

해설 ⑤ 환산취득가액은 취득가액을 추계할 경우에는 적용되지만 양도가액을 추계할 경우에는 적용되지 않는다.

Ⓐ 정답 ⑤

Point

28

상중하

과세표준 계산

양도소득세 과세표준에 대한 설명으로 틀린 것은?

① 필요경비(취득가액 자본적지출 양도비)는 양도소득세 과세표준을 감소시키는 항목에 해당한다.

② 1주택과 분양권을 소유한 자가 그 주택을 양도하는 경우에도 장기보유특별공제를 적용한다.

③ 양도차익에서 장기보유특별공제와 양도소득 기본공제를 한 금액에 보유기간에 따른 세율을 곱하여 양도소득세 세액을 산출한다.

④ 법률의 규정 또는 법원의 결정에 의하여 양도 당시 그 자산의 취득에 관한 등기가 불가능한 자산을 양도하는 경우 장기보유특별공제를 적용한다.

⑤ 자본적 지출액은 그 지출에 관한 「소득세법」상 증명서류를 수취·보관하지 않은 경우에는 실제 지출사실이 금융거래 증명서류에 의하여 확인되는 경우에도 양도차익 계산시 필요경비에 포함하지 아니한다.

29
필요경비

「소득세법」상 거주자가 국내소재 주택의 양도가액과 취득가액을 실지 거래된 금액을 기준으로 양도차익을 산정하는 경우, 양도소득의 필요경비에 해당하지 않는 것은? (단, 지출액은 양도주택과 관련된 것으로 전액 양도자가 부담함)

① 주택의 취득대금에 충당하기 위한 대출금의 이자지급액
② 취득시 법령의 규정에 따라 매입한 국민주택채권을 만기 전에 법령이 정하는 금융기관에 양도함으로써 발생하는 매각차손
③ 양도 전 주택의 이용편의를 위한 방 확장 공사비용(이로 인해 주택의 가치가 증가됨)
④ 양도소득세 과세표준 신고서 작성비용
⑤ 공인중개사에게 지출한 중개보수

30
양도차익

「소득세법」상 양도차익 계산에 관한 설명으로 틀린 것은?

① 양도가액을 기준시가에 따르면 취득가액도 기준시가에 따른다.
② 토지를 양도하는 경우 취득가액을 매매사례가액으로 추계 결정으로 하여 계산하는 경우 자본적 지출액과 양도비 대신 취득 당시 개별공시지가에 100분의 3을 곱한 금액을 필요경비에 포함한다.
③ 「지적재조사에 관한 특별법」 제18조에 따른 경계의 확정으로 지적공부상의 면적이 증가되어 같은 법 제20조에 따라 징수한 조정금은 필요경비에 포함한다.
④ 당초 약정에 의한 거래가액의 지급 지연으로 인하여 추가로 발생하는 이자상당액은 취득가액에 포함되지 아니하며 자산의 취득자금으로 활용된 금융기관 차입금에 대한 지급이자도 필요경비에 산입되지 아니한다.
⑤ 매매사례가액은 양도일 또는 취득일 전후 각 3개월 이내에 해당 자산과 동일성 또는 유사성이 있는 자산의 매매사례가 있는 경우 그 가액을 말한다.

31
필요경비

실지거래가액 방식에 의한 양도차익 산정에 있어서 필요경비에 대한 설명 중 틀린 것은?

① 타인으로부터 매입한 자산은 매입가액에 취득세와 재산세 기타 부대비용을 취득원가에 포함한다.

② 토지 또는 건물을 양도한 경우 신고의무자가 그 신고를 하지 아니한 경우에는 등기부에 기재된 거래가액을 실지거래가액으로 추정하여 결정할 수 있다.

③ 양도가액 또는 취득가액을 추계결정·경정하는 경우 감정가액은 양도일 또는 취득일 전후 각 3개월 이내에 해당 자산에 대하여 둘 이상(기준시가 10원 이하인 자산의 경우 하나의 감정평가기관의 평가액)의 감정평가업자가 평가한 것으로 그 감정가액의 평균액으로 한다.

④ 양도자산의 보유기간 중에 그 자산의 감가상각비로서 부동산 임대소득금액의 계산시에 필요경비로 산입한 금액은 취득가액에서 공제한다.

⑤ 취득원가에 현재가치할인차금이 포함된 양도자산의 보유기간 중 사업소득금액 계산시 필요경비로 산입한 현재가치할인차금 상각액은 양도차익 계산할 때 양도가액에 공제할 필요경비에 포함하지 아니한다.

Point 32
양도차익계산

다음 중 양도소득세의 양도차익 계산에 대한 설명 중 옳지 않은 것은?

① 양도차익을 계산함에 있어서 양도가액을 실지거래가액(매매사례가액, 감정가액 포함)에 의하는 때에는 취득가액도 실지거래가액(매매사례가액, 감정가액, 환산취득가액)에 의하고, 양도가액을 기준시가에 의하는 때에는 취득가액도 기준시가에 의하여야 한다.

② 지적공부상 면적이 증가한 해당 토지를 양도할 때 지적재조사 결과 보유한 토지 면적이 증가하여 납부한 조정금은 취득가액에서 제외한다.

③ 양도자산을 취득한 후 쟁송이 있는 경우 그 소유권 확보를 위하여 직접 소요된 소송비용·화해비용 등으로서 그 지출한 연도의 각 소득금액 계산에 있어서 필요경비로 산입된 금액을 제외한 금액은 취득가액에 포함하지 아니한다.

④ 취득가액을 추계조사 결정·경정하는 경우 자본적 지출과 양도비 대신 필요경비개산공제를 적용한다.

⑤ 상속 또는 증여받은 자산에 대하여 양도차익을 실지거래가액에 의하여 계산하여야 하는 경우에는 「상속세 및 증여세법」의 규정에 의하여 평가한 가액을 취득당시의 실지거래가액으로 본다.

33
필요경비

「소득세법」상 사업소득이 있는 거주자가 실지거래가액에 의해 부동산의 양도차익을 계산하는 경우 양도가액에서 공제할 자본적지출액 또는 양도비에 포함되지 않는 것은? (단, 자본적지출액과 양도비에 대해서는 법령에 따른 증명서류를 수취·보관하거나 실제 지출사실이 금융거래 증명서류에 의하여 확인됨)

① 자산을 양도하기 위하여 직접 지출한 양도소득세과세표준 신고서 작성비용
② 납부의무자와 양도자가 동일한 경우 「재건축초과이익 환수에 관한 법률」에 따른 재건축부담금
③ 양도자산의 이용편의를 위하여 지출한 비용
④ 양도자산의 취득 후 쟁송이 있는 경우 그 소유권을 확보하기 위하여 직접 소요된 소송비용으로서 그 지출한 연도의 각 사업소득금액 계산시 필요경비에 산입된 금액
⑤ 자산을 양도하기 위하여 직접 지출한 공증비용

34
양도차익

2018년 취득 후 등기한 토지를 2024년 8월 15일에 양도한 경우 「소득세법」상 토지의 양도차익 계산에 관한 설명으로 틀린 것은?

① 양도차익 계산시 양도와 취득시의 실지거래가액을 확인할 수 있는 경우에는 양도가액과 취득가액을 실지거래가액으로 한다.
② 취득당시 실지거래가액을 확인할 수 없는 경우에는 매매사례가액, 감정가액, 환산취득가액, 기준시가를 순차로 적용하여 산정한 가액을 취득가액으로 한다.
③ 매매사례가액은 양도일 또는 취득일 전·후 각 3개월 이내에 해당 자산과 동일성 또는 유사성이 있는 자산의 매매사례가 있는 경우 그 가액을 말한다.
④ 취득가액을 감정가액으로 계산하는 경우 취득 당시 개별공시지가에 100분의 3을 곱한 금액이 필요경비에 포함된다.
⑤ 환산취득가액은 양도가액을 추계할 경우에는 적용되지만 취득가액을 추계할 경우에는 적용되지 아니한다.

35
필요경비

「소득세법」상 실지거래가액에 의한 양도차익 계산시 양도가액에서 공제하는 자본적지출액으로 인정되는 것은? (단, 자본적지출액은 법령에 따른 증명서류가 수취·보관되어 있음)

① 타일 및 변기공사비
② 주택의 이용편의를 위한 거실 및 방 확장공사비
③ 벽지·장판의 교체비용
④ 옥상 방수공사비
⑤ 싱크대 및 주방기구 교체비용

36
상중하
필요경비

추계결정에 의한 양도·취득가액과 기타의 필요경비에 대한 설명이다. 틀린 것은?

① 특수관계인 간의 거래가 아닌 경우로서 취득가액인 실지거래가액을 인정 또는 확인할 수 없어 그 가액을 추계결정 또는 경정하는 경우에는 매매사례가액, 감정가액, 환산취득가액, 기준시가의 순서에 따라 적용한 가액에 의한다.

② 취득가액을 실지거래가액에 의하는 경우 당초 약정에 의한 지급기일의 지연으로 인하여 추가로 발생하는 이자상당액은 취득원가에 포함하지 아니한다.

③ 취득세는 납부영수증이 없으면 필요경비로 인정되지 아니한다.

④ 「소득세법」상의 부당행위 계산에 의한 시가초과액은 취득가액에 포함되지 않는다.

⑤ 취득가액을 환산취득가액으로 하는 경우로서 환산취득가액과 필요경비개산공제액의 합계액이 자본적지출액과 양도비용의 합계액보다 적은 경우에는 자본적지출액과 양도비용의 합계액을 필요경비로 할 수 있다.

Point
37
상중하
양도차익 계산

부동산을 양도하는 경우로서 다음 주어진 자료를 이용하여 등기된 토지를 양도시 실지거래가액에 의한 양도차익을 계산하면?

> ㉠ 취득 당시 실지거래가액 : 1억원   ㉡ 양도 당시 실지거래가액 : 2억원
> ㉢ 취득 당시 기준시가 : 7천5백만원   ㉣ 양도 당시 기준시가 : 1억5천만원
> ㉤ 자본적 지출액 : 2천만원   ㉥ 양도직접비용 : 1천만원
> ㉦ 양도자산의 보유기간은 5년이다.

① 7천만원   ② 5천5백만원
③ 6천3백만원   ④ 4천5백만원
⑤ 4천만원

38 양도차익 계산
상중하

「소득세법」상 거주자 甲이 2010년 5월 2일 취득하여 2014년 3월 20일 등기한 상태로 양도한 건물에 대한 자료이다. 甲의 양도소득세 부담을 최소화하기 위한 양도차익은?

> • 취득과 양도당시 실지거래가액은 확인되지 않는다.
> • 취득당시 매매사례가액과 감정가액은 없으며, 기준시가는 1억원이다.
> • 양도당시 매매사례가액은 3억원이고 감정가액은 없으며, 기준시가는 2억원이다.
> • 자본적 지출액(본래의 용도를 변경하기 위한 개조비)은 1억4천만원, 양도비지출액(공증 비용·인지대·소개비)은 2천만원이다.

① 1억4천만원
② 1억4천2백만원
③ 1억4천3백만원
④ 1억4천7백만원
⑤ 1억4천9백만원

Point 39 양도차익 계산
상중하

「소득세법」상 토지의 양도차익계산에 관한 설명으로 틀린 것은? (단, 특수관계자와의 거래가 아님)

① 양도일로부터 소급하여 10년 이내에 그 배우자로부터 증여받은 토지의 양도차액을 계산할 때 그 증여받은 토지에 대하여 납부한 증여세는 양도가액에서 공제할 필요경비로 본다.
② 취득세는 납부영수증이 없는 경우라도 납부한 사실이 확인되면 필요경비로 인정된다.
③ 매매사례가액은 양도일 또는 취득일 전후 각 3개월 이내에 해당 자산과 동일성 또는 유사성이 있는 자산의 매매사례가 있는 경우 그 가액을 말한다.
④ 취득가액을 감정가액으로 계산하는 경우 취득당시 개별공시지가에 3/100을 곱한 금액이 필요경비에 포함된다.
⑤ 「소득세법」상 제97조 제3항에 따른 취득가액을 계산할 때 감가상각비를 공제하는 것은 취득가액을 실지거래가액으로 하는 경우에만 적용하므로 취득가액을 환산취득가액으로 하는 경우에는 적용하지 아니한다.

40

상중하

필요경비개산공제

다음 중 필요경비개산공제액으로 옳지 않은 것은?

① 부동산을 취득할 수 있는 권리 : 취득 당시 기준시가의 100분의 3

② 지상권 : 취득 당시 기준시가의 100분의 7

③ 등기된 토지 : 취득 당시개별공시지가의 100분의 3

④ 기타자산 : 취득 당시 기준시가의 100분의 1

⑤ 미등기된 토지 : 취득 당시 개별공시지가의 1,000분의 3

03 장기보유특별공제 · 양도소득기본공제

대표유형

양도소득세의 계산에 있어 인플레이션을 보전하기 위하여 장기보유특별공제를 인정하고 있다. 다음 중 이에 대한 내용으로 맞는 것은?

① 미등기자산이라도 장기보유특별공제의 대상에서 제외되지 아니한다.

② 양도자산의 보유기간이 5년 이상인 경우에 한하여 장기보유특별공제가 인정된다.

③ 토지의 보유기간이 3년 이상 4년 미만의 것은 장기보유특별공제액으로 양도차익의 100분의 6을 공제한다.

④ 고가주택에 해당하는 자산은 장기보유특별공제를 적용하지 아니한다.

⑤ 장기보유특별공제액의 계산을 위한 자산의 보유기간은 당해 자산의 취득일부터 과세일까지로 한다.

해설 ① 미등기자산인 경우 장기보유특별공제를 적용하지 아니한다.

② 양도자산의 보유기간이 3년 이상인 경우에 한하여 장기보유특별공제가 인정된다.

④ 고가주택에 해당하는 자산이라도 장기보유특별공제를 적용한다.

⑤ 장기보유특별공제액의 계산을 위한 자산의 보유기간은 당해 자산의 취득일부터 양도일까지로 한다.

Ⓐ 정답 ③

Point

41

상**중**하

장기보유특별공제

「소득세법」상 장기보유특별공제에 관한 설명으로 틀린 것은?

① 양도소득금액은 양도차익에서 장기보유특별공제액을 공제한 금액으로 한다.

② 장기보유특별공제의 적용대상은 토지 또는 건물(「소득세법」 제104조 제3항에 따른 미등기양도자산과 같은 조 제7항 각 호에 따른 자산은 제외)로서 보유기간이 3년 이상인 것 및 조합원입주권(조합원으로부터 취득한 것을 포함)이다.

③ "장기보유특별공제액"이란 조합원입주권을 양도하는 경우에는 「도시 및 주거환경정비법」 제74조에 따른 관리처분계획 인가 및 「빈집 및 소규모주택 정비에 관한 특례법」 제29조에 따른 사업시행계획인가 전 토지분 또는 건물분의 양도차익에 보유기간별 공제율을 곱하여 계산한 금액을 말한다.

④ 1세대 1주택으로 보유기간이 3년 6개월이고 거주기간이 3년인 경우 고가주택의 장기보유특별공제율은 양도차익의 100분의 24이다.

⑤ 동일 연도에 장기보유특별공제의 대상이 되는 자산을 수회 양도한 경우에도 공제요건에 해당하는 경우에는 자산별로 각각 공제한다.

42

상**중**하

장기보유특별공제

「소득세법」상 건물의 양도에 따른 장기보유특별공제에 관한 설명으로 틀린 것은?

① 100분의 70을 세율이 적용되는 미등기 건물에 대해서는 장기보유특별공제를 적용하지 아니한다.

② 장기보유특별공제 적용시 보유기간 산정은 조합원 입주권의 경우에는 종전 토지, 건물의 취득일로부터 관리처분계획 인가일까지로 한다.

③ 분양권을 5년 보유한 후 양도하는 경우 장기보유특별공제액은 양도차익의 10%이다.

④ 장기보유특별공제액은 건물의 양도차익에 보유기간별 공제율을 곱하여 계산한다.

⑤ 조합원 입주권의 경우 조합원으로부터 승계 취득한 경우에는 장기보유특별공제를 적용하지 아니한다.

43

상**중**하

장기보유특별공제

「소득세법」상 양도소득금액의 계산에 있어서 장기보유특별공제에 관한 설명으로 옳은 것은?

① 등기된 비사업용 토지는 3년 이상 보유하고 양도하는 경우에도 장기보유특별공제를 적용하지 아니한다.

② 장기보유특별공제를 적용함에 있어서 보유기간 판정시 배우자 또는 직계존비속으로부터 증여받은 자산에 대한 이월과세가 적용되는 경우에는 증여받은 배우자 또는 직계존비속이 해당 자산을 취득한 날부터 기산한다.

③ 국외 자산양도의 경우 보유기간이 3년 이상인 경우 장기보유특별공제를 적용한다.

④ 법원의 결정에 의하여 양도당시 취득에 관한 등기가 불가능한 부동산에 대하여는 장기보유특별공제가 적용되지 아니한다.

⑤ 조정대상지역에 있는 주택으로서 법령으로 정하는 1세대 2주택에 해당하는 주택을 3년 이상 보유하고 양도한 경우 장기보유특별공제가 적용된다(25년 5월 9일까지 양도하는 경우).

44 상중하
양도소득기본공제

「소득세법」상 양도소득세의 양도소득기본공제에 관한 설명으로 틀린 것은?

① 양도소득세 과세대상인 국내 소재의 등기된 토지와 건물을 같은 연도 중에 양도시기를 달리하여 양도한 경우에도 양도소득기본공제는 연 250만원을 공제한다.

② 양도소득금액에 감면소득금액이 있는 때에는 그 감면소득금액 외의 양도소득금액에서 먼저 공제하고, 감면소득금액 외의 양도소득금액 중에서는 해당 과세기간에 먼저 양도한 자산의 양도소득금액에서 순차로 공제한다.

③ 6개월 보유한 등기된 상가 토지를 양도한 경우 양도소득기본공제를 적용한다.

④ 조정대상지역에 있는 주택으로서 1세대가 1주택과 조합원입주권을 보유한 경우 해당 주택에 대하여는 양도소득기본공제를 적용하지 아니한다.

⑤ 등기된 비사업용 토지를 3년 이상 보유한 후 양도한 경우 양도소득기본공제를 적용한다.

Point
45 상중하
장기보유특별공제와
양도소득기본공제
비교

「소득세법」상 장기보유특별공제와 양도소득기본공제에 관한 설명으로 옳은 것은 몇 개인가?

㉠ 등기된 상가 건물을 2년간 보유하고 양도하였다면 장기보유특별공제는 적용되지 않지만, 양도소득기본공제는 적용한다.

㉡ 토지를 미등기(법령이 정하는 자산은 제외)로 양도하였다면 장기보유특별공제와 양도소득기본공제 모두 적용되지 않는다.

㉢ 장기보유특별공제 계산시 해당 자산의 보유기간은 그 자산의 취득일부터 양도일까지로 하지만 「소득세법」 제97조의2 제1항에 따른 배우자 또는 직계존비속 간 증여재산에 대한 이월과세가 적용되는 경우에는 증여한 배우자 또는 직계존비속이 해당 자산을 취득한 날부터 기산한다.

㉣ 기타자산을 양도한 경우에는 장기보유특별공제는 적용하지 않지만, 양도소득기본공제는 적용한다.

㉤ 3년 이상 보유한 등기된 비사업용 토지를 양도한 경우 장기보유특별공제와 양도소득기본공제 모두 적용되지 않는다.

① 2개   ② 3개   ③ 4개
④ 5개   ⑤ 6개

46

상중하

장기보유특별공제와
양도소득기본공제
비교

다음은 장기보유특별공제와 양도소득기본공제에 대한 설명이다. 가장 잘못된 것은?

① 장기보유특별공제와 양도소득기본공제의 경우 거주자와 비거주자 모두 공제 받을 수 있다.

② 등기된 비사업용 토지의 경우에도 장기보유특별공제와 양도소득기본공제 모두 적용한다.

③ 당해 연도에 2회 이상 양도하는 경우에 양도소득기본 공제는 먼저 양도하는 자산부터 순차적으로 공제하나 장기보유특별공제는 요건만 갖추면 금액 및 횟수에 관계없이 공제 가능하다.

④ 1세대 1주택임에도 비과세에서 배제되는 고가주택인 경우에는 장기보유특별공제의 적용은 배제하나 양도소득기본공제는 배제하지 않는다.

⑤ 장기보유특별공제는 국외자산 양도시에는 공제받을 수 없지만 양도소득기본공제는 국내 국외자산에 대하여 모두 공제 받을 수 있다.

Point
47

상중하

과세표준 계산

2024년 6월에 양도한 거주자의 국내 소재 등기된 토지(보유기간 1년 6개월)의 자료이다. 양도소득 과세표준은 얼마인가? (단, 2024년 중 다른 양도거래는 없음)

> ㉠ 취득시 기준시가는 7천만원
> ㉡ 취득시 실지거래가액은 9천만원
> ㉢ 양도시 기준시가는 1억원
> ㉣ 양도시 실지거래가액은 1억2천5백만원
> ㉤ 자본적 지출액 및 양도비 지출액은 2백만원

① 2천7백5십만원 ② 3천만원
③ 3천5십만원 ④ 3천3백만원
⑤ 3천5백만원

48

상중하

결손금 통산

다음은 양도소득금액을 계산함에 있어 발생하는 결손금 중 통산할 수 있는 것 중에 다른 것 하나로 옳은 것은?

① 토지
② 건물
③ 지상권, 전세권, 등기된 부동산 임차권
④ 분양권
⑤ 비상장법인의 주식

제6절 양도소득세 세율

대표유형

소득세법령상 거주자의 양도소득과세표준에 적용되는 세율에 관한 내용으로 옳은 것은? (단, 국내 소재 자산을 2023년에 양도한 경우로서 주어진 자산 외에는 다른 자산은 없으며, 비과세와 감면은 고려하지 않음) 제34회

① 보유기간이 6개월인 등기된 상가건물: 100분의 40
② 보유기간이 10개월인 소득세법에 따른 분양권: 100분의 70
③ 보유기간이 1년 6개월인 등기된 상가건물: 100분의 30
④ 보유기간이 1년 10개월인 소득세법에 따른 조합원입주권: 100분의 70
⑤ 보유기간 2년 6개월인 소득세법에 따른 분양권: 100분의 50

▶해설 ① 보유기간이 6개월인 등기된 상가건물: 100분의 50
③ 보유기간이 1년 6개월인 등기된 상가건물: 100분의 40
④ 보유기간이 1년 10개월인 소득세법에 따른 조합원입주권: 100분의 60
⑤ 보유기간 2년 6개월인 소득세법에 따른 분양권: 100분의 60   ⒜ 정답 ②

Point 49
상중하
세율

다음 자료에 의한 과세표준이 1천만원인 경우 양도소득세 세율의 크기로 옳은 것은?

ㄱ 2년 6개월 보유한 등기된 상가건물   ㄴ 1년 미만 보유한 분양권
ㄷ 3년 보유한 나대지(미등기)   ㄹ 1년 6개월 보유한 등기된 상가건물
ㅁ 1년 6개월 보유한 등기된 주택

① ㄷ > ㄱ > ㄴ > ㄹ > ㅁ
② ㄴ > ㄹ = ㅁ > ㄷ > ㄱ
③ ㄱ > ㄹ > ㅁ > ㄴ = ㄷ
④ ㄴ > ㄹ > ㅁ = ㄷ > ㄱ
⑤ ㄷ > ㄴ > ㄹ > ㄱ > ㅁ

50
상중하
세율

「소득세법」상 양도소득세의 세율에 관한 설명으로 옳은 것은?

① 보유기간이 1년 미만인 조합원입주권의 세율은 100분의 50이다.
② 기타자산은 보유기간에 따라 세율이 서로 다르다.
③ 법률의 규정에 의하여 양도당시 등기가 불가능한 부동산을 양도한 경우에 세율은 100분의 70이다.
④ 양도소득세율을 적용함에 있어서 '보유기간'은 해당 자산의 취득일부터 양도일까지로 한다. 다만, 상속받은 자산은 피상속인이 그 자산을 취득한 날을 취득일로 본다.
⑤ 양도소득세율을 적용함에 있어서 배우자 또는 직계존비속으로부터 증여받은 자산에 대한 이월과세(「소득세법」 제97조의2 제1항 양도소득의 필요경비 계산 특례)가 적용되는 경우에 보유기간은 수증자가 해당 자산을 취득한 날부터 양도일까지로 한다.

51 상속받은 등기된 상가 건물의 보유기간이 피상속인은 1년 6개월, 상속인은 8개월 보유한 후 양도 시에 적용할 양도소득세 세율은?

세 율

① 70%

② 60%

③ 50%

④ 40%

⑤ 6%에서 45%의 8단계 초과누진세율

제7절 │ 미등기 양도

대표유형

「소득세법」상 미등기 양도자산(미등기 양도제외자산 아님)인 상가건물의 양도에 관한 내용으로 옳은 것을 모두 고른 것은?

> ⊙ 양도소득세율은 양도소득 과세표준의 100분의 70
> ⓒ 장기보유특별공제 적용 배제
> ⓒ 필요경비개산공제 적용 배제
> ⓔ 양도소득기본공제 적용 배제

① ⊙, ⓒ, ⓒ

② ⊙, ⓒ, ⓔ

③ ⊙, ⓒ, ⓔ

④ ⓒ, ⓒ, ⓔ

⑤ ⊙, ⓒ, ⓒ, ⓔ

해설 ② 「소득세법」상 미등기 양도자산(미등기 양도제외자산 아님)인 상가건물을 양도한 경우 다음과 같은 불이익의 처분을 받는다.
ⓒ 필요경비개산공제 적용 : 취득당시 기준시가 × 0.3%

ⓐ 정답 ②

---

52 「소득세법」상 미등기 양도제외자산을 모두 고른 것은?

미등기 양도자산

> ⊙ 양도소득세 비과세요건을 충족한 1세대 1주택으로서 「건축법」에 따른 건축허가를 받지 아니하여 등기가 불가능한 자산
> ⓒ 법원의 결정에 의하여 양도 당시 그 자산의 취득에 관한 등기가 불가능한 자산
> ⓒ 「도시개발법」에 따른 도시개발사업이 종료되지 아니하여 토지 취득등기를 하지 아니하고 양도하는 토지

① ⊙

② ⓒ

③ ⊙, ⓒ

④ ⓒ, ⓒ

⑤ ⊙, ⓒ, ⓒ

53

상<u>중</u>하
미등기 양도자산

「소득세법」상 미등기 양도자산에 대한 설명으로 틀린 것은?

① 미등기 양도자산의 경우 비과세 규정을 적용하지 아니한다.

② 미등기 양도자산의 경우 양도소득기본공제를 적용하지 아니한다.

③ 법원의 결정에 의하여 양도 당시 그 자산의 취득에 관한 등기가 불가능한 자산의 경우 장기보유특별공제를 적용한다.

④ 미등기 양도자산은 양도소득세 산출세액에 100분의 70을 곱한 금액을 양도소득 결정세액에 더한다.

⑤ 미등기 양도의 경우에도 필요경비개산공제를 적용한다.

제**8**절　**양도소득세의 신고와 납부**

대표유형

「소득세법」상 거주자의 양도소득세 신고납부에 관한 설명으로 옳은 것은?

① 건물을 신축하고 그 취득일부터 3년 이내에 양도하는 경우로서 감정가액을 취득가액으로 하는 경우에는 그 감정가액의 100분의 3에 해당하는 금액을 양도소득 결정세액에 가산한다.

② 공공사업의 시행자에게 수용되어 발생한 양도소득세액이 2천만원을 초과하는 경우 납세의무자는 물납을 신청할 수 있다.

③ 과세표준 예정신고와 함께 납부하는 때에는 산출세액에서 납부할 세액의 100분의 5에 상당하는 금액을 공제한다.

④ 예정신고납부할 세액이 1천5백만원인 자는 그 세액의 100분의 50의 금액을 납부기한이 지난 후 2개월 이내에 분할납부할 수 있다.

⑤ 납세의무자가 법정신고기한까지 양도소득세의 과세표준신고를 하지 아니한 경우(부정행위로 인한 무신고는 제외)에는 그 무신고납부세액에 100분의 20을 곱한 금액을 가산세로 한다.

해설 ① 건물을 신축하고 그 취득일부터 5년 이내에 양도하는 경우로서 감정가액을 취득가액으로하는 경우에는 그 감정가액의 100분의 5에 해당하는 금액을 양도소득 결정세액에 가산한다.

❶ 거주자가 건물을 신축 또는 증축(증축의 경우 바닥면적 합계가 85제곱미터를 초과하는 경우에 한정한다)하고 그 건물의 취득일 또는 증축일부터 5년 이내에 해당 건물을 양도하는 경우로서 제97조 제1항 제1호 나목에 따른 감정가액 또는 환산취득가액을 그 취득가액으로 하는 경우에는 해당 건물의 감정가액(증축의 경우 증축한 부분에 한정한다) 또는 환산취득가액(증축의 경우 증축한 부분에 한정한다)의 100분의 5에 해당하는 금액을 제93조 제2호에 따른 양도소득 결정세액에 더한다.

② 양도소득세는 분납은 적용하지만 물납은 할 수 없다.

③ 양도소득세 예정신고납부세액 공제는 적용하지 아니한다.

④ 예정신고납부할 세액이 1천5백만원인 자는 1천만원을 초과하는 금액을 납부기한이 지난 후 2개월 이내에 분할납부할 수 있다.　　　　　　　　　　　　　　　　　🅐 정답 ⑤

54
상종하
예정신고와 확정신고

양도소득세의 예정신고와 확정신고에 대하여 설명한 것으로 틀린 것은?

① 거주자가 아파트 당첨권을 양도하고 양도소득 과세표준 예정신고납부를 하는 경우 그 양도일이 속한 달의 말일부터 2개월 이내에 신고하여야 한다.

② 확정신고의 경우 해당 과세기간의 양도소득금액이 있는 거주자는 그 양도소득 과세표준을 그 과세기간의 다음 연도 5월 1일부터 5월 31일까지 납세지 관할세무서장에게 신고하여야 한다.

③ 해당 소득에 대하여 예정신고를 한 자는 해당 소득에 대한 확정신고를 하지 아니할 수 있다.

④ 예정신고기한까지 예정신고를 하지 아니하였으나 확정신고기한까지 신고를 한 경우에는 무신고가산세의 100분의 50에 상당하는 금액을 감면한다.

⑤ 해당 과세기간의 과세표준이 없거나 결손금액이 있는 경우에는 확정신고를 하지 아니한다.

Point
55
상종하
예정신고와 확정신고

甲이 등기된 국내소재 건물을 양도한 경우 양도소득과세표준 예정신고 및 확정신고에 관한 설명으로 옳은 것은?

① 2024년 3월 15일에 양도한 경우 예정신고기한은 2024년 6월 15일이다.

② 예정신고시 예정신고납부세액공제(산출세액의 10%)가 적용된다.

③ 예정신고 관련 무신고가산세가 부과되는 경우 그 부분에 대하여 확정신고와 관련한 무신고가산세가 다시 부과된다.

④ 예정신고납부를 할 때 납부할 세액은 양도차익에서 장기보유특별공제와 양도소득기본공제를 한 금액에 해당 양도소득세 세율을 적용하여 계산한 금액을 그 산출세액으로 한다.

⑤ 확정신고기한은 양도일이 속한 연도의 다음 연도 6월 1일부터 6월 30일까지이다.

56
상종하
신고·납부

「소득세법」상 거주자의 양도소득세 신고 및 납부에 관한 설명으로 옳은 것은?

① 하나의 건물이 주택과 주택 외의 부분으로 복합되어 있는 고가주택의 경우 주택의 연면적이 주택 외의 부분의 연면적보다 큰 경우에는 그 전부를 주택으로 본다.

② 양도차익이 없거나 양도차손이 발생한 경우에는 양도소득 과세표준 예정신고 의무가 없다.

③ 예정신고·납부세액이 1천5백만원인 자는 그 세액의 100분의 50의 금액을 납부기한이 지난 후 2개월 이내 분할납부할 수 있다.

④ 양도소득세 예정신고 납부세액이 1천만원을 초과하는 경우 부동산에 한하여 물납할 수 있다.

⑤ 납세지 관할세무서장은 양도소득 과세표준과 세액을 결정 또는 경정한 경우 양도소득 총결정세액이 기납부세액을 초과할 때에는 그 초과하는 세액을 해당 거주자에게 알린 날로부터 30일 이내 징수한다.

57
상중**하**
신고 · 납부

「소득세법」상 거주자의 양도소득 과세표준의 신고 및 납부에 관한 설명으로 옳은 것은?

① 2024년 5월 21일에 주택을 양도하고 잔금을 청산한 경우 2024년 8월 31일에 예정신고할 수 있다.

② 양도소득세는 예정신고만으로도 납세의무가 확정된다.

③ 예정신고 · 납부시 납부할 세액이 2천만원인 경우 분납할 수 없다.

④ 양도차손이 발생한 경우 예정신고하지 아니한다.

⑤ 예정신고하지 않은 거주자가 해당 과세기간의 과세표준이 없는 경우 확정신고하지 아니한다.

58
상**중**하
신고 · 납부

다음은 양도소득세 부과와 징수에 관한 설명이다. 옳은 것은?

① 거주자가 부동산을 양도한 경우 해당 부동산 소재지 관할 세무서에 신고하고 납부하여야 한다.

② 부담부증여의 채무액에 해당하는 부분으로서 양도로 보는 경우에는 그 양도일이 속하는 달의 말일부터 2개월 이내 예정신고를 하여야 한다.

③ 납세지 관할세무서장 또는 지방국세청장은 예정신고를 하여야 할 자 또는 확정신고를 하여야 할 자가 그 신고를 하지 아니한 경우에는 해당 거주자의 양도소득과세표준과 세액을 결정하고, 예정신고를 한 자 또는 확정신고를 한 자의 신고 내용에 탈루 또는 오류가 있는 경우에는 양도소득과세표준과 세액을 경정한다.

④ 예정신고의 경우 분할납부할 수 없고 확정신고의 경우에만 분할납부가 가능하다.

⑤ 토지를 양도한 경우 양도일이 속한 반기의 말일부터 2개월 이내에 예정신고를 하여야 한다.

59
상**중**하
신고 · 납부

「소득세법」상 거주자의 양도소득세 신고 및 납부에 관한 설명으로 옳은 것은?

① 「부동산 거래신고 등에 관한 법률」에 따른 토지거래계약에 관한 허가구역에 있는 토지를 양도할 때 허가 전에 대금을 청산한 경우 양도일이 속한 달의 말일부터 2개월 이내 예정신고를 하여야 한다.

② 예정신고 · 납부를 하는 경우 수시부과세액이 있을 때에는 이를 공제하지 아니한 세액을 납부한다.

③ 건물을 신축하고 그 신축한 건물의 취득일로부터 5년 이내에 해당 건물을 양도하는 경우로서 취득 당시의 실지거래가액을 확인할 수 없어 환산취득가액을 그 취득가액으로 하는 경우에는 양도소득세 산출세액의 100분의 5에 해당하는 금액을 양도소득 결정세액에 더 한다.

④ 양도소득과세표준 예정신고시에는 납부할 세액이 1천만원을 초과하더라도 그 납부할 세액의 일부를 분할납부할 수 없다.

⑤ 당해 연도에 누진세율의 적용대상 자산에 대한 예정신고를 2회 이상 한 자가 법령에 따라 이미 신고한 양도소득금액과 합산하여 신고하지 아니한 경우 양도소득세 확정신고를 해야 한다.

60 「소득세법」상 양도소득세의 신고와 납부 등에 관련된 설명으로 틀린 것은?

상중하
신고·납부

① 예정신고와 관련 무신고가산세가 부과되는 경우 그 부분에 대해 확정신고와 관련하여 무신고가산세를 부과하지 아니한다.

② 해당연도에 누진세율 적용대상자산에 대한 예정신고를 2회 이상 한 자가 이미 신고한 양도소득금액과 합산하여 예정신고를 하지 않은 경우에는 과세표준확정신고를 하여야 한다.

③ 예정신고·납부할 때 납부할 세액은 양도차익에서 장기보유특별공제와 양도소득기본공제를 한 금액에 해당 양도소득세 세율을 적용하여 계산한 금액을 그 산출세액으로 한다.

④ 납세의무자가 법정신고기한까지 양도소득세의 과세표준 신고를 하지 아니한 경우에는 그 신고로 납부하여야 할 세액(국세기본법 및 세법에 따른 가산세와 세법에 따라 가산하여 납부하여야 할 이자 상당 가산액이 있는 경우 그 금액은 제외)에 100분의 20의 비율을 곱한 금액을 무신고가산세로 한다.

⑤ 예정신고기한까지 예정신고를 하지 아니하였으나 확정신고기한까지 과세표준신고를 한 경우에는 무신고가산세를 부과하지 아니한다.

Point
61 「소득세법」상 거주자의 양도소득 과세표준 및 세액의 신고·납부에 관한 설명으로 옳은 것은?

상중하
신고·납부

① 토지거래허가구역 내 토지를 허가 후 잔금을 지급한 경우에는 허가일이 속하는 달의 말일부터 2개월 이내에 양도소득 과세표준 예정신고·납부를 하여야 한다.

② 법령에 따른 부담부증여의 채무액에 해당하는 부분으로서 양도로 보는 경우 그 양도일부터 3개월 이내에 양도소득 과세표준을 납세지 관할세무서장에게 신고하여야 한다.

③ 양도소득세는 예정신고와 확정신고 모두 신고할 때 납세의무가 확정된다.

④ 양도소득세 예정신고의 경우에는 분할납부를 할 수 없고, 확정신고의 경우에만 분할납부가 가능하다.

⑤ 2024년 1월 15일에 부동산을 양도한 경우 2024년 3월 31일까지 예정신고를 하지 아니한 경우로서 확정신고해야 하는 경우에는 2024년 5월 31일까지 확정신고를 하여야 한다.

62

기간계산

양도소득세 기간 계산에 대하여 설명한 내용 중 틀린 것은?

① 거주하거나 보유하는 중에 소실·무너짐·노후 등으로 인하여 멸실되어 재건축한 주택의 경우 멸실된 주택과 재건축한 주택의 보유기간을 통산한다.

② 세율 적용시 상속에 의한 경우에는 피상속인이 취득한 날로부터 양도일까지의 보유기간을 계산한다.

③ 상속받은 주택으로서 상속인과 피상속인이 상속개시일 현재 동일 세대인 경우에는 피상속인이 취득한 날부터 보유기간을 계산한다.

④ 특수관계자로부터 증여 받은 자산을 10년 이내 타인에게 양도하는 경우로서 부당행위계산 부인 규정에 해당하는 경우는 당초 증여자가 당해 자산을 취득한 날부터 양도일까지로 한다.

⑤ 배우자로부터 증여 받은 자산을 10년 이내에 양도한 경우 보유기간 계산은 당초 증여한 배우자가 취득한 날로부터 양도일까지로 한다.

63

예정신고와 납세지

「소득세법」상 거주자인 개인이 다음과 같이 양도한 경우 양도소득과세표준 예정신고기한 및 납세지에 대한 설명으로 옳은 것은?

> ㉠ 토지거래 허가 구역임
> ㉡ 사실상 대금청산일: 2024년 5월 25일
> ㉢ 토지거래허가일: 2024년 6월 1일

① 2024년 7월 31일 - 부동산 등기부상 소재지 관할세무서

② 2024년 8월 31일 - 부동산의 등기부상 소재지 관할세무서

③ 2024년 8월 1일 - 양도인의 주소지 관할세무서

④ 2024년 8월 31일 - 양도인의 주소지 관할세무서

⑤ 2024년 7월 31일 - 양도인의 주소지 관할세무서

제**9**절 이월과세(양도소득의 필요경비 계산 특례)

대표유형

「소득세법」상 배우자 간 증여재산의 이월과세에 관한 설명으로 옳은 것은?

① 이월과세를 적용하는 경우 거주자가 배우자로부터 증여받은 자산에 대하여 납부한 증여세를 필요경비에 산입하지 아니한다.

② 이월과세를 적용받은 자산의 보유기간은 증여한 배우자가 그 자산을 증여한 날을 취득일로 본다.

③ 거주자가 양도일부터 소급하여 5년 이내에 그 배우자(양도 당시 사망으로 혼인관계가 소멸된 경우 포함)로부터 증여받은 토지를 양도할 경우에 이월과세를 적용한다.

④ 거주자가 사업인정고시일부터 소급하여 2년 이전에 배우자로부터 증여받은 경우로서 「공익사업을 위한 토지 등의 취득 및 보상에 관한 법률」에 따라 수용된 경우에는 이월과세를 적용하지 아니한다.

⑤ 이월과세를 적용하여 계산한 양도소득결정세액이 이월과세를 적용하지 않고 계산한 양도소득결정세액보다 적은 경우에 이월과세를 적용한다.

해설 ① 이월과세를 적용하는 경우 거주자가 배우자로부터 증여받은 자산에 대하여 납부한 증여세를 필요경비에 산입한다.
② 이월과세를 적용받은 자산의 보유기간은 증여한 배우자가 그 자산을 취득한 날을 취득일로 본다.
③ 거주자가 양도일부터 소급하여 10년 이내에 그 배우자(양도 당시 사망으로 혼인관계가 소멸된 경우 제외)로부터 증여받은 토지를 양도할 경우에 이월과세를 적용한다.
⑤ 이월과세를 적용하여 계산한 양도소득결정세액이 이월과세를 적용하지 않고 계산한 양도소득결정세액보다 적은 경우에 이월과세를 적용하지 아니한다.
Ⓐ 정답 ④

Point
64
상중하
배우자 이월과세

「소득세법」상 거주자 甲이 2018년 1월 20일에 취득한 건물(취득가액 3억원)을 甲의 배우자 乙에게 2021년 3월 5일자로 증여(해당 건물의 시가 8억원)한 후, 乙이 2024년 5월 20일에 해당 건물을 甲·乙의 특수관계인이 아닌 丙에게 10억원에 매도하였다. 해당 건물의 양도소득세에 관한 설명으로 틀린 것은? (단, 취득·증여·매도의 모든 단계에서 등기를 마침)

① 양도소득세 납세의무자는 乙이다.

② 양도소득금액 계산시 장기보유특별공제가 적용된다.

③ 양도차익 계산시 양도가액에서 공제할 취득가액은 3억원이다.

④ 乙이 납부한 증여세는 양도소득세 납부세액 계산시 필요경비에 산입한다.

⑤ 양도소득세에 대해 甲과 乙이 연대하여 납세의무를 진다.

65

상종하
배우자 직계존비속 간
이월과세

거주자 甲은 2019년 10월 25일에 자신의 토지를 배우자인 乙에게 증여하였다. 乙은 2024년 9월 12일에 甲으로부터 증여받은 소유지분 전부를 丙에게 양도하였다. 이 경우 양도소득세 등 과세표준 및 세액계산에 대한 설명으로 가장 옳은 것은?

① 乙이 甲으로부터 증여받은 토지를 양도함에 따라 세부담이 부당히 감소된 경우에 한하여 甲이 그 자산을 丙에게 직접 양도한 것으로 본다.

② 乙이 증여받은 토지에 대하여는 증여세를 부과하지 아니한다.

③ 당해 양도소득세에 대하여 甲과 乙이 연대하여 납세의무를 진다.

④ 乙이 丙에게 양도한 것으로 보아 양도소득세를 계산하되 양도차익을 계산함에 있어서 취득가액은 乙이 甲으로부터 증여로 취득한 당시를 기준으로 계산한다.

⑤ 乙이 丙에게 양도한 것으로 보아 양도소득세를 계산하되 乙이 증여받은 토지에 대하여 납부하였거나 납부할 증여세 상당액이 있는 경우에는 법령에 의하여 계산한 금액을 양도차익계산상 필요경비에 산입한다.

제10절 부당행위계산부인

대표유형

거주자 甲은 2018년 10월 20일에 취득한 토지(취득가액 1억원, 등기함)를 동생인 거주자 乙(특수관계인임)에게 2021년 10월 1일 증여(시가 3억원, 등기함)하였다. 乙은 해당 토지를 2024년 6월 30일에 특수관계가 없는 丙에게 양도(양도가액 10억원)하였다. 양도소득은 乙에게 실질적으로 귀속되지 아니하고, 乙의 증여세와 양도소득세를 합한 세액이 甲이 직접 양도하는 경우로 보아 계산한 양도소득세보다 적은 경우에 해당한다. 소득세법상 양도소득세 납세의무에 관한 설명으로 틀린 것은?

① 乙이 납부한 증여세는 양도차익 계산시 필요경비에 산입한다.

② 양도차익 계산시 취득가액은 甲의 취득 당시를 기준으로 한다.

③ 양도소득세에 대해서는 甲과 乙이 연대하여 납세의무를 진다.

④ 甲은 양도소득세 납세의무자이다.

⑤ 양도소득세 계산시 보유기간은 甲의 취득일부터 乙의 양도일까지의 기간으로 한다.

해설 ① 증여자에게 양도소득세가 과세되는 경우에는 당초 증여받은 자산에 대해서는 상속세 및 증여세법의 규정에도 불구하고 증여세를 부과하지 아니한다. 따라서 乙이 납부한 증여세는 부과를 취소하고 환급한다.

A 정답 ①

Point

66
상중하

부동행위계산
부인규정

다음 양도소득세 양도소득 부당행위계산의 부인규정에 관한 설명 중 틀린 것은?

① 특수관계 있는 자로부터 시가보다 높은 가격으로 자산을 매입하거나 특수관계 있는 자에게 시가보다 낮은 가격으로 자산을 양도하여 그 소득에 대한 조세 부담을 부당하게 감소시킨 것으로 인정되는 경우에는 그 거주자의 행위 또는 계산과 관계없이 해당 과세기간의 소득금액을 계산할 수 있다.

② ①의 경우 시가와 거래가액의 차액이 3억원 이상이거나 시가의 100분의 5에 상당하는 금액 이상인 경우에 한한다.

③ 양도소득에 대한 소득세를 부당하게 감소시키기 위하여 특수관계자에게 자산을 증여한 후 그 자산을 증여 받은 자가 그 증여일로부터 10년 이내에 다시 이를 타인에게 양도한 경우에는 증여자가 그 자산을 직접 양도한 것으로 본다.

④ ③의 경우 증여자가 직접 양도한 경우로 보는 경우 양도소득세에 대하여 증여자와 증여받은 자가 연대하여 납세의무를 진다.

⑤ ③의 경우 증여 받은 재산에 대하여 납부하였거나 납부할 증여세 상당액이 있는 경우에는 필요경비에 산입한다.

67
상중하

부당행위계산
부인규정

「소득세법」상 거주자 甲이 국내 소재 토지를 甲과 특수관계인인 乙에게 양도하는 경우 이에 관한 설명으로 틀린 것은?

① 만일 甲이 乙에게 토지를 증여한 후 乙이 이를 그 증여일부터 1년이 지나 다시 타인에게 양도한 경우 甲이 그 토지를 직접 타인에게 양도한 것으로 본다.

② 甲이 양도한 토지가 법령이 정한 비사업용 토지에 해당하고 3년 이상 보유한 경우 장기보유특별공제를 적용한다.

③ 甲이 상속세 및 증여세법에 따라 시가 10억으로 평가된 토지를 乙에게 9억6천만원에 양도하는 경우 양도차익 계산시 양도가액은 10억원으로 한다.

④ 만일 乙이 특수관계없는 丙에게 토지를 10년 이내 양도한 경우 乙의 증여세와 양도소득세를 합한 세액이 甲이 직접 丙에게 양도한 것으로 보아 계산한 양도소득세보다 큰 때에는 甲이 丙에게 직접 양도한 것으로 보지 아니한다.

⑤ 甲이 乙에게 토지를 증여한 후 乙이 10년 이내 타인에게 양도한 경우 甲과 乙은 양도소득세에 대하여 연대납세의무가 있다.

68
상중하
부당행위계산부인
규정 양도차익 계산

甲이 2021년 3월 5일 특수관계인인 乙로부터 토지를 3억1천만원(시가 3억원)에 취득하여 2024년 10월 5일 甲의 특수관계인인 丙에게 그 토지를 5억원(시가 5억6천만원)에 양도한 경우 甲의 양도차익은 얼마인가? (다만, 토지는 등기된 국내 소재의 「소득세법」상 비사업용 토지이고, 취득가액 외의 필요경비는 없으며, 甲·乙·丙은 거주이고, 배우자 및 직계존비속 관계가 없다)

① 1억7천1백만원
② 1억9천만원
③ 2억2천5백만원
④ 2억5천만원
⑤ 2억6천만원

69
상중하
이월과세 및
부당행위계산부인
규정 비교

「소득세법」상 배우자 또는 직계존비속으로부터 증여받은 자산에 대한 이월과세규정과 특수관계인 간 부당행위계산의 부인규정에 관한 설명으로 틀린 것은?

① 거주자가 양도일로부터 소급하여 10년 이내에 배우자로부터 증여받은 상가 토지를 양도한 경우 이월과세 적용시 양도가액에서 공제할 취득가액은 증여한 배우자의 취득 당시에 해당하는 금액으로 한다.
② 배우자 또는 직계존비속으로부터 증여받은 자산에 대한 이월과세규정은 이월과세를 적용하여 계산한 양도소득 결정세액이 이월과세를 적용하지 아니하고 계산한 양도소득 결정세액보다 큰 경우에 적용한다.
③ 배우자 또는 직계존비속으로부터 증여받은 자산에 대한 이월과세규정이 적용되는 경우 양도소득세 납세의무자는 수증자이다.
④ 특수관계인(이월과세규정이 적용되는 배우자 및 직계존비속의 경우는 제외)에게 자산을 증여한 후 그 자산을 증여받은 특수관계인이 10년 이내에 다시 이를 타인에게 양도한 경우로서 부당행위계산의 부인규정에 해당하는 경우에는 증여자가 그 자산을 직접 양도한 것으로 본다.
⑤ 특수관계인 간 부당행위계산의 부인규정의 경우 증여자와 수증자는 양도소득세에 대하여 연대납세의무가 없다.

제11절 양도소득의 비과세

대표유형

소득세법령상 거주자의 양도소득세 비과세에 관한 설명으로 틀린 것은? (단, 국내소재 자산을 양도한 경우임)

제34회

① 파산선고에 의한 처분으로 발생하는 소득은 비과세된다.

② 「지적재조사에 관한 특별법」에 따른 경계의 확정으로 지적공부상 면적이 감소되어 같은 법에 따라 지급받는 조정금은 비과세된다.

③ 건설사업자가 「도시개발법」에 따라 공사용역 대가로 취득한 체비지를 토지구획환지처분공고 전에 양도하는 토지는 양도소득세 비과세가 배제되는 미등기 양도자산에 해당하지 않는다.

④ 「도시개발법」에 따른 도시개발사업이 종료되지 아니하여 토지 취득등기를 하지 아니하고 양도하는 토지는 양도소득세 비과세가 배제되는 미등기양도자산에 해당하지 않는다.

⑤ 국가가 소유하는 토지와 분합하는 농지로서 분합하는 쌍방 토지가액의 차액이 가액이 큰 편의 4분의 1을 초과하는 경우 분합으로 발생하는 소득은 비과세한다.

> **해설** ⑤ 국가가 소유하는 토지와 분합하는 농지로서 분합하는 쌍방 토지가액의 차액이 가액이 큰 편의 4분의 1 이하인 경우 분합으로 발생하는 소득은 비과세한다.

A 정답 ⑤

Point
70
상중하
농지의 교환분합

「소득세법」상 농지교환으로 인한 양도소득세와 관련하여 (   ) 안에 들어갈 내용으로 옳은 것은?

> 경작상 필요에 의하여 농지를 교환하는 경우 교환에 의하여 새로이 취득하는 농지를 (㉠) 이상 농지소재지에서 거주하면서 경작하는 경우[새로운 농지의 취득 후 (㉡) 이내에 수용되는 경우 포함]로서 교환하는 쌍방 토지의 가액의 차액이 가액이 큰 편의 (㉢) 이하이면 농지의 교환으로 인하여 발생하는 소득에 대한 양도소득세를 비과세한다.

	㉠	㉡	㉢		㉠	㉡	㉢
①	3년	2년	3분의 1	②	2년	3년	4분의 1
③	3년	1년	2분의 1	④	3년	3년	4분의 1
⑤	2년	2년	2분의 1				

대표유형

「소득세법」상 거주자의 양도소득세 비과세에 관한 설명으로 옳은 것은? (단, 취득 당시에 조정대상지역은 아니라고 가정함)

① 국내에 1주택만을 보유하고 있는 1세대가 해외이주로 세대전원이 출국하는 경우 출국일 부터 3년이 되는 날 해당 주택을 양도하면 비과세된다.

② 법원의 결정에 의하여 양도 당시 취득에 관한 등기가 불가능한 미등기주택은 양도소득세 비과세가 배제되는 미등기양도자산에 해당하지 않는다.

③ 직장의 변경으로 세대전원이 다른 시로 주거를 이전하는 경우 6개월간 거주한 1주택을 양도하면 비과세된다.

④ 양도 당시 실지거래가액이 15억원인 1세대 1주택의 양도로 발생하는 양도차익 전부가 비과세된다.

⑤ 농지를 교환할 때 쌍방 토지가액의 차액이 가액이 큰 편의 3분의 1인 경우 발생하는 소득은 비과세된다.

해설 ① 국내에 1주택만을 보유하고 있는 1세대가 해외이주로 세대전원이 출국하는 경우 출국일부터 2년 이내에 해당 주택을 양도하면 비과세된다.
③ 직장의 변경으로 세대전원이 다른 시로 주거를 이전하는 경우 1년간 거주한 1주택을 양도하면 보유기간의 제한을 받지 아니한다.
④ 양도 당시 실지거래가액이 15억원인 1세대 1주택의 양도로 발생하는 양도차익 일부가 비과세된다.
⑤ 농지를 교환할 때 쌍방 토지가액의 차액이 가액이 큰 편의 4분의 1인 경우 발생하는 소득은 비과세된다.

Ⓐ 정답 ②

Point
71
상중하
1세대 1주택

다음은 비과세 양도소득의 내용 중 '1세대 1주택'에 대한 설명이다. 옳지 않은 것은?

① 주택에 부수되는 토지면적은 주택정착면적의 5배(도시지역 밖의 토지는 10배)를 초과하지 아니하는 것으로 주택일부의 무허가 정착면적은 제외하고 계산한다.

② 1세대 1주택 비과세의 1세대에 해당하는지 여부는 주택 양도일 현재를 기준으로 판정하는 것이며, 같은 장소에서 생계를 같이하는 가족의 주민등록상 현황과 사실상 현황이 다른 경우에는 사실상 현황에 의한다.

③ 1세대 1주택 비과세 규정을 적용하는 경우 부부가 각각 세대를 달리 구성하는 경우에도 동일한 세대로 본다.

④ 1세대 1주택의 비과세요건을 갖춘 대지와 건물을 동일한 세대의 구성원이 각각 소유하고 있는 경우에도 이를 1세대 1주택으로 본다.

⑤ 부부가 이혼한 경우에는 각각 다른 세대를 구성한다. 다만, 법률상 이혼을 하였으나 생계를 같이하는 등 사실상 이혼한 것으로 보기 어려운 경우에는 동일한 세대로 본다.

72
상중하
주택 비과세

다음은 1세대 1주택 양도소득 비과세에서 '주택'의 내용이다. 틀린 것은?

① 주택이란 공부상 용도구분에 관계없이 사실상 주거용으로 사용하는 건물을 말한다. 그 용도가 불분명한 경우에는 공부상의 용도에 의한다.

② 소유하고 있던 공부상 주택인 1세대 1주택을 거주용이 아닌 영업용 건물(점포·사무소 등)로 사용하다가 양도하는 때에는 1세대 1주택으로 보지 아니한다.

③ 1주택을 여러 사람이 공동 소유한 경우 주택수를 계산할 때 지분이 가장 큰 자가 그 주택을 소유한 것으로 본다.

④ 1세대에서 생계를 같이 하는 자란 거주자 및 배우자의 직계존비속(그 배우자를 포함한다) 및 형제자매를 말하며 취학·질병의 요양·근무상 또는 사업상 형편으로 본래의 주소 또는 거소에서 일시퇴거한 사람을 포함한다.

⑤ 주택의 부수토지는 수도권 주거지역의 경우 주택정착 면적의 3배까지를 주택의 부수토지로 본다. 이때 무허가 정착면적도 주택정착면적에 포함한다.

Point
73
상중하
겸용주택

1세대 1주택 요건을 충족하는 거주자 甲이 다음과 같은 단층 겸용주택(주택은 국내 상시주거용이며, 수도권 녹지지역 내 존재)을 7억원에 양도하였을 경우 양도소득세가 과세되는 건물면적과 토지면적으로 옳은 것은? (단, 주어진 조건 외에는 고려하지 않음)

• 건물: 주택 80m², 상가 120m²
• 토지: 건물 부수토지 800m²

① 건물 120m², 토지 320m²
② 건물 120m², 토지 400m²
③ 건물 120m², 토지 480m²
④ 건물 200m², 토지 400m²
⑤ 건물 200m², 토지 480m²

Point
74
상중하
1세대 1주택 특례

다음은 1세대 1주택 특례에 관한 내용이다. 틀린 것은?

① 영농의 목적으로 취득한 귀농주택으로 수도권 밖의 지역 중 면 지역에 소재하는 주택과 일반주택을 국내에 각각 1개씩 소유하고 있는 1세대가 귀농주택을 취득한 날로부터 5년 이내 일반주택을 양도하는 경우 1세대 1주택으로 본다.

② 상속받은 주택과 일반주택을 국내에 각각 1개씩 소유하고 있는 1세대가 일반 주택을 먼저 양도하는 경우에는 국내에 각각 1주택을 소유하는 것으로 본다.

③ 1주택을 보유하고 1세대를 구성하는 자가 1주택을 보유하고 있는 60세 이상의 직계존속(배우자의 직계존속을 포함하며 직계존속 중 어느 한 사람이 60세 미만인 경우를 포함한다)을 동거봉양하기 위하여 세대를 합침으로써 1세대 1주택을 보유하게 되는 경우 합친 날로부터 10년 이내에 먼저 양도하는 주택은 이를 1세대 1주택으로 보아 비과세 규정을 적용한다.

④ 취학, 근무상 형편, 질병요양 등 그 밖에 부득이한 사유로 취득한 수도권 밖에 소재하는 주택과 일반주택을 국내에 각각 1개씩 소유하고 있는 1세대가 부득이한 사유가 해소가 된 날로부터 5년 이내 일반주택을 양도하는 경우 국내에 1주택을 소유하고 있는 것으로 보아 비과세 규정을 적용한다.

⑤ 국내에 1주택을 소유한 1세대가 그 주택을 양도하기 전에 다른 주택을 취득함으로써 일시적으로 2주택이 된 경우 신규주택을 취득한 날로부터 3년 이내에 종전 주택을 양도한 경우 1세대 1주택으로 보아 비과세 규정을 적용한다.

75
상중하
세대 1주택 보유기간

다음은 보유기간에 관계없이 1세대 1주택으로 보아 비과세하는 대상을 열거한 것이다. 틀린 것은?

① 1년 이상 계속하여 국외거주를 필요로 하는 취학 또는 근무상의 형편으로 세대 전원이 출국하는 경우로서 출국일로부터 2년 이내에 양도하는 경우

② 1년 이상의 치료나 요양을 필요로 하는 부득이한 사유로 1년 이상 거주한 주택을 양도하고 세대전원이 다른 시·군으로 거주를 이전한 경우

③ 「임대주택법」에 의한 건설임대주택을 취득하여 양도하는 경우로서 당해 건설임대주택의 임차일로부터 당해 주택의 양도일까지의 거주기간이 5년 이상인 경우

④ 「해외이주법」에 의한 해외이주로 세대 전원이 출국함에 따라 양도하는 경우로서 출국일로부터 2년 이내에 양도하는 경우

⑤ 1년 이상 보유하던 주택을 취학 등의 사유로 세대 전원이 타 시·군으로 이전하기 위하여 양도하는 경우

76
삼중하
1주택

2주택을 보유한 1세대가 주택을 양도하는 경우에 관련된 설명 중 틀린 것은? (단, 당해 2주택은 등기된 주택이고 조정대상지역이 아님)

① 2주택을 연도를 달리하여 양도하고 다른 양도자산이 없다면, 각각에 대하여 연 250만원의 양도소득 기본공제가 적용된다.

② 먼저 양도하는 주택도 보유기간이 3년 이상이면 장기보유특별공제가 적용된다.

③ 나중에 양도하는 주택은 1세대 1주택 비과세 요건을 충족하면 양도소득세가 비과세된다.

④ 먼저 양도하는 주택의 보유기간이 2년 이상인 경우 양도소득세 세율은 6~45%로 8단계 초과누진세율을 적용한다.

⑤ 먼저 양도하는 주택의 양도차익을 계산함에 있어서 양도당시의 실지거래가액을 확인할 수 없어 양도가액을 추계결정하는 경우에는 매매사례가액 − 감정가액 − 환산취득가액 − 기준시가를 순차로 적용하여 산정한 가액을 양도가액으로 한다.

Point
77
삼중하
1세대 1주택 보유기간

「소득세법」상 1세대 1주택(고가주택에 해당하지 않고 등기된 주택임)**을 양도한 경우로서 양도소득세 비과세 대상이 아닌 것은?**

① 서울특별시에 소재하는 주택을 5년 동안 보유(2년 이상 거주)하고 양도한 경우

② 부산광역시에 소재하는 주택을 1년 6개월 동안 보유하고 양도한 경우로서 양도일로부터 1년 전에 세대전원이 「해외이주법」에 따른 해외이주로 출국한 경우

③ 인천광역시에 소재하는 주택을 1년 6개월 동안 보유하고 1년 동안 거주하던 중 양도한 경우로서 기획재정부령이 정하는 취학상 형편(유, 초, 중 제외)으로 다른 시·군으로 이사한 경우

④ 광주광역시에 소재하는 주택을 1년 동안 보유하고 양도한 경우로서 양도일로부터 6개월 전에 2년 동안 해외거주를 필요로 하는 근무상 형편으로 세대전원이 출국한 경우

⑤ 「임대주택법」에 의한 건설임대주택을 1년 전에 취득하여 양도한 경우로서 당해 건설임대주택의 취득일로부터 당해 주택의 양도일까지의 거주기간이 7년인 경우

78
상중하
1세대 1주택 보유기간

다음은 보유기간 및 거주기간의 제한을 받지 않은 경우로서 거주기간의 요건을 충족하여야 양도소득세 비과세를 적용받는 경우이다. 연결이 잘못된 것은?

	구 분	거주기간 요건
①	「임대주택법」에 의한 건설임대주택을 취득하여 양도하는 경우	5년 이상
②	주택 및 그 부수토지의 전부 또는 일부가 협의매수·수용되는 경우	제한 없음
③	1년 이상 계속하여 국외 거주를 필요로 하는 취학 또는 근무상의 형편으로 세대 전원이 출국하는 경우	제한 없음
④	「해외이주법」에 의한 해외이주로 세대 전원이 출국하는 경우	제한 없음
⑤	취학·근무상의 형편·질병의 요양 기타 부득이한 사유로 양도하는 경우	제한 없음

제12절 양도소득세 종합문제

대표유형

「소득세법」상 거주자가 국내 소재 1주택만을 소유하는 경우에 관한 설명으로 틀린 것은? (해당 과세기간에 주거용 건물 임대업에서 발생한 수입금액의 합계액이 2천만원 초과라 가정함) (각 지문은 별개의 상황이라 가정)

① 임대한 과세기간 종료일 현재 기준시가가 15억원인 1주택(주택부수토지 포함)을 임대하고 지급받은 소득은 사업소득으로 과세된다.
② 양도당시의 실지거래가액이 15억원인 법정요건을 충족하는 등기된 1세대 1주택을 양도한 경우, 양도차익에 최대 100분의 80의 보유기간별 공제율을 적용받을 수 있다.
③ 甲과 乙이 고가주택이 아닌 공동소유 1주택(甲지분율 40%, 乙지분율 60%)을 임대하는 경우, 주택임대소득의 비과세 여부를 판정할 때 甲과 乙이 각각 1주택을 소유한 것으로 보아 주택 수를 계산한다.
④ 법령이 정한 1세대 1주택으로서 「건축법」에 의한 건축허가를 받지 아니하여 등기가 불가능한 주택을 양도한 때에는 이를 미등기양도자산으로 보지 아니한다.
⑤ 소유하고 있던 공부상 주택인 1세대 1주택을 전부 영업용 건물로 사용하다가 양도한 때에는 양도소득세 비과세 대상인 1세대 1주택으로 보지 아니한다.

▶해설 ③ 甲과 乙이 고가주택이 아닌 공동소유 1주택(甲지분율 40%, 乙지분율 60%)을 임대하는 경우, 주택임대소득의 비과세 여부를 판정할 때 공동소유의 주택은 지분이 가장 큰 자의 소유로 계산한다. 따라서 甲이 1주택을 소유한 것으로 보아 주택 수를 계산한다. **ⓐ 정답 ③**

79

상중하
종합문제

「소득세법」상 보유기간에 대하여 설명한 것이다. 틀린 것은?

① 원칙적으로 보유기간은 당해 자산의 취득일로부터 양도일까지로 한다.

② 세율 적용시 상속에 의한 경우 보유기간은 피상속인이 취득한 날로부터 양도일까지로 한다.

③ 장기보유특별공제대상 자산의 보유기간 계산시 당해 자산이 상속에 의한 취득의 경우에는 당해 자산을 피상속인이 취득한 날로부터 기산하여 양도일까지로 한다.

④ 배우자 및 직계존비속 간 이월과세에 해당하는 경우 장기보유특별공제와 세율에 대한 보유기간 기산일은 동일하다.

⑤ 증여 후 부당행위계산부인규정 적용을 받는 경우 보유기간은 증여자가 해당 자산을 취득한 날로부터 기산한다.

80

상중하
종합문제

「소득세법」상 양도소득세에 관한 설명으로 틀린 것은?

① 「지적재조사에 관한 특별법」에 따른 경계의 확정으로 지적공부상의 면적이 감소되어 지급받는 조정금에 대해서는 양도소득세를 과세하지 아니한다.

② 상속받은 부동산을 양도하는 경우 기납부한 상속세는 양도차익 계산시 이를 필요경비로 공제받을 수 있다.

③ 토지·건물·부동산에 관한 권리를 매매하는 거래당사자가 매매계약서의 거래가액을 실지거래가액과 다르게 적은 경우에는 해당 자산에 대하여 양도소득세 비과세에 관한 규정을 적용할 때 비과세에 관한 규정을 적용하지 아니하였을 경우의 양도소득 산출세액과 매매계약서의 거래가액과 실지거래가액과의 차액 중 적은 금액을 비과세 받았거나 받을 세액에서 뺀다.

④ 같은 해에 토지를 양도하여 발생하는 양도차손은 지상권을 양도하여 발생하는 양도소득금액에서 공제받을 수 있다.

⑤ 부동산을 취득할 수 있는 권리의 양도시 기준시가는 양도일까지 불입한 금액과 양도일 현재의 프리미엄에 상당하는 금액을 합한 금액으로 한다.

81 「소득세법」상 양도소득세에 관한 설명으로 틀린 것은?

상중하
종합문제

① 토지 또는 건물과 부동산에 관한 권리 및 기타자산의 양도소득금액을 계산함에 있어서 발생하는 결손금은 주식 등의 양도소득금액에서 공제받을 수 있다.

② 배우자 또는 직계존비속 간 증여재산에 대한 이월과세를 적용하는 경우 증여받은 재산에 대하여 납부하였거나 납부할 증여세 상당액이 있는 경우에는 양도차익 계산상 필요경비에 산입한다.

③ 양도소득세 세율을 적용함에 있어서 '보유기간'은 해당 자산의 취득일부터 양도일까지로 한다. 다만, 상속받은 자산을 양도한 경우에는 피상속인이 해당 자산을 취득한 날을 해당 자산의 취득일로 본다.

④ 기타자산은 보유기간에 상관없이 6%에서 45%의 8단계 초과누진세율을 적용한다.

⑤ 「부동산 거래신고 등에 관한 법률」에 따른 토지거래계약허가구역 안에 있는 토지를 양도함에 있어서 토지거래계약허가를 받기 전에 대금을 청산한 경우에는 그 허가일이 속하는 달의 말일부터 2개월 이내에 예정신고납부한다.

82 「소득세법」상 거주자가 국내 소재 부동산을 양도한 경우, 양도소득세에 관한 설명으로 틀린 것은?

상중하
종합문제

① 1세대 2주택을 3년 이상 보유한 자가 등기된 주택(조정대상지역이 아님)을 양도한 경우 장기보유특별공제를 적용받을 수 있다.

② 1세대 1주택으로 고가주택에 대한 비과세 규정을 적용함에 있어 하나의 건물이 주택과 주택 외의 부분으로 복합되어 있는 경우 주택의 연면적이 주택 외의 연면적보다 클 때에는 그 전부를 주택으로 본다.

③ 증여자인 매형의 채무를 수증자가 인수하는 부담부증여인 경우에는 증여가액 중 그 채무액에 상당하는 부분은 그 자산이 유상으로 사실상 이전되는 것으로 본다.

④ 2024년에 양도한 토지에서 발생한 양도차손은 5년 이내에 양도하는 토지의 양도소득금액에서 이월하여 공제받을 수 없다.

⑤ 1세대 1주택인 고가주택을 양도한 경우, 양도가액 중 12억원을 초과하는 부분의 양도차익에 대해서는 양도소득세가 과세된다.

Point
83
상중하
종합문제

국내에 주택 1채와 토지를, 국외에 1채의 주택을 소유하고 있는 거주자 甲이 2024년 중 해당 소유 부동산을 모두 양도하는 경우, 이에 관한 설명으로 틀린 것은? (단, 국내소재 부동산은 모두 등기되었으며, 조정대상지역이 아니며 주택은 고가주택이 아님)

① 甲이 국내 주택을 먼저 양도하는 경우 2년 이상 보유한 경우라도 1세대 2주택에 해당하므로 양도소득세가 과세된다.

② 甲이 국외주택의 양도일까지 계속 5년 이상 국내에 주소를 둔 거주자인 경우 국외주택의 양도에 대하여 양도소득세 납세의무가 있다.

③ 甲의 부동산양도에 따른 소득세의 납세지는 甲의 주소지를 원칙으로 한다.

④ 국외주택을 먼저 양도하는 경우 보유기간이 3년 이상인 경우에도 장기보유특별공제는 적용하지 아니한다.

⑤ 국외주택의 양도에 대하여는 연 250만원의 양도소득기본공제를 적용받을 수 있다.

84
상중하
종합문제

「소득세법」상 양도소득세에 관한 설명으로 옳은 것은?

① 거주자가 국외 토지를 양도한 경우 양도일까지 계속해서 10년간 국내에 주소를 두었다면 양도소득과세표준을 예정신고하여야 한다.

② 비거주자가 국외 토지를 양도한 경우 양도소득세 납부의무가 있다.

③ 거주자가 국내 상가건물을 양도한 경우 거주자의 주소지와 상가건물의 소재지가 다르다면 양도소득세 납세지는 상가건물의 소재지이다.

④ 비거주자가 국내 주택을 양도한 경우 양도소득기본공제를 적용하지 아니한다.

⑤ 신탁수익권을 양도하는 경우 양도일이 속하는 반기의 말일부터 2개월 이내에 예정신고를 하여야 한다.

85
상중하
종합문제

「소득세법」상 거주자의 양도소득세 징수와 환급에 관한 설명으로 옳은 것은?

① 과세기간별로 이미 납부한 확정신고세액이 관할세무서장이 결정한 양도소득 총결정세액을 초과한 경우 다른 국세에 충당할 수 없다.

② 양도소득과세표준과 세액을 결정 또는 경정한 경우 관할세무서장이 결정한 양도소득 총결정세액이 이미 납부한 확정신고세액을 초과할 때에는 그 초과하는 세액을 해당 거주자에게 알린 날부터 30일 이내에 징수한다.

③ 양도소득세 과세대상 건물을 양도한 거주자는 부담부증여의 채무액을 양도로 보는 경우 예정신고 없이 확정신고를 하여야 한다.

④ 양도소득세 납세의무의 확정은 납세의무자의 신고에 의하지 않고 관할세무서장의 결정에 의한다.

⑤ 이미 납부한 확정신고세액이 관할세무서장이 결정한 양도소득 총결정세액을 초과할 때에는 해당 결정일부터 90일 이내에 환급해야 한다.

86 양도소득세에 대한 설명으로 틀린 것은?

종합문제

① 예정신고를 하지 않은 경우 확정신고를 하면 예정신고에 대한 가산세는 부과되지 아니한다.

② 예정신고를 한 경우 확정신고를 하지 아니할 수 있다.

③ 예정신고할 때 납부할 세액은 양도차익에서 장기보유특별공제와 양도소득기본공제를 한 금액에 해당 양도소득세 세율을 적용하여 계산한 금액을 그 산출세액으로 한다.

④ 예정신고와 관련하여 가산세가 부과된 경우 확정신고와 관련하여 가산세를 이중으로 부과하지 아니한다.

⑤ 거주자가 양도소득세 확정신고에 따라 납부할 세액이 3,600만원인 경우 600만원을 분할납부할 수 있다.

87 「소득세법」상 거주자의 양도소득세에 관한 설명으로 틀린 것은? (단, 국내소재 부동산의 양도임)

종합문제

① 양도소득세 과세대상인 신탁수익권을 양도한 경우 양도일이 속한 달의 말일부터 2개월 이내에 예정신고를 하여야 한다.

② 1세대 1주택 비과세 요건을 충족하는 고가주택의 양도가액이 15억원이고 양도차익이 5억원인 경우 양도소득세가 과세되는 양도차익은 1억원이다.

③ 거주자가 양도일까지 계속하여 국내에 5년 이상 주소 또는 거소를 둔 경우 국외에 있는 토지의 양도로 인하여 발생하는 소득에 대하여 양도소득세 납세의무가 있다.

④ 거주자 甲이 2017년 1월 20일에 취득한 건물을 甲의 배우자 乙에게 2021년 3월 5일자로 증여한 후, 乙이 2023년 5월 20일에 甲·乙의 특수관계인이 아닌 丙에게 양도한 경우 乙이 납부한 증여세는 양도소득세 납부세액 계산시 세액공제된다.

⑤ 「국토의 계획 및 이용에 관한 법률」에 따른 주거지역·상업지역·공업지역 외에 있는 농지(환지예정지 아님)를 경작상 필요에 의하여 교환함으로써 발생한 소득은 쌍방 토지 가액의 차액이 가액이 큰 편의 4분의 1 이하이고 새로이 취득한 농지를 3년 이상 농지소재지에 거주하면서 경작하는 경우 비과세한다.

88

종합문제

「소득세법」상 거주자의 양도소득세에 관한 설명으로 옳은 것은 몇 개인가? (단, 국내소재 부동산의 양도임)

> ㉠ 부동산을 취득할 수 있는 권리에 대한 기준시가는 양도자산의 종류를 고려하여 취득일 또는 양도일까지 납입한 금액으로 한다.
>
> ㉡ 부동산 양도에 대한 예정신고를 하는 양도소득세 납세의무는 과세표준이 되는 금액이 발생한 달의 말일에 성립한다.
>
> ㉢ 특수관계인 간의 거래가 아닌 경우로서 취득가액인 실지거래가액을 인정 또는 확인할 수 없어 그 가액을 추계결정 또는 경정하는 경우에는 매매사례가액, 감정가액, 기준시가의 순서에 따라 적용한 가액에 의한다.
>
> ㉣ 양도차익을 실지거래가액에 의하는 경우 양도가액에서 공제할 취득가액은 그 자산에 대한 감가상각비로서 각 과세기간의 사업소득금액을 계산하는 경우 필요경비에 산입한 금액이 있을 때에는 이를 공제하지 않은 금액으로 한다.
>
> ㉤ 양도소득세를 예정신고하고 자진 납부를 한 경우 예정신고·납부세액 공제가 적용된다.

① 0개   ② 1개   ③ 2개
④ 3개   ⑤ 4개

89

종합문제

양도소득세에 관한 설명으로 옳지 않은 것은?

① 양도소득세의 경우 물납은 할 수 없지만 분할납부는 할 수 있다.

② 배우자 또는 직계존비속이 아닌 자 간의 부담부증여에 있어서 수증자가 증여자의 채무를 인수하는 경우 그 채무액상당부분은 양도소득세 과세대상이 아니다.

③ 양도차익을 계산하는 경우 토지의 기준시가는 관계법령의 규정에 의한 개별공시지가를 원칙으로 한다.

④ 취득가액을 환산취득가액으로 하는 경우로서 환산취득가액과 필요경비개산공제의 합계액이 자본적지출액과 양도비지출액의 합계액보다 적은 경우에는 자본적지출액과 양도비지출액의 합계액을 필요경비로 할 수 있다.

⑤ 거주자의 양도소득 과세표준은 종합소득·퇴직소득에 대한 과세표준과 구분하여 계산한다.

90
상중하
종합문제

다음은 양도소득세에 관한 설명이다. 틀린 것은?

① 양도소득세는 개인의 일시적인 자산양도로 인해 발생하는 소득에 대해 과세하는 조세이다.

② 양도소득세는 종합소득에 합산하지 않고 별도로 분류과세한다.

③ 비과세 요건을 충족한 1세대 1주택인 고가주택을 양도한 경우 실지양도가액 중 12억원을 초과하는 부분의 양도차익에 대해서는 양도소득세가 과세된다.

④ 예정신고·납부시 납부할 세액이 1천만원을 초과하는 경우 납부세액의 일부를 분할납부할 수 있다.

⑤ 예정신고하지 않은 거주자가 해당 과세기간의 과세표준이 없는 경우 확정신고를 하지 아니한다.

91
상중하
종합문제

다음 중 양도소득세의 과세표준에 관한 설명으로 틀린 것은?

① 개인이 법인에게 부동산을 양도한 경우 양도차익 계산시 실지거래가액으로 산출함이 원칙이다.

② 국내 거주자가 토지와 주식을 양도하는 경우 각각 발생한 결손금은 양도소득금액 계산시 이를 합산하지 아니한다.

③ 등기된 상가건물로서 3년 6개월 보유한 경우 장기보유특별공제액은 양도차익의 6%이다.

④ 부동산을 미등기로 양도한 경우의 과세표준은 양도차익의 금액과 동일하다.

⑤ 장기보유특별공제 적용시 자산의 보유기간 계산은 당해 자산이 상속에 의한 취득인 경우에는 당해 자산을 피상속인이 취득한 날로부터 양도일까지로 한다.

92
상중하
종합문제

양도소득세에 관한 설명으로 틀린 것은?

① 지상권 및 전세권의 양도는 양도소득세 과세대상이다.

② 거주자가 특수관계인(이월과세를 적용받는 배우자 및 직계존비속의 경우는 제외)에게 자산을 2024년 1월 1일 이후 증여한 후 증여받은 자가 그 증여일부터 10년 이내에 다시 타인에게 양도한 경우로서 조세부담을 부당하게 감소한 경우에는 증여자가 그 자산을 직접 양도한 것으로 본다.

③ 거주자란 국내에 주소가 있거나 1과세기간 중 183일 이상 거소를 둔 자를 말한다.

④ 15년 이상 보유한 토지·건물은 양도가액의 100분의 30에 상당하는 금액을 장기보유특별공제로서 공제한다.

⑤ 양도가액이 15억원인 1세대 1주택으로 보유기간이 3년이고 거주기간이 1년인 경우 양도차익의 100분의 6에 상당하는 금액을 장기보유특별공제로 공제한다.

Point 93
중종하
종합문제

거주자인 개인 甲이 乙으로부터 부동산을 취득하여 보유하고 있다가 丙에게 양도하였다. 甲의 부동산 관련 조세의 납세의무에 관한 설명으로 틀린 것은? (단, 주어진 조건 외에는 고려하지 않음)

① 甲이 乙로부터 증여받은 것이라면 그 취득일이 속한 달의 말일부터 3개월 이내에 취득세를 신고하고 납부하여야 한다.

② 甲이 乙로부터 부동산을 취득 후 재산세 과세기준일까지 등기하지 않았다면 재산세와 관련하여 乙은 부동산 소재지 관할 지방자치단체의 장에게 과세기준일로부터 15일 이내 소유권 변동사실을 신고할 의무가 있다.

③ 甲이 종합부동산세를 신고·납부 방식으로 납부하고자 하는 경우 과세표준과 세액을 해당 연도 12월 1일부터 12월 15일까지 관할세무서장에게 신고하는 때에 종합부동산세 납세의무가 확정된다.

④ 甲이 乙로부터 부동산을 40만원에 취득한 경우 등록면허세 납세의무가 있다.

⑤ 양도소득세의 예정신고만으로 甲의 양도소득세 납세의무가 확정되지 아니한다.

제13절 국외자산양도에 대한 양도소득세

대표유형

거주자 甲이 국외에 있는 양도소득세 과세대상 X토지를 양도함으로써 소득이 발생하였다. 다음 중 틀린 것은? (단, 해당 과세기간에 다른 자산의 양도는 없음)

① 甲이 X토지의 양도일까지 계속 5년 이상 국내에 주소 또는 거소를 둔 경우에만 해당 양도소득에 대한 납세의무가 있다.

② 甲이 국외에서 외화를 차입하여 X토지를 취득한 경우 환율변동으로 인하여 외화차입금으로부터 발생한 환차익은 양도소득의 범위에서 제외한다.

③ X토지의 양도가액은 양도 당시의 실지거래가액으로 하는 것이 원칙이다.

④ X토지에 대한 양도차익에서 장기보유특별공제액을 공제한다.

⑤ X토지에 대한 양도소득금액에서 양도소득 기본공제로 250만원을 공제한다.

해설 ④ 거주자 甲이 국외에 있는 양도소득세 과세대상 X토지를 양도한 경우 장기보유특별공제는 적용하지 아니한다.

정답 ④

Point
94
상중하
국외자산 양도

거주자 甲은 2017년에 국외에 1채의 주택을 미화 1십만 달러(취득자금 중 일부 외화 차입)에 취득하였고, 2024년에 동 주택을 미화 2십만 달러에 양도하였다. 이 경우 「소득세법」상 설명으로 틀린 것은? (단, 甲은 해당자산의 양도일까지 계속 5년 이상 국내에 주소를 둠)

① 甲의 국외주택에 대한 양도차익은 양도가액에서 취득가액과 필요경비개산공제를 차감하여 계산한다.

② 甲의 국외주택 양도로 발생하는 소득이 환율변동으로 인하여 외화차입금으로부터 발생하는 환차익을 포함하고 있는 경우에는 해당 환차익을 양도소득의 범위에서 제외한다.

③ 甲의 국외주택 양도에 대해서는 해당 과세기간의 양도소득금액에서 연 250만원을 공제한다.

④ 甲은 국외주택을 3년 이상 보유하였음에도 불구하고 장기보유특별공제액은 공제하지 아니한다.

⑤ 甲은 국외주택의 양도에 대하여 양도소득세의 납세의무가 있다.

95
상중하
국외자산 양도

「소득세법」상 국외자산 양도에 관한 설명으로 틀린 것은?

① 국외자산 양도시 양도소득세의 납세의무자는 국외자산의 양도일까지 계속하여 5년 이상 국내에 주소 또는 거소를 둔 거주자이다.

② 장기보유특별공제는 국외자산의 보유기간이 3년 이상인 경우에만 적용된다.

③ 양도차익 계산시 필요경비의 외화환산은 지출일 현재 「외국환거래법」에 의한 기준환율 또는 재정환율에 의한다.

④ 미등기 국외토지에 대한 양도소득 세율은 6%~45%이다.

⑤ 국외주택 양도소득에 대하여 납부하였거나 납부할 국외주택 양도소득세액은 해당 과세기간의 국외주택 양도소득금액 계산상 필요경비에 산입할 수 있다.

96
상중하
국외자산 양도

「소득세법」상 국외자산의 양도에 대한 양도소득세 과세에 있어서 국내자산의 양도에 대한 양도소득세 규정 중 준용하지 않는 것은?

① 비과세 양도소득

② 양도소득과세표준의 계산

③ 기준시가의 산정

④ 양도소득의 부당행위계산

⑤ 양도 또는 취득의 시기

97
상중하
국외자산 양도

국내에 주택 1채와 토지를 국외에 1채의 주택을 소유하고 있는 거주자 甲이 2024년 중 해당 부동산을 모두 양도하는 경우 이에 관한 설명으로 틀린 것은?

① 甲이 국내 주택을 먼저 양도하는 경우 2년 이상 보유(조정대상지역이 아님)한 경우 1세대 1주택에 해당하므로 양도소득세가 비과세된다.

② 甲이 국외 주택의 양도일까지 계속 5년 이상 국내에 주소를 둔 거주자인 경우 국외 주택의 양도에 대하여 양도소득세 납세의무가 있다.

③ 甲의 국외 주택 양도에 대한 소득세의 납세지는 국외 주택 소재지를 원칙으로 한다.

④ 국외 주택 양도시 양도차익을 계산함에 있어서는 양도가액 및 필요경비를 수령하거나 지출한 날 현재 「외국환거래법」에 의한 기준환율 또는 재정환율에 의하여 계산한다.

⑤ 국외 주택 양도소득에 대하여 납부하였거나 납부할 국외 주택 양도소득세액은 해당 과세기간의 국외 주택 양도소득금액 계산상 필요경비에 산입할 수 있다.

98
상중하
국외자산과
국내자산 비교

다음은 국내자산양도와 국외자산양도에 대한 양도소득세 과세의 비교이다. 틀린 것은?

① 국내 소재 부동산임차권은 등기된 것에 한하여 과세대상이 되나, 국외 소재 부동산임차권은 등기여부와 관계없이 과세대상이 된다.

② 국외 소재 자산의 양도에 대한 물납규정은 적용되나 분납규정은 적용되지 않는다.

③ 국내 소재 자산의 양도차익은 원칙적으로 실지거래가액에 의하고 국외소재 자산의 양도차익도 실지거래가액을 원칙으로 한다.

④ 국외 소재 자산에 대해서는 장기보유특별공제는 적용하지 아니하고 양도소득기본공제는 적용한다.

⑤ 국내 소재 자산에 적용되는 미등기양도자산에 대한 세율은 국외 소재 자산에는 적용되지 않는다.

부록

제34회 기출문제

01 국세기본법령상 국세의 부과제척기간에 관한 설명으로 옳은 것은?

① 납세자가 「조세범 처벌법」에 따른 사기나 그 밖의 부정한 행위로 종합소득세를 포탈하는 경우(역외거래 제외) 그 국세를 부과할 수 있는 날부터 15년을 부과제척기간으로 한다.

② 지방국세청장은 「행정소송법」에 따른 소송에 대한 판결이 확정된 경우 그 판결이 확정된 날부터 2년이 지나기 전까지 경정이나 그 밖에 필요한 처분을 할 수 있다.

③ 세무서장은 「감사원법」에 따른 심사청구에 대한 결정에 의하여 명의대여 사실이 확인되는 경우에는 당초의 부과처분을 취소하고 그 결정이 확정된 날부터 1년 이내에 실제로 사업을 경영한 자에게 경정이나 그 밖에 필요한 처분을 할 수 있다.

④ 종합부동산세의 경우 부과제척기간의 기산일은 과세표준과 세액에 대한 신고기한의 다음 날이다.

⑤ 납세자가 법정신고기한까지 과세표준신고서를 제출하지 아니한 경우(역외거래 제외)에는 해당 국세를 부과할 수 있는 날부터 10년을 부과제척기간으로 한다.

02 국세 및 지방세의 연대납세의무에 관한 설명으로 옳은 것은?

① 공동주택의 공유물에 관계되는 지방자치단체의 징수금은 공유자가 연대하여 납부할 의무를 진다.

② 공동으로 소유한 자산에 대한 양도소득금액을 계산하는 경우에는 해당 자산을 공동으로 소유하는 공유자가 그 양도소득세를 연대하여 납부할 의무를 진다.

③ 공동사업에 관한 소득금액을 계산하는 경우(주된 공동사업자에게 합산과세되는 경우 제외)에는 해당 공동사업자가 그 종합소득세를 연대하여 납부할 의무를 진다.

④ 상속으로 인하여 단독주택을 상속인이 공동으로 취득하는 경우에는 상속인 각자가 상속받는 취득물건을 취득한 것으로 보고, 공동상속인이 그 취득세를 연대하여 납부할 의무를 진다.

⑤ 어느 연대납세의무자에 대하여 소멸시효가 완성된 때에도 다른 연대납세의무자의 납세의무에는 영향을 미치지 아니한다.

03 지방세법령상 취득세에 관한 설명으로 **틀린** 것은?

① 건축물 중 조작 설비에 속하는 부분으로서 그 주체구조부와 하나가 되어 건축물로서의 효용가치를 이루고 있는 것에 대하여는 주체구조부 취득자 외의 자가 가설한 경우에도 주체구조부의 취득자가 함께 취득한 것으로 본다.

② 「도시개발법」에 따른 환지방식에 의한 도시개발사업의 시행으로 토지의 지목이 사실상 변경됨으로써 그 가액이 증가한 경우에는 그 환지계획에 따라 공급되는 환지는 사업시행자가, 체비지 또는 보류지는 조합원이 각각 취득한 것으로 본다.

③ 경매를 통하여 배우자의 부동산을 취득하는 경우에는 유상으로 취득한 것으로 본다.

④ 형제자매인 증여자의 채무를 인수하는 부동산의 부담부증여의 경우에는 그 채무액에 상당하는 부분은 부동산을 유상으로 취득하는 것으로 본다.

⑤ 부동산의 승계취득은 「민법」 등 관계 법령에 따른 등기를 하지 아니한 경우라도 사실상 취득하면 취득한 것으로 보고 그 부동산의 양수인을 취득자로 한다.

04 지방세기본법령 및 지방세법령상 취득세 납세의무의 성립에 관한 설명으로 **틀린** 것은?

① 상속으로 인한 취득의 경우에는 상속개시일이 납세의무의 성립시기이다.

② 부동산의 증여계약으로 인한 취득에 있어서 소유권이전등기를 하지 않고 계약일부터 60일 이내에 공증받은 공정증서로 계약이 해제된 사실이 입증되는 경우에는 취득한 것으로 보지 않는다.

③ 유상승계취득의 경우 사실상의 잔금지급일을 확인할 수 있는 때에는 사실상의 잔금지급일이 납세의무의 성립시기이다.

④ 「민법」에 따른 이혼시 재산분할로 인한 부동산 취득의 경우에는 취득물건의 등기일이 납세의무의 성립시기이다.

⑤ 「도시 및 주거환경정비법」에 따른 재건축조합이 재건축사업을 하면서 조합원으로부터 취득하는 토지 중 조합원에게 귀속되지 아니하는 토지를 취득하는 경우에는 같은 법에 따른 준공인가 고시일의 다음 날이 납세의무의 성립시기이다.

05 종합부동산세법령상 주택의 과세표준 계산과 관련한 내용으로 **틀린** 것은? (단, 2023년 납세의무 성립분임)

① 대통령령으로 정하는 1세대 1주택자(공동명의 1주택자 제외)의 경우 주택에 대한 종합부동산세의 과세표준은 납세의무자별로 주택의 공시가격을 합산한 금액에서 12억원을 공제한 금액에 100분의 60을 곱한 금액으로 한다. 다만, 그 금액이 영보다 작은 경우에는 영으로 본다.

② 대통령령으로 정하는 다가구 임대주택으로서 임대기간, 주택의 수, 가격, 규모 등을 고려하여 대통령령으로 정하는 주택은 과세표준 합산의 대상이 되는 주택의 범위에 포함되지 아니하는 것으로 본다.

③ 1주택(주택의 부속토지만을 소유한 경우는 제외)과 다른 주택의 부속토지(주택의 건물과 부속토지의 소유자가 다른 경우의 그 부속토지)를 함께 소유하고 있는 경우는 1세대 1주택자로 본다.

④ 혼인으로 인한 1세대 2주택의 경우 납세의무자가 해당 연도 9월 16일부터 9월 30일까지 관할세무서장에게 합산배제를 신청하면 1세대 1주택자로 본다.

⑤ 2주택을 소유하여 1천분의 27의 세율이 적용되는 법인의 경우 주택에 대한 종합부동산세의 과세표준은 납세의무자별로 주택의 공시가격을 합산한 금액에서 0원을 공제한 금액에 100분의 60을 곱한 금액으로 한다. 다만, 그 금액이 영보다 작은 경우에는 영으로 본다.

06 종합부동산세법령상 종합부동산세의 부과·징수에 관한 내용으로 **틀린** 것은?

① 관할세무서장은 납부하여야 할 종합부동산세의 세액을 결정하여 해당 연도 12월 1일부터 12월 15일까지 부과·징수한다.

② 종합부동산세를 신고·납부방식으로 납부하고자 하는 납세의무자는 종합부동산세의 과세표준과 세액을 관할세무서장이 결정하기 전인 해당 연도 11월 16일부터 11월 30일까지 관할세무서장에게 신고하여야 한다.

③ 관할세무서장은 종합부동산세로 납부하여야 할 세액에 250만원을 초과하는 경우에는 대통령령으로 정하는 바에 따라 그 세액의 일부를 납부기한이 지난 날부터 6개월 이내에 분납하게 할 수 있다.

④ 관할세무서장은 납세의무자가 과세기준일 현재 1세대 1주택자가 아닌 경우 주택분 종합부동산세액의 납부유예를 허가할 수 없다.

⑤ 관할세무서장은 주택분 종합부동산세액의 납부가 유예된 납세의무자가 해당 주택을 타인에게 양도하거나 증여하는 경우에는 그 납부유예 허가를 취소하여야 한다.

07 지방세법령상 재산세의 표준세율에 관한 설명으로 **틀린** 것은? (단, 지방세관계법령상 감면 및 특례는 고려하지 않음)

① 법령에서 정하는 고급선박 및 고급오락장용 건축물의 경우 고급선박의 표준세율이 고급 오락장용 건축물의 표준세율보다 높다.

② 특별시 지역에서 「국토의 계획 및 이용에 관한 법률」과 그 밖의 관계 법령에 따라 지정 된 주거지역 및 해당 지방자치단체의 조례로 정하는 지역의 대통령령으로 정하는 공장 용 건축물의 표준세율은 과세표준의 1천분의 5이다.

③ 주택(법령으로 정하는 1세대 1주택 아님)의 경우 표준세율은 최저 1천분의 1에서 최고 1천분의 4까지 4단계 초과누진세율로 적용한다.

④ 항공기의 표준세율은 1천분의 3으로 법령에서 정하는 고급선박을 제외한 그 밖의 선박 의 표준세율과 동일하다.

⑤ 지방자치단체의 장은 특별한 재정수요나 재해 등의 발생으로 재산세의 세율 조정이 불 가피하다고 인정되는 경우 조례로 정하는 바에 따라 표준세율의 100분의 50의 범위에서 가감할 수 있다. 다만, 가감한 세율은 해당 연도를 포함하여 3년간 적용한다.

08 지방세법령상 재산세의 부과 · 징수에 관한 설명으로 **틀린** 것은?

① 주택에 대한 재산세의 경우 해당 연도에 부과 · 징수할 세액의 2분의 1은 매년 7월 16일 부터 7월 31일까지, 나머지 2분의 1은 9월 16일부터 9월 30일까지를 납기로 한다. 다만, 해당 연도에 부과할 세액이 20만원 이하인 경우에는 조례로 정하는 바에 따라 납기를 9월 16일부터 9월 30일까지로 하여 한꺼번에 부과 · 징수할 수 있다.

② 재산세는 관할 지방자치단체의 장이 세액을 산정하여 보통징수의 방법으로 부과 · 징수 한다.

③ 재산세를 징수하려면 토지, 건축물, 주택, 선박 및 항공기로 구분한 납세고지서에 과세표 준과 세액을 적어 늦어도 납기개시 5일 전까지 발급하여야 한다.

④ 재산세의 과세기준일은 매년 6월 1일로 한다.

⑤ 고지서 1장당 재산세로 징수할 세액이 2천원 미만인 경우에는 해당 재산세를 징수하지 아니한다.

09 지방세법령상 등록에 대한 등록면허세가 비과세되는 경우로 틀린 것은?

① 지방자치단체조합이 자기를 위하여 받는 등록

② 무덤과 이에 접속된 부속시설물의 부지로 사용되는 토지로서 지적공부상 지목이 묘지인 토지에 관한 등기

③ 회사의 정리 또는 특별청산에 관하여 법원의 촉탁으로 인한 등기(법인의 자본금 또는 출자금의 납입, 증자 및 출자전환에 따른 등기 제외)

④ 대한민국 정부기관의 등록에 대하여 과세하는 외국정부의 등록

⑤ 등기 담당 공무원의 착오로 인한 주소 등의 단순한 표시변경 등기

10 지방세법령상 등록에 대한 등록면허세에 관한 설명으로 틀린 것은? (단, 지방세관계법령상 감면 및 특례는 고려하지 않음)

① 같은 등록에 관계되는 재산이 둘 이상의 지방자치단체에 걸쳐 있어 등록면허세를 지방자치단체별로 부과할 수 없을 때에는 등록관청 소재지를 납세지로 한다.

② 지방자치단체의 장은 조례로 정하는 바에 따라 등록면허세의 세율을 부동산 등기에 따른 표준세율의 100분의 50의 범위에서 가감할 수 있다.

③ 주택의 토지와 건축물을 한꺼번에 평가하여 토지나 건축물에 대한 과세표준이 구분되지 아니하는 경우에는 한꺼번에 평가한 개별주택가격을 토지나 건축물의 가액비율로 나눈 금액을 각각 토지와 건축물의 과세표준으로 한다.

④ 부동산의 등록에 대한 등록면허세의 과세표준은 등록자가 신고한 당시의 가액으로 하고, 신고가 없거나 신고가액이 시가표준액보다 많은 경우에는 시가표준액으로 한다.

⑤ 채권자대위자는 납세의무자를 대위하여 부동산의 등기에 대한 등록면허세를 신고·납부할 수 있다.

11 주택임대사업자인 거주자 甲의 국내주택 임대현황(A, B, C 각 주택의 임대기간 : 2023.1.1.~ 2023.12.31.)을 참고하여 계산한 주택임대에 따른 2023년 귀속 사업소득의 총수입금액은? (단, 법령에 따른 적격증명서류를 수취·보관하고 있고, 기획재정부령으로 정하는 이자율은 연 4%로 가정하며 주어진 조건 이외에는 고려하지 않음)

구분 (주거전용면적)	보증금	월 세[1]	기준시가
A주택(85m²)	3억원	5십만원	5억원
B주택(40m²)	1억원	–	2억원
C주택(109m²)	5억원	1백만원	7억원

[1] 월세는 매월 수령하기로 약정한 금액임

① 0원 ② 16,800,000원 ③ 18,000,000원
④ 32,400,000원 ⑤ 54,000,000원

12 소득세법령상 양도소득세의 양도 또는 취득시기에 관한 내용으로 **틀린** 것은?
① 대금을 청산한 날이 분명하지 아니한 경우에는 등기부·등록부 또는 명부 등에 기재된 등기·등록접수일 또는 명의개서일
② 상속에 의하여 취득한 자산에 대하여는 그 상속이 개시된 날
③ 대금을 청산하기 전에 소유권이전등기를 한 경우에는 등기부에 기재된 등기접수일
④ 자기가 건설한 건축물로서 건축허가를 받지 아니하고 건축하는 건축물에 있어서는 그 사실상의 사용일
⑤ 완성되지 아니한 자산을 양도한 경우로서 해당 자산의 대금을 청산한 날까지 그 목적물이 완성되지 아니한 경우에는 해당 자산의 대금을 청산한 날

13 소득세법령상 거주자의 양도소득과세표준에 적용되는 세율에 관한 내용으로 **옳은** 것은? (단, 국내소재 자산을 2023년에 양도한 경우로서 주어진 자산 외에 다른 자산은 없으며, 비과세와 감면은 고려하지 않음)
① 보유기간이 6개월인 등기된 상가건물: 100분의 40
② 보유기간이 10개월인 「소득세법」에 따른 분양권: 100분의 70
③ 보유기간이 1년 6개월인 등기된 상가건물: 100분의 30
④ 보유기간이 1년 10개월인 「소득세법」에 따른 조합원입주권: 100분의 70
⑤ 보유기간이 2년 6개월인 「소득세법」에 따른 분양권: 100분의 50

14 소득세법령상 거주자의 양도소득세 과세대상은 모두 몇 개인가? (단, 국내소재 자산을 양도한 경우임)

> • 전세권
> • 등기되지 않은 부동산임차권
> • 사업에 사용하는 토지 및 건물과 함께 양도하는 영업권
> • 토지 및 건물과 함께 양도하는 「개발제한구역의 지정 및 관리에 관한 특별조치법」에 따른 이축권(해당 이축권의 가액을 대통령령으로 정하는 방법에 따라 별도로 평가하여 신고함)

① 0개   ② 1개   ③ 2개
④ 3개   ⑤ 4개

15 소득세법령상 거주자의 양도소득세 비과세에 관한 설명으로 틀린 것은? (단, 국내소재 자산을 양도한 경우임)

① 파산선고에 의한 처분으로 발생하는 소득은 비과세된다.

② 「지적재조사에 관한 특별법」에 따른 경계의 확정으로 지적공부상의 면적이 감소되어 같은 법에 따라 지급받는 조정금은 비과세된다.

③ 건설사업자가 「도시개발법」에 따라 공사용역 대가로 취득한 체비지를 토지구획환지처분공고 전에 양도하는 토지는 양도소득세 비과세가 배제되는 미등기양도자산에 해당하지 않는다.

④ 「도시개발법」에 따른 도시개발사업이 종료되지 아니하여 토지 취득등기를 하지 아니하고 양도하는 토지는 양도소득세 비과세가 배제되는 미등기양도자산에 해당하지 않는다.

⑤ 국가가 소유하는 토지와 분합하는 농지로서 분합하는 쌍방 토지가액의 차액이 가액이 큰 편의 4분의 1을 초과하는 경우 분합으로 발생하는 소득은 비과세된다.

16 소득세법령상 1세대 1주택자인 거주자 甲이 2023년 양도한 국내소재 A주택(조정대상지역이 아니며 등기됨)에 대한 양도소득과세표준은? (단, 2023년에 A주택 외 양도한 자산은 없으며, 법령에 따른 적격증명서류를 수취·보관하고 있고 주어진 조건 이외에는 고려하지 않음)

구 분	기준시가	실지거래가액
양도시	18억원	25억원
취득시	13억5천만원	19억5천만원
추가사항	• 양도비 및 자본적지출액 : 5천만원 • 보유기간 및 거주기간 : 각각 5년 • 장기보유특별공제율 : 보유기간별 공제율과 거주기간별 공제율은 각각 20%	

① 153,500,000원   ② 156,000,000원   ③ 195,500,000원
④ 260,000,000원   ⑤ 500,000,000원

Answer

01 ③	02 ④	03 ②	04 ③, ⑤	05 ④	06 ②	07 ⑤	08 ①	09 ④	10 ④
11 ③	12 ⑤	13 ②	14 ③	15 ⑤	16 ①				

방송
시간표

방송대학 TV

▶ 기본이론 방송
▶ 문제풀이 방송
▶ 모의고사 방송

※ 본 방송기간 및 방송시간은 사정에
  의해 변동될 수 있습니다.

TV방송 편성표

기본이론 방송(1강 30분, 총 75강)

순서	날짜	요일	과목	순서	날짜	요일	과목
1	1. 15	월	부동산학개론 1강	39	4. 10	수	부동산공시법령 7강
2	1. 16	화	민법·민사특별법 1강	40	4. 15	월	부동산세법 5강
3	1. 17	수	공인중개사법·중개실무 1강	41	4. 16	화	부동산학개론 8강
4	1. 22	월	부동산공법 1강	42	4. 17	수	민법·민사특별법 8강
5	1. 23	화	부동산공시법령 1강	43	4. 22	월	공인중개사법·중개실무 8강
6	1. 24	수	부동산학개론 2강	44	4. 23	화	부동산공법 8강
7	1. 29	월	민법·민사특별법 2강	45	4. 24	수	부동산공시법령 8강
8	1. 30	화	공인중개사법·중개실무 2강	46	4. 29	월	부동산세법 6강
9	1. 31	수	부동산공법 2강	47	4. 30	화	부동산학개론 9강
10	2. 5	월	부동산공시법령 2강	48	5. 1	수	민법·민사특별법 9강
11	2. 6	화	부동산학개론 3강	49	5. 6	월	공인중개사법·중개실무 9강
12	2. 7	수	민법·민사특별법 3강	50	5. 7	화	부동산공법 9강
13	2. 12	월	공인중개사법·중개실무 3강	51	5. 8	수	부동산공시법령 9강
14	2. 13	화	부동산공법 3강	52	5. 13	월	부동산세법 7강
15	2. 14	수	부동산공시법령 3강	53	5. 14	화	부동산학개론 10강
16	2. 19	월	부동산세법 1강	54	5. 15	수	민법·민사특별법 10강
17	2. 20	화	부동산학개론 4강	55	5. 20	월	공인중개사법·중개실무 10강
18	2. 21	수	민법·민사특별법 4강	56	5. 21	화	부동산공법 10강
19	2. 26	월	공인중개사법·중개실무 4강	57	5. 22	수	부동산공시법령 10강
20	2. 27	화	부동산공법 4강	58	5. 27	월	부동산세법 8강
21	2. 28	수	부동산공시법령 4강	59	5. 28	화	부동산학개론 11강
22	3. 4	월	부동산세법 2강	60	5. 29	수	민법·민사특별법 11강
23	3. 5	화	부동산학개론 5강	61	6. 3	월	부동산공법 11강
24	3. 6	수	민법·민사특별법 5강	62	6. 4	화	부동산세법 9강
25	3. 11	월	공인중개사법·중개실무 5강	63	6. 5	수	부동산학개론 12강
26	3. 12	화	부동산공법 5강	64	6. 10	월	민법·민사특별법 12강
27	3. 13	수	부동산공시법령 5강	65	6. 11	화	부동산공법 12강
28	3. 18	월	부동산세법 3강	66	6. 12	수	부동산세법 10강
29	3. 19	화	부동산학개론 6강	67	6. 17	월	부동산학개론 13강
30	3. 20	수	민법·민사특별법 6강	68	6. 18	화	민법·민사특별법 13강
31	3. 25	월	공인중개사법·중개실무 6강	69	6. 19	수	부동산공법 13강
32	3. 26	화	부동산공법 6강	70	6. 24	월	부동산학개론 14강
33	3. 27	수	부동산공시법령 6강	71	6. 25	화	민법·민사특별법 14강
34	4. 1	월	부동산세법 4강	72	6. 26	수	부동산공법 14강
35	4. 2	화	부동산학개론 7강	73	7. 1	월	부동산학개론 15강
36	4. 3	수	민법·민사특별법 7강	74	7. 2	화	민법·민사특별법 15강
37	4. 8	월	공인중개사법·중개실무 7강	75	7. 3	수	부동산공법 15강
38	4. 9	화	부동산공법 7강				

과목별 강의 수	부동산학개론: 15강 / 민법·민사특별법: 15강 공인중개사법·중개실무: 10강 / 부동산공법: 15강 / 부동산공시법령: 10강 / 부동산세법: 10강

TV방송 편성표

문제풀이 방송(1강 30분, 총 21강)

순서	날짜	요일	과목	순서	날짜	요일	과목
1	7. 8	월	부동산학개론 1강	12	7. 31	수	부동산세법 2강
2	7. 9	화	민법·민사특별법 1강	13	8. 5	월	부동산학개론 3강
3	7. 10	수	공인중개사법·중개실무 1강	14	8. 6	화	민법·민사특별법 3강
4	7. 15	월	부동산공법 1강	15	8. 7	수	공인중개사법·중개실무 3강
5	7. 16	화	부동산공시법령 1강	16	8. 12	월	부동산공법 3강
6	7. 17	수	부동산세법 1강	17	8. 13	화	부동산공시법령 3강
7	7. 22	월	부동산학개론 2강	18	8. 14	수	부동산세법 3강
8	7. 23	화	민법·민사특별법 2강	19	8. 19	월	부동산학개론 4강
9	7. 24	수	공인중개사법·중개실무 2강	20	8. 20	화	민법·민사특별법 4강
10	7. 29	월	부동산공법 2강	21	8. 21	수	부동산공법 4강
11	7. 30	화	부동산공시법령 2강				

과목별 강의 수	부동산학개론: 4강 / 민법·민사특별법: 4강 공인중개사법·중개실무: 3강 / 부동산공법: 4강 / 부동산공시법령: 3강 / 부동산세법: 3강

모의고사 방송(1강 30분, 총 18강)

순서	날짜	요일	과목	순서	날짜	요일	과목
1	8. 26	월	부동산학개론 1강	10	9. 16	월	부동산공법 2강
2	8. 27	화	민법·민사특별법 1강	11	9. 17	화	부동산공시법령 2강
3	8. 28	수	공인중개사법·중개실무 1강	12	9. 18	수	부동산세법 2강
4	9. 2	월	부동산공법 1강	13	9. 23	월	부동산학개론 3강
5	9. 3	화	부동산공시법령 1강	14	9. 24	화	민법·민사특별법 3강
6	9. 4	수	부동산세법 1강	15	9. 25	수	공인중개사법·중개실무 3강
7	9. 9	월	부동산학개론 2강	16	9. 30	월	부동산공법 3강
8	9. 10	화	민법·민사특별법 2강	17	10. 1	화	부동산공시법령 3강
9	9. 11	수	공인중개사법·중개실무 2강	18	10. 2	수	부동산세법 3강

과목별 강의 수	부동산학개론: 3강 / 민법·민사특별법: 3강 공인중개사법·중개실무: 3강 / 부동산공법: 3강 / 부동산공시법령: 3강 / 부동산세법: 3강

연구 집필위원

| 이 혁 | 정석진 | 하헌진 | 이태호 | 이기명 |
| 이준호 | 김인삼 | 유상순 | 김성래 | 김형섭 |

제35회 공인중개사 시험대비 **전면개정판**

2024 박문각 공인중개사
합격예상문제 **2차** 부동산세법

초판인쇄 | 2024. 4. 1. **초판발행** | 2024. 4. 5. **편저** | 박문각 부동산교육연구소
발행인 | 박 용 **발행처** | (주)박문각출판 **등록** | 2015년 4월 29일 제2015-000104호
주소 | 06654 서울시 서초구 효령로 283 서경 B/D 4층 **팩스** | (02)584-2927
전화 | 교재 주문 (02)6466-7202, 동영상문의 (02)6466-7201

판 권
본 사
소 유

정가 26,000원
ISBN 979-11-6987-926-2 | ISBN 979-11-6987-922-4(2차 세트)

박문각 출판 홈페이지에서
공인중개사 정오표를 활용하세요!

보다 빠르고, 편리하게 법령의 제·개정 내용을 확인하실 수 있습니다.

[클릭]

박문각 공인중개사 정오표의 장점	✅ 공인중개사 1회부터 함께한 박문각 공인중개사 전문 교수진의 철저한 제·개정 법령 감수
	✅ 과목별 정오표 업데이트 서비스 실시! (해당 연도 시험 전까지)
	✅ 박문각 공인중개사 온라인 "교수학습 Q&A"에서 박문각 공인중개사 교수진에게 직접 문의·답변

박문각 공인중개사

2024 합격 로드맵

합격을 향한 가장 확실한 선택

박문각 공인중개사 수험서 시리즈는 공인중개사 합격을 위한 가장 확실한 선택입니다.

---

01 기초입문 과정

합격을 향해
기초부터 차근차근!

—
기초입문서 총 2권

합격 자신감 UP! 합격지원 플러스 교재

합격설명서 | 민법 판례 | 핵심용어집 | 기출문제해설

---

02 기본이론 과정

기본 개념을
체계적으로 탄탄하게!

—
기본서 총 6권

---

03 기출문제풀이 과정

기출문제 풀이로
출제경향 체크!

—
핵심기출문제 총 2권
회차별 기출문제집 총 2권
저자기출문제

| 핵심기출문제 | 회차별 기출문제집 | 저자기출문제 |

제35회 공인중개사 시험대비 **전면개정판**

방송대학TV 무료강의 첫방송 2024. 7. 8(월) 오전 7시

박문각 공인중개사

합격예상문제 2차
부동산세법
정답해설집

박문각 부동산교육연구소 편

브랜드만족
1위
박문각

근거자료
후면표기

2024

동영상강의
www.pmg.co.kr

합격까지 박문각
합격 노하우가 다르다!

박문각

박문각 공인중개사

성공을 위한 가장 확실한 선택

박문각은 1972년부터의 노하우와 교육에 대한 끊임없는 열정으로 공인중개사 합격의 기준을 제시하며
경매 및 중개실무 연계교육과 합격자 네트워크를 통해 공인중개사 합격자들의 성공을 보장합니다.

01

공인중개사의 시작 박문각

공인중개사 시험이 도입된 제1회부터
제34회 시험까지 수험생들의 합격을
이끌어 온 대한민국 유일의 교육기업입니다.

02

오랜시간 축적된 데이터

1회부터 지금까지 축적된 방대한 데이터로
박문각 공인중개사는 빠른 합격 & 최다
합격률을 자랑합니다.

03

업계 최고&최다 교수진 보유

공인중개사 업계 최다 교수진이
최고의 강의로 수험생 여러분의
합격을 위해 끊임없이 연구하고 있습니다.

04

전국 학원 수 규모 1위

전국 30여 개 학원을 보유하고 있는
박문각 공인중개사는 업계 최대 규모로서
전국 학원 수 규모 1위 입니다.

박문각 공인중개사

제35회 공인중개사 시험대비 **전면개정판**

박문각 공인중개사

합격예상문제 2차
부동산세법
정답해설집

박문각 부동산교육연구소 편

브랜드만족
1위
박문각

근거자료
후면표기

2024

동영상강의
www.pmg.co.kr

합격까지 박문각
합격 노하우가 다르다!

박문각

CONTENTS

이 책의 차례

조세총론

Answer

01 ②	02 ④	03 ②	04 ①	05 ③	06 ②	07 ②	08 ④	09 ⑤	10 ①
11 ①	12 ①	13 ①	14 ④	15 ⑤	16 ③	17 ④	18 ①	19 ⑤	20 ①
21 ④	22 ②	23 ②	24 ⑤	25 ④	26 ②	27 ③	28 ⑤	29 ⑤	30 ③
31 ③	32 ①	33 ③	34 ④	35 ④	36 ⑤	37 ③	38 ⑤	39 ②	40 ①
41 ⑤	42 ②								

01 ① 재산세 납부세액이 400만원인 경우, 100만원은 납부기한이 지난 날부터 3개월 이내에 분납할 수 있다.
③ 종합부동산세 납부세액이 400만원인 경우, 최대 150만원을 납부기한이 지난 날부터 6개월 이내에 분납할 수 있다.
④ 종합부동산세 납부세액이 700만원인 경우, 최대 350만원을 납부기한이 지난 날부터 6개월 이내에 분납할 수 있다.
⑤ 양도소득세 납부세액 1천600만원인 경우 최대 600만원을 분할납부할 수 있다.

02 ⓒ 재산세 도시지역분: 물납 ○, 분납 ○
㉠ 재산세에 부과되는 지방교육세: 물납 ×, 분납 ○
ⓒ 취득세: 물납 ×, 분납 ×
㉣ 종합부동산세: 물납, × 분납 ○
㉥ 소방분에 대한 지역자원시설세: 물납 ×, 분납 ○

03 ⓒ 종합부동산세: 국세 + 보유 관련 조세
㉠ 재산세: 지방세 + 보유 관련 조세
ⓒ 등록면허세: 지방세 + 취득 관련 조세
㉣ 지방교육세: 지방세 + 보유 관련 조세
㉥ 양도소득세: 국세 + 양도 관련 조세

04 ① 소방분에 대한 지역자원시설세는 재산세 병기고지 세목으로 보유와 관련된 조세이다.

05 ③ 종합소득세: 보유와 양도단계에 부과되는 조세
① 지방교육세: 취득과 보유단계에 부과되는 조세
② 취득세: 취득단계에 부과되는 조세
④ 농어촌특별세: 취득·보유·양도단계에 부과되는 조세
⑤ 등록에 대한 등록면허세: 취득단계에 부과되는 조세

06 ① 재산세 : 보유단계 조세
③ 인지세 : 취득과 양도단계 조세
④ 농어촌특별세 : 취득 · 보유 · 양도단계 조세
⑤ 부가가치세 : 취득 · 보유 · 양도단계 조세

07 ② 등록면허세는 종가세와 종량세(말소등기 등 : 건수를 과세표준으로 한다) 구조로 되어 있다.

08 1. **국세의 목적세** : 교육세, 교통에너지환경세, 농어촌특별세
2. **지방세의 목적세** : 지역자원시설세, 지방교육세
3. **부가세** : 농어촌특별세, 지방교육세

09 ⑤ 취득세 − 지방세, 등록면허세 − 지방세, 재산세 − 지방세
① 취득세 − 지방세, 상속세 − 국세, 증여세 − 국세
② 종합부동산세 − 국세, 증여세 − 국세, 취득세 − 지방세
③ 등록면허세 − 지방세, 소득세 − 국세, 부가가치세 − 국세
④ 소득세 − 국세, 상속세 − 국세, 재산세 − 지방세

10 ① 해당 국세를 감면하는 경우에는 가산세는 그 감면대상에 포함시키지 않는다.

11 ② 무신고가산세(사기나 그 밖의 부정한 행위로 인한 경우) : 무신고납부세액의 100분의 40에 상당하는 금액
③ 과소신고가산세(사기나 그 밖의 부정한 행위로 인하지 않은 경우) : 과소신고납부세액 등의 100분의 10에 상당하는 금액
④ 과소신고가산세(사기나 그 밖의 부정한 행위로 인한 경우) : 부정과소신고납부세액 등의 100분의 40에 상당하는 금액
⑤ 납부지연가산세 : 납부하지 아니한 세액의 1일 10만분의 22

12 ① ㉡, ㉣, ㉤
㉡ 종합부동산세 : 누진세율과 비례세율(법인소유 주택의 경우)
㉣ 재산세 : 비례세율과 누진세율(별도합산대상토지와 종합합산대상토지, 주택)
㉤ 양도소득세 : 누진세율과 비례세율
㉠, ㉢ 취득세와 등록면허세 : 비례세율

13 ② 등록면허세 : 지방교육세 20%
③ 재산세 : 지방교육세 20%
④ 종합부동산세 : 농어촌특별세 20%
⑤ 양도소득세 : 납부세액에는 부가세를 부과하지 않는다(지방소득세는 부가세가 아니라 독립세이다).

14 ④ ㄷ, ㄹ, ㅁ
㉠ 소득세: 과세기간이 끝나는 때(매년 12월 31일)
㉡ 농어촌특별세: 본세의 납세의무가 성립하는 때

15 ① 소득세: 과세기간이 끝나는 때
② 예정신고납부하는 소득세: 과세표준이 되는 금액이 발생한 달의 말일
③ 상속세: 상속이 개시되는 때
④ 종합부동산세: 과세기준일(매년 6월 1일)

16 ③ 소방분에 대한 지역자원시설세: 과세기준일(매년 6월 1일)

17 ④ 중간예납하는 소득세: 중간예납기간이 끝나는 때(6월 30일)

18 ① 종합부동산세는 정부부과를 원칙으로 하고 예외적으로 납세자가 선택하는 경우 신고·납부할 수 있다. 이 경우 정부의 결정은 없었던 것으로 보고 무신고가산세는 부과되지 않지만 과소신고가산세는 부과될 수 있다.

19 ① 취득세: 신고할 때 확정되는 지방세
② 등록에 대한 등록면허세: 신고할 때 확정되는 지방세
③ 양도소득세: 신고할 때 확정되는 국세
④ 종합부동산세: 정부가 결정하는 때 확정되는 국세

20 ② 소득세는 과세기간이 끝나는 때 납세의무가 성립한다.
③ 취득세는 과세물건을 취득하는 때 납세의무가 성립하고, 납세의무자가 신고하는 때 납세의무가 확정되는 조세이다.
④ 등록면허세는 신고납부 조세로 신고할 때 납세의무가 확정되고, 신고를 하지 아니한 경우 지방자치단체가 과세표준과 세액을 결정하는 때에 확정된다.
⑤ 재산세는 과세기준일에 납세의무가 성립하고, 과세권자가 결정하는 때에 확정된다.

21 ④ 납세자의 사망, 부과철회, 법인합병 등은 소멸사유가 아니다.

22 ② 시효 정지사유: 분납기간, 징수유예기간, 연부연납기간, 체납처분유예기간, 체납자가 국외에 6개월 이상 계속하여 체류하는 경우 해당 국외 체류기간

23 ② 납세자에게 부정행위가 없으며 특례제척기간에 해당하지 않는 재산세의 제척기간은 5년이다.

24 ⑤ ㉠ 7년, ㉡ 10년, ㉢ 10년, ㉣ 10년

25 ④ 과세표준과 세액이 신고에 의하여 납세의무가 확정되는 조세의 경우 그 신고일이 법정기일이다.

26 ② 소득세는 과세기간이 끝나는 때 납세의무가 성립하고, 원칙적으로 납세의무자가 과세표준과 세액을 다음 연도 5월 1일부터 5월 31일까지 주소지 관할 세무서에 신고하는 때에 확정된다.

27 ① 등록에 대한 등록면허세는 재산권 그 밖의 권리를 등기 또는 등록을 하는 때 납세의무가 성립하고, 납세의무자의 신고가 있는 경우 신고할 때 확정되며 신고를 하지 아니한 경우 지방자치단체가 과세표준과 세액을 결정하는 때 확정된다.
② 종합부동산세는 원칙적으로 과세기준일에 납세의무가 성립하고, 과세권자가 결정하는 때 납세의무가 확정된다.
④ 재산세는 과세기준일에 납세의무가 성립되며, 납세의무자가 과세권자가 결정하는 때 납세의무가 확정된다.
⑤ 중간예납하는 소득세는 중간예납하는 기간이 끝나는 때 납세의무가 성립하고, 신고하는 때 납세의무가 확정된다.

28 ⑤ 법인합병은 납부할 의무 소멸사유가 아니다.
❶ **소멸사유 제외**
납세자의 사망, 부과철회, 법인합병 등

29 ⑤ 조세 상호 간의 우선순위를 다툴 때에는 담보있는 국세, 압류한 국세, 교부청구한 국세의 순서로 징수한다.

30 ③ 지방교육세는 재산세나 자동차세에 부가되는 경우에만 우선하는 조세이다. 따라서 취득세에 부가되는 지방교육세는 우선하지 못한다.

31 ③ 조세의 법정기일 전에 설정된 담보채권보다 그 재산에 대하여 부과된 조세는 항상 담보채권보다 우선하여 징수한다.
1. **국세**: 상속세, 증여세, 종합부동산세
2. **지방세**: 재산세, 자동차세, 소방분지역자원시설세, 지방교육세(재산세와 자동차세에 부가되는 지방교육세만 해당)
3. 경매·공매시 해당 재산에 부과된 상속세, 증여세 및 종합부동산세와 재산세 등의 법정기일이 주택에 대한 전세권이나 임차인의 확정일자보다 늦은 경우 그 배분 예정액에 한하여 주택임차보증금에 먼저 배분할 수 있도록 한다.

32 ① 취득세, 등록면허세, 양도소득세는 그 재산에 부과되는 조세에 해당하지 아니한다.

33 ③ 지방세에 관한 불복시 불복청구인은 심판청구를 거치지 않고 행정소송을 제기할 수 없다.

34 ① 이의신청을 하려면 그 처분이 있은 것을 안 날(처분의 통지를 받았을 때에는 그 통지를 받은 날)부터 90일 이내에 하여야 한다.
② 이의신청을 거친 후에 심판청구를 할 때에는 이의신청에 대한 결정 통지를 받은 날부터 90일 이내에 하여야 한다.
③ 이의신청을 거치지 아니하고 바로 심판청구를 할 때에는 그 처분이 있은 것을 안 날(처분의 통지를 받았을 때에는 그 통지를 받은 날)부터 90일 이내에 하여야 한다.
⑤ 이의신청, 심판청구는 그 처분의 집행에 효력이 미치지 아니한다. 다만, 압류한 재산에 대하여는 이의신청, 심판청구의 결정처분이 있는 날부터 30일까지 공매처분을 보류할 수 있다.

35 ④ 서류를 송달할 장소에서 송달을 받을 자가 정당한 사유 없이 그 수령을 거부한 경우에는 송달할 장소에 서류를 둘 수 있다(유치송달 사유에 해당한다).

36 ⑤ 공시송달의 경우 서류의 주요 내용을 공고한 날부터 14일이 지나면 서류의 송달이 된 것으로 본다.

37 ③ 전자송달은 서류의 송달을 받아야 할 자가 신청하는 경우에만 할 수 있다.

38 ⑤ 종합부동산세와 재산세의 과세기준일은 매년 6월 1일이다.

39 ① 취득세 납세의무가 있는 법인이 장부 등의 작성과 보존의무를 이행하지 아니한 경우에는 산출된 세액 또는 부족세액의 100분의 10에 상당하는 금액을 징수하여야 할 세액에 가산한다.
③ 등록면허세의 신고의무를 다하지 아니하고 등기를 하기 전까지 납부를 한 경우에는 신고를 하고 납부한 것으로 보아 무신고가산세를 부과하지 아니한다.
④ 양도소득세 예정신고기한 내에 신고를 하지 아니한 경우 가산세를 부과한다.
⑤ 거주자가 건물을 신축하고 그 신축한 건물의 취득일로부터 5년 이내에 해당 건물을 양도하는 경우로서 환산취득가액을 취득가액으로 하는 경우에는 그 환산취득가액의 100분의 5에 해당하는 금액을 양도소득 결정세액에 더한다.

40 ① 주택의 경우 토지와 건축물을 구분하여 과세하지 아니하고 주택분 재산세액의 1/2은 7월 16일부터 7월 31일까지, 나머지 1/2은 9월 16일부터 9월 30일까지 납부하여야 한다.

41 ⓛ 납세의무자란 세법에 의하여 지방세를 납부할 의무가 있는 자를 말한다. 그러므로 지방세를 징수하여 납부할 의무를 지는 특별징수의무자는 납세의무자의 범위에 포함하지 않는다.
ⓗ 지방자치단체 징수금이란 지방세와 체납처분비를 말한다.

42 ② 납세지는 과세요건에 해당하지 아니한다.

제1장 | **취득세**

Answer

01 ②	02 ⑤	03 ⑤	04 ①	05 ⑤	06 ②	07 ③	08 ①	09 ②	10 ④
11 ①	12 ④	13 ④	14 ⑤	15 ①	16 ④	17 ④	18 ⑤	19 ③	20 ④
21 ⑤	22 ②	23 ②	24 ③	25 ⑤	26 ④	27 ⑤	28 ②	29 ①	30 ①
31 ④	32 ⑤	33 ④	34 ③	35 ④	36 ⑤	37 ③	38 ③	39 ③	40 ②
41 ④	42 ②	43 ④	44 ②	45 ②	46 ③	47 ②	48 ④	49 ⑤	50 ③
51 ④	52 ⑤	53 ③	54 ①	55 ⑤	56 ①	57 ③	58 ⑤	59 ①	60 ⑤
61 ④	62 ③	63 ⑤	64 ③	65 ⑤	66 ④	67 ④	68 ③	69 ③	70 ①
71 ③									

01 ② 8개

ㄱ 보통세, ㄴ 중과기준세율, ㄹ 종가세, ㅂ 표준세율, ㅅ 중가산세, ㅇ 신고납부, ㅈ 면세점, ㅌ 차등비례세율

02 ⑤ 취득세는 취득세 과세물건을 취득하는 때 납세의무가 성립되는 조세이다.

03 ⑤ 토지를 유상으로 취득한 후 등기를 하지 아니하고 취득일로부터 60일 이내 계약이 해제된 사실이 공정증서 등으로 입증되는 경우 취득으로 보지 아니한다.

04 ① 차량을 원시취득한 경우 취득세를 과세하지 아니하고 승계취득의 경우 과세한다.

05 ⑤ 등기된 부동산임차권의 경우 양도소득세 과세대상이고 취득세 과세대상이 아니다.

06 ② 3개

ㄷ 주문에 의하여 건조하는 선박은 원시취득으로 과세하지 아니한다.
ㄹ 비상장법인의 주주가 주식을 취득함으로써 설립 당시 과점주주 된 경우에는 과세하지 아니한다.
ㅁ 분양권은 취득세 과세대상이 아니다.

07 ③ 비상장 법인 설립시에 발행하는 주식을 취득함으로써 과점주주가 된 때에는 취득으로 보지 아니한다.

08 ① 상속회복청구의 소에 의한 법원의 확정판결에 의하여 특정 상속인이 당초 상속분을 초과하여 취득하게 되는 재산가액이라도 증여받아 취득한 것으로 보지 않는다.

09 ② 토지나 건축물의 경우 승계취득·원시취득·간주취득 모두 납세의무가 있다.

10 ④ 직계비속이 권리의 이전에 등기가 필요한 직계존속의 부동산을 서로 교환한 경우 유상으로 취득한 것을 본다.

▪▪ 유상(파경대교)으로 취득한 것으로 보는 경우

> 1. 공매(경매 포함)를 통하여 부동산을 취득한 경우
> 2. 파산선고로 인하여 처분되는 부동산 등을 취득한 경우
> 3. 권리의 이전이나 행사에 등기·등록이 필요한 부동산 등을 서로 교환하는 경우
> 4. 해당 부동산 등의 취득을 위하여 그 대가를 지급한 사실이 다음의 어느 하나에 의하여 증명한 경우
>   ① 그 대가를 지급하기 위한 취득자의 소득이 증명되는 경우
>   ② 소유재산을 처분 또는 담보한 금액으로 해당 부동산을 취득한 경우
>   ③ 이미 상속세 또는 증여세를 과세 받았거나 신고한 경우로서 그 상속 또는 수증 재산의 가액으로 그 대가를 지급한 경우
>   ④ ①부터 ④까지에 준하는 것으로서 취득자의 재산으로 그 대가를 지급한 사실이 입증되는 경우

11 ① 「공간정보의 구축 및 관리 등에 관한 법률」 제67조에 따른 대(垈) 중 「국토의 계획 및 이용에 관한 법률」 등 관계 법령에 따른 택지공사가 준공된 토지에 정원 또는 부속시설물 등을 조성·설치하는 경우에는 그 정원 또는 부속시설물 등은 토지에 포함되는 것으로서 토지의 지목을 사실상 변경하는 것으로 보아 토지의 소유자가 취득한 것으로 본다.

12 ④ 법인설립시에 60%의 지분을 취득한 주주가 설립일 이후에 20%를 추가로 취득하여 지분율이 80%가 된 경우 과세표준 계산시 적용될 지분율은 20%이다.

13 ④ 다른 주주의 주식이 감자됨으로써 비상장법인의 지분비율이 증가한 경우에 취득세 납세의무가 없다.

14 ⑤ 60%(1월 5일) ⇨ 50%(5월 1일) ⇨ 55%(10월 27일)
재차 과점주주(55%)는 이전 과점주주 지분(60%)보다 지분이 증가한 경우 증가한 지분만큼 취득으로 보는데 지분증가가 없기 때문에 납세의무가 없다.

15 ① 설립 당시 과점주주는 과세하지 않는다.

16 ④ 법인설립시 60%의 주식을 가진 주주가 15%의 주식을 양도하여 총 45%의 주식을 소유하던 중 추가로 10%의 주식을 취득하여 총 55%의 주식을 소유한 경우 재차 과점주주로 이전 과점주주 지분보다 증가한 경우에만 취득으로 간주하기 때문에 지분증가가 없기 때문에 납세의무가 없다.

17 ④ 이미 과점주주가 된 주주가 해당 법인의 주식을 취득하여 과점주주의 주식비율이 증가된 경우 증가된 후의 주식비율이 해당 과점주주가 이전에 가지고 있던 주식의 최고비율보다 증가되지 아니한 경우에는 취득세를 부과하지 아니한다.

18 ⑤ 무상취득의 경우 해당 취득물건을 등기·등록하지 않고 화해조서·인낙조서(해당 조서에서 취득일이 속한 달의 말일부터 3개월 이내에 계약이 해제된 사실이 입증되는 경우만 해당한다)에 해당하는 서류로 계약이 해제된 사실이 입증되는 경우에는 취득한 것으로 보지 않는다.

19 ③ 「도시 및 주거환경정비법」 제35조 제3항에 따른 재건축조합이 재건축사업을 하면서 조합원으로부터 취득하는 토지 중 조합원에게 귀속되지 아니하는 토지를 취득하는 경우에는 「도시 및 주거환경정비법」 제86조 제2항에 따른 소유권이전 고시일의 다음 날에 그 토지를 취득한 것으로 본다.

20 ④ 유상승계취득의 경우 신고인이 사실상의 잔금지급일을 확인할 수 있는 자료를 제출하지 않은 경우에는 계약상 잔금지급일을 취득일로 보고, 계약상 잔금지급일이 명시되지 아니한 경우에는 계약일로부터 60일이 경과한 날을 취득일로 본다.

21 ⑤ 관계 법령에 따라 매립으로 토지를 원시취득하는 경우: 공사준공인가일

22 ② 유상승계 취득의 경우 사실상 잔금지급일과 등기일 중 빠른 날을 취득일로 본다. 따라서 甲의 경우 사실상 잔금지급일이 취득일이고, 乙의 경우 등기일을 취득일로 본다.

23 ② 「민법」 제245조에 따른 점유로 인한 취득의 경우에는 등기일 또는 등록일을 취득일로 본다.

24 ③ 건축물을 건축 또는 개수하여 취득하는 경우 사용승인서를 내주기 전에 임시사용승인을 받은 경우에는 그 임시사용승인일과 사실상의 사용일 중 빠른 날을 취득일로 본다.

25 ⑤ 「민법」 제839조의2 및 제843조에 따른 재산분할로 인한 취득의 경우에는 취득물건의 등기일 또는 등록일을 취득일로 본다.

26 ④ 부동산 등을 원시취득하는 경우 취득당시가액은 사실상 취득가격으로 한다. 다만, 법인이 아닌 자가 건축물을 건축하여 취득하는 경우로서 사실상 취득가격을 확인할 수 없는 경우의 취득당시가액은 시가표준액으로 한다.

27 ⑤ 상속에 따른 무상취득의 경우 취득당시가액은 시가표준액으로 한다.

28 ② 토지를 매립 간척한 경우 취득당시가액은 사실상 취득가격으로 한다.

29 ① "매매사례가액, 감정가액, 공매가액 등 대통령령으로 정하는 바에 따라 시가로 인정되는 가액(시가인정액)"이란 취득일 전 6개월부터 취득일 후 3개월 이내의 기간(평가기간)에 취득 대상이 된 부동산 등에 대하여 매매, 감정, 경매(「민사집행법」에 따른 경매를 말한다) 또는 공매한 사실이 있는 경우의 가액을 말한다.

30 ① ⊙은 옳은 지문이다.
ⓒ 건축물의 시가표준액은 소득세법령에 따라 매년 1회 국세청장이 산정, 고시하는 건물신축가격기준액에 행정안전부장관이 정한 기준을 적용하여 지방자치단체장이 결정한 가액으로 한다.
ⓒ 공동주택의 시가표준액은 공동주택가격이 공시되지 아니한 경우에는 지역별·단지별·면적별·층별 특성 및 거래가격을 고려하여 행정안전부장관이 정하는 기준에 따라 특별자치시장, 특별자치도지사, 시장, 군수, 구청장이 산정한 가액으로 한다.

31 ④ ⓒ, ⓔ
⊙ 건설자금에 충당한 차입금의 이자 또는 이와 유사한 금융비용 : 법인만 포함
ⓒ 할부 또는 연부계약에 따른 이자상당액 및 연체료 : 법인만 포함
ⓜ 「공인중개사법」에 따른 공인중개사에게 지급한 중개보수 : 법인만 포함

32 ⑤ 부가가치세는 취득가격에 포함하지 아니한다.

33 ④ 중개보수는 개인의 경우에는 포함하지 않고 법인의 경우에만 포함한다.
∴ 취득가액(5억원) + 채무인수액(1천만원) + 채권매각차손(1백만원) = 511,000,000원

34 ③ 부가가치세는 취득가액에 포함하지 않고 법인의 경우 건설자금이자와 중개보수는 취득가액에 포함한다.
∴ 취득가액(1억원) + 건설자금이자(5백만원) + 중개보수(1백만원) = 106,000,000원

35 ④ 농지 : 1천분의 30, 농지 외 : 1천분의 40

36 ⑤ 유상거래를 원인으로 농지를 취득한 경우 : 30/1,000
① 상속으로 건물(주택 아님)을 취득한 경우 : 28/1,000
② 「사회복지사업법」에 따라 설립된 사회복지법인이 독지가의 기부에 의하여 건물을 취득한 경우 : 28/1,000
③ 영리법인이 공유수면을 매립하여 농지를 취득한 경우 : 28/1,000
④ 개인이 유상거래를 원인으로 「지방세법」제10조에 따른 취득 당시의 가액이 7억5천만원인 주택(「주택법」에 의한 주택으로서 등기부에 주택으로 기재된 주거용 건축물과 그 부속토지)을 취득한 경우 : 20/1,000

37 ③ 법인의 합병으로 인한 농지 외의 토지 취득 : 1천분의 40

38 ③ 취득세세율은 차등비례세율 구조로 되어 있고 초과누진세율은 적용하지 아니한다.

39 ③ 법령으로 정한 비영리사업자의 상속 외의 무상취득 - 1천분의 28

40 ② 주택을 소유하지 않은 자가 매매로 취득가격이 6억원인 주택을 취득한 경우의 취득세 표준세율은 1천분의 10이다.

:: 주택 유상거래(상속, 증여, 원시취득의 경우는 제외)**의 경우**

> 1. 6억원 이하 주택: 10/1,000
> 2. 6억원 초과~9억원 이하 주택: (취득당시가액 × 2/3억원 − 3) × 1/100
> 3. 9억원 초과 주택: 30/1,000

41 ④ 법인합병으로 인한 상가취득: 40/1,000
① 비영리사업자의 증여로 인한 농지 취득: 28/1,000
② 무주택자인 개인이 유상거래를 원인으로 취득 당시의 가액이 6억원 이하인 주택을 취득: 10/1,000
③ 교환으로 인한 농지의 취득: 30/1,000
⑤ 상속으로 취득한 상가: 28/1,000

42 ② 합유물 및 총유물의 분할로 인한 취득: 23/1,000
① 매매를 원인으로 한 건물 취득: 40/1,000
③ 개인이 증여를 원인으로 한 건물 취득: 35/1,000
④ 매매를 원인으로 한 농지취득: 30/1,000
⑤ 사회복지법에 따라 설립된 사회복지법인이 독지가의 기부에 의하여 건물을 취득한 경우: 28/1,000

43 ① 법인이 조정대상지역 내 2주택을 취득하는 경우 「지방세법」 제11조 제1항 제7호 나목의 세율을 표준세율로 하여 해당 세율에 중과기준세율의 100분의 400을 합한 세율을 적용한다.
② 지방자치단체의 장은 조례로 정하는 바에 따라 표준세율에 대하여 100분의 50의 범위에서 가감 조정할 수 있다.
③ 중과기준세율이란 20/1,000을 말한다.
⑤ 주택 유상거래 세율 적용시 주택 수를 계산할 때 분양권과 조합원입주권은 주택 수에 포함한다.

44 ② ⓒ - ⓒ - ㉠ - ㉢ - ㉣
ⓒ 상가를 매매로 취득: 40/1,000
ⓒ 개인이 농지를 증여에 의해 취득: 35/1,000
㉠ 농지를 매매로 취득: 30/1,000
㉢ 주택을 신축: 28/1,000
㉣ 농지를 상속에 의해 취득: 23/1,000

45 ② 주택을 신축 또는 증축한 이후 해당 주거용 건축물의 소유자(배우자 및 직계존비속을 포함한다)가 해당 주택의 부속토지를 유상 취득하는 경우 주택 유상거래 세율을 적용하지 아니한다.

46 ③ ⓔ 과밀억제권역 안에서 법인 본점으로 사용하는 사업용 부동산 : 표준세율과 중과기준세율의 100분의 200을 합한 세율을 적용한다.

47 ② 지방세의 경우 부속토지 경계가 불분명한 경우에는 그 건축물의 바닥면적의 10배를 부속토지로 본다.

48 ④ 공장 신·증설의 경우에 사업용 과세물건의 소유자와 공장을 신설 또는 증설한 자가 다른 때에는 그 소유자에게 중과세율을 적용한다.

49 ⑤는 중과기준세율을 적용한다.
①②③④는 표준세율에서 중과기준세율 뺀 세율을 적용한다.

50 ③ ⓐ, ⓔ
ⓐ 환매등기를 병행하는 부동산의 매매로서 환매기간 내에 매도자가 환매한 경우의 그 매도자와 매수자의 취득 : 표준세율에서 중과기준세율을 뺀 세율
ⓔ 공유물의 분할로 인한 취득(등기부등본상 본인 지분을 초과하지 아니함) : 표준세율에서 중과기준세율을 뺀 세율
ⓑ 개수로 인한 취득(개수로 인하여 건축물 면적이 증가하지 아니함) : 중과기준세율
ⓒ 무덤과 이에 접속된 부속시설물의 부지로 사용되는 토지로서 지적공부상 지목이 묘지인 토지의 취득 : 중과기준세율

51 ④ 제7조 제5항에 따른 과점주주의 취득은 간주취득으로 중과기준세율을 적용한다.

52 ⑤ 공유물 분할은 표준세율에서 중과기준세율을 뺀 세율을 적용한다.

53 ③ 조정대상지역 외의 주택을 취득하여 1세대 4주택에 해당하는 경우 지방세법 제11조 제1항 나목의 세율(1천분의 40)을 표준세율로 하여 해당 세율에 중과기준세율의 100분의 400을 합한 세율을 적용한다.

54 ① 법인합병으로 취득한 농지에 대한 취득세 표준세율은 1천분의 30이다.

55 ⑤ 회원제 골프장용 부동산 중 구분등록의 대상이 되는 토지와 건축물에 대한 취득세 세율은 표준세율과 중과기준세율의 100분의 400을 합한 세율을 적용하고, 과밀억제권역 내의 법인의 본점 또는 주사무소(신·증축에 한함)의 사업용 부동산에 대한 취득세 세율은 표준세율과 중과기준세율의 100분의 200을 합한 세율을 적용한다. 따라서 취득세 세율은 서로 다르다.

56 ① 시가인정액이란 취득일 전 6개월 취득일 후 3개월 이내의 기간에 취득세 과세대상이 된 부동산 등에 대하여 매매, 감정, 경매 또는 공매한 사실이 있는 경우의 가액을 말한다.

57 ① 취득세의 징수는 신고납부의 방법으로 한다.

② 상속으로 취득세 과세물건을 취득한 자는 상속개시일이 속한 달의 말일부터 6개월 이내(외국에 주소 : 9개월)에 산출한 세액을 신고하고 납부하여야 한다.

④ 취득세 과세물건을 취득한 후에 그 과세물건이 중과 세율의 적용대상이 되었을 때에는 중과 세율을 적용하여 산출한 세액에서 이미 납부한 세액(가산세 제외)을 공제한 금액을 세액으로 하여 신고·납부하여야 한다.

⑤ 법인의 취득당시가액을 증명할 수 있는 장부가 없는 경우 지방자치단체의 장은 그 산출된 세액의 100분의 10을 징수하여야 할 세액에 가산한다.

58 ① 부담부증여로 취득세 과세물건을 취득한 자는 취득일이 속한 달의 말일부터 3개월 이내에 그 과세표준에 세율을 적용하여 산출한 세액을 신고하고 납부하여야 한다.

② 등록면허세의 경우 신고하지 아니한 경우에도 신고기한 이내에 납부를 한 경우에는 이를 신고하고 납부한 것으로 보며 이 경우 신고불성실가산세를 징수하지 않는다.

③ 취득세의 기한 후 신고는 법정신고기한 내 신고를 하지 않은 경우로 신고기한이 지난 후 일정기한에 신고한 경우 무신고 가산세를 경감한다.

④ 취득세가 경감된 과세물건이 추징대상이 된 때에는 그 사유 발생일부터 60일 이내에 그 산출세액에서 이미 납부한 세액(가산세 제외)을 공제한 세액을 신고하고 납부하여야 한다.

59 ① 다음 달 10일까지 납세지 관할 시장·군수·구청장에게 통보하여야 한다.

60 ⑤ 법정신고기한이 지난 후 1개월 이내에 기한 후 신고를 한 경우에는 무신고가산세액의 100분의 50에 상당하는 금액을 감면한다.

> • 1개월 이내 : 100분의 50 경감
> • 1개월 초과 3개월 이내 : 100분의 30 경감
> • 3개월 초과 6개월 이내 : 100분의 20 경감

61 ④ 납세지가 분명하지 아니한 경우에는 해당 취득 물건의 소재지를 그 납세지로 한다.

62 ① 취득세가 일반과세대상에서 중과세대상이 된 때에는 중과세 대상이 된 날로부터 30일 이내에 그 산출세액에서 이미 납부한 세액(가산세 제외)을 공제한 세액을 신고·납부하여야 한다.

② 부담부증여로 취득한 경우 취득일이 속한 달의 말일부터 3개월 이내 취득세를 신고하고 납부하여야 한다.

④ 「부동산등기법」에 따라 채권자대위권에 의한 등기신청을 하려는 채권자는 납세의무자를 대위하여 취득세를 신고납부할 수 있다. 이 경우 지방자치단체의 장은 납세의무자에게 그 사실을 즉시 통보하여야 한다.

⑤ 30일 이내 통보하거나 신고하여야 한다.

63 ⑤ 「건축법」에 따른 공동주택의 대수선은 취득세를 부과한다. 공동주택 개수(건축법상 대수선은 제외)로 인한 취득 중 취득 당시 주택의 시가표준액이 9억원 이하인 주택의 개수로 인한 취득은 취득세 부과하지 아니한다.

64 ① 상속으로 인한 취득세의 감면대상이 되는 농지의 취득 : 표준세율에서 중과기준세율을 뺀 세율 적용
② 이전한 건축물의 가액이 종전 건축물의 가액을 초과하지 아니하는 경우 그 건축물의 이전으로 인한 취득 : 표준세율에서 중과기준세율을 뺀 세율 적용
④ 개수로 인한 취득(단, 면적의 증가는 없음) : 중과기준세율
⑤ 무덤과 이에 접속된 부속시설물의 부지로 사용되는 토지로서 지적공부상 지목이 묘지인 토지의 취득 : 중과기준세율

65 ⑤ 공동주택 개수는 취득 당시 시가표준액이 9억원 이하인 경우 비과세한다.

66 ④ 무상승계취득한 취득물건을 취득일에 등기·등록하지 아니하고 화해조서·인낙조서에 의하여 취득일이 속한 달의 말일부터 3개월 이내에 계약이 해제된 사실을 입증하는 경우에는 취득한 것으로 보지 아니한다.

67 ④ 「주택법」에 따른 공동주택의 개수(「건축법」에 따른 대수선은 제외한다)로 인한 취득 중 시가표준액이 9억원 이하의 주택과 관련된 개수로 인한 취득에 대해서는 취득세를 부과하지 아니한다.

68 ③ 3개
㉠ 과점주주 집단 내부에서 주식이 이전되었으나 과점주주 집단이 소유한 총주식의 비율에 변동이 없는 경우 간주취득세를 과세하지 아니한다.
㉡ 권리의 이전이나 행사에 등기 또는 등록이 필요한 부동산을 직계존속과 서로 교환한 경우에는 유상으로 취득한 것으로 본다.
㉣ 법령이 정하는 사치성재산은 취득세가 과세된다.

69 ③ ㉢, ㉣
㉠ 취득세는 부동산, 차량, 선박, 기계장비, 항공기, 광업권 및 어업권, 입목, 골프 회원권, 콘도 회원권, 승마 회원권, 종합체육시설 이용권, 요트 회원권을 과세대상으로 한다.
㉡ 취득세 과세권자는 부동산 소재지 관할 특별자치시장, 특별자치도지사, 특별시장, 광역시장, 도지사이다.

70 ① 공사현장사무소 등 임시건축물의 취득에 대하여는 그 존속기간이 1년을 초과하지 아니한 경우 비과세한다.

71 ③ 취득세는 취득세 과세대상 물건을 취득하는 때 납세의무가 성립하고 납세의무자가 신고할 때 납세의무가 확정되며 신고가 없는 경우에 과세권자가 결정할 때 납세의무가 확정된다.

제2장 등록면허세

01 ④	02 ②	03 ④	04 ②	05 ③	06 ②	07 ①	08 ④	09 ④	10 ⑤
11 ④	12 ①	13 ③	14 ②	15 ①	16 ⑤	17 ④	18 ②	19 ②	20 ④
21 ②	22 ②	23 ②	24 ④	25 ③	26 ③	27 ①	28 ④	29 ①	30 ②
31 ⑤									

01 ④ 세율은 비례세율과 정액세율의 구조로 되어 있다.

02 ② 등록면허세에서 "등록"에 취득세 부과제척기간이 경과한 물건의 등기 또는 등록과 취득세 면세점에 해당하는 물건의 등기 또는 등록을 포함한다.

❶ 등록이란 재산권 기타 권리의 설정·변경·소멸에 관한 사항을 공부에 등기하거나 등록하는 경우를 말한다. 다만, 취득을 원인으로 이루어지는 등기 또는 등록은 제외하되, 다음의 어느 하나에 해당하는 등기나 등록을 포함한다.

> 1. 광업권 및 어업권, 양식업권의 취득에 따른 등록
> 2. 외국인 소유의 취득세 과세물건(차량, 기계장비, 선박, 항공기만 해당)의 연부취득에 따른 등기 또는 등록
> 3. 취득세 부과제척기간이 경과한 후 해당 물건에 대한 등기 또는 등록
> 4. 취득세 면세점에 해당하는 물건의 등기 또는 등록

03 ① 저당권 설정등기시 납세의무자는 채권자이다.
② 지역권 설정등기시 납세의무자는 요역지 소유자이다.
③ 전세권 설정등기를 말소하는 경우 납세의무자는 전세권설정자이다.
⑤ 금융기관이 甲 소유의 부동산에 대하여 저당권을 설정하는 경우에 납세의무자는 저당권자인 금융기관이다.

04 ② 설정된 전세권에 대한 말소등기를 하는 경우 등록면허세 납세의무자는 전세권설정자이다.

05 ③ 등록면허세 납세의무자는 등록을 하는 자. 즉, 명의자가 납세의무자이다.

06 ② 가압류, 가처분, 경매신청, 저당권설정등기는 채권금액을 과세표준으로 한다.
① 소유권이전청구권 가등기 : 부동산가액
③ 지상권 설정 : 부동산가액
④ 전세권 설정 : 전세금액
⑤ 지역권 설정 : 요역지가액

07 ① 임차권설정등기의 경우 월임대차금액을 과세표준으로 한다.

08 ④ 전세권은 전세금액을 과세표준으로 한다.

09 ④ 말소등기는 건수를 과세표준으로 한다.

10 ⑤ 담보가등기의 경우 채권금액의 1천분의 2의 세율을 적용한다.

11 ④ 대도시에서 법인을 설립하거나 지점이나 분사무소를 설치함에 따른 등기는 법인등기에 대한 세율의 100분의 300으로 한다.

12 ① 말소등기의 경우 세율은 건당 6,000원이다.

13 ③ 상속으로 인한 소유권 이전 등기 : 부동산 가액의 1천분의 8

14 ㉡ 100분의 300을 적용한다.
㉤ 할부금융업을 영위하기 위한 법인등기는 중과하지 아니한다.

15 ① 모두 맞는 지문이다.

16 ⑤ 등록당시 자산재평가 또는 감가상각 등의 사유로 가액이 변경된 경우 변경된 가액을 과세표준으로 한다.

17 ④ 신고의무를 다하지 아니한 경우에도 등록면허세 산출세액을 등록을 하기 전까지 납부하였을 때에는 신고를 하고 납부한 것으로 본다. 이 경우 무신고가산세액 및 과소신고가산세를 부과하지 아니한다.

18 ② 대한민국 정부기관의 등기 또는 등록에 대하여 과세하는 외국정부의 등기 또는 등록은 과세한다.

19 ② 대한민국 정부기관의 등록 또는 면허에 대하여 과세하는 외국정부의 등록은 과세한다.

20 ④ 등록면허세를 신고하지 않은 경우에도 등록을 하기 전까지 납부한 때에는 신고를 하고 납부한 것으로 보아 신고불성실 가산세를 부과하지 아니한다.

21 ② 부동산 소재지와 乙의 주소지가 다른 경우 등록면허세의 납세지는 부동산소재지로 한다.

22 ② 부동산의 등록에 대한 등록면허세의 과세표준은 등록자가 신고한 당시의 가액으로 하고, 신고가 없거나 신고가액이 시가표준액보다 적은 경우에는 시가표준액으로 한다.

23 ① 과세표준은 전세보증금인 3억원이다.

③ 납부세액은 60만원이다.

④ 납세의무자는 임차인(전세권자) 乙이다.

⑤ 납세지는 부동산 소재지이다.

24 ① 등록을 하려는 자는 과세표준에 세율을 적용하여 산출한 세액을 등록을 하기 전까지 납세지를 관할하는 지방자치단체의 장에게 신고하고 납부하여야 한다.

② 부동산 등기에 대한 등록면허세의 산출한 세액이 6천원보다 적을 때에는 6천원을 그 세액으로 한다.

③ 소유권이전 등의 청구권을 보존하기 위한 가등기에 해당하는 경우에는 부동산가액의 1천분의 2의 세율을 적용한다.

⑤ 등기·등록관서의 장은 등기 또는 등록 후에 등록면허세가 납부되지 아니하였거나 납부부족액을 발견한 경우에는 다음 달 10일까지 납세지를 관할하는 시장·군수·구청장에게 통보하여야 한다.

25 ③ 같은 등록에 관계되는 재산이 둘 이상의 지방자치단체에 걸쳐 소재하고 있어 등록면허세를 지방자치단체별로 부과할 수 없을 때에는 등록관청 소재지를 납세지로 한다.

26 ① 부동산 가처분 등기에 대한 등록면허세의 세율은 채권금액의 1천분의 2로 한다.

② 부동산등기에 대한 등록면허세 납세지는 부동산 소재지이나, 그 납세지가 분명하지 아니한 경우에는 등록관청소재지로 한다.

④ 근저당권 설정등기의 경우 등록면허세의 납세의무자는 근저당권자이다.

⑤ 무덤과 이에 접속된 부속시설물의 부지로 사용되는 토지로서 지적공부상 지목이 묘지인 토지에 관한 등기에 대하여는 등록면허세를 부과하지 아니한다.

27 ① 등기·등록이 된 이후 법원의 판결 등에 의해 그 등기 또는 등록이 무효 또는 취소가 되어 등기·등록이 말소된 경우에도 이미 납부한 등록면허세는 과오납으로 환급할 수 없다.

28 ④ 등록면허세의 과세대상인 등록에는 「지방세기본법」 제38조에 따른 취득세 부과제척기간이 경과한 물건의 등기 또는 등록을 포함한다.

29 ① 1개

⑩ 신고납부 : 취득세, 등록면허세, 양도소득세

㉠ 세부담상한 : 재산세, 종합부동산세

㉡ 면세점 : 취득세

㉢ 분납 : 재산세, 종합부동산세, 양도소득세

㉣ 소액징수면제 : 재산세

㉤ 중가산세 : 취득세

30 ② 등록면허세를 신고기한 내 신고를 하지 아니한 경우에도 취득세 산출세액을 신고기한 내 납부를 한 경우에는 신고를 하고 납부한 것으로 보아 신고불성실 가산세를 징수하지 아니한다. 즉, 취득세는 적용되지 아니한다.

31 ⑤ 취득세와 등록면허세는 차등비례세율 구조로만 되어 있다.

제3장 재산세

Answer

01 ④	02 ②	03 ②	04 ②	05 ③	06 ②	07 ②	08 ③	09 ②	10 ③
11 ③	12 ③	13 ③	14 ①	15 ⑤	16 ②	17 ①	18 ②	19 ⑤	20 ③
21 ⑤	22 ⑤	23 ④	24 ⑤	25 ⑤	26 ④	27 ①	28 ②	29 ⑤	30 ⑤
31 ④	32 ③	33 ②	34 ④	35 ③	36 ②	37 ①	38 ①	39 ⑤	40 ③
41 ⑤	42 ④	43 ②	44 ④	45 ⑤	46 ①	47 ⑤	48 ③	49 ⑤	50 ②
51 ①	52 ⑤	53 ②	54 ②	55 ①	56 ①	57 ④			

01 ④ 시·군·구세에 해당한다.

02 ② 6개(ⓒ, ⑩, ⓼, ⓞ, ⓩ, ⓩ)

03 ② ㉠, ㉡, ㉢, ㉣
  ⓒ 기계장비: 취득세 과세대상
  ㉣ 차량: 취득세 과세대상
  ⓼ 골프 회원권: 취득세 과세대상
  ⓞ 입목: 취득세 과세대상

04 ② 주택에 대한 재산세는 해당 지방자치단체의 관할구역에 있는 주택별로 각각의 과세표준에 주택의 세율을 적용한다.

05 ③ 재산세에서 주택의 경우 고급주택 중과세를 하지 아니하고 1/1,000~4/1,000 초과누진세율을 적용한다.

06 ② 도시지역 안의 개발제한구역과 녹지지역을 제외한 지역에 소재하는 개인소유 농지로서 과세기준일 현재 실제 영농에 사용하고 있는 전, 답, 과수원은 종합합산대상토지에 해당한다.

07 ① 특별시·광역시·시지역(읍·면지역 제외)의 도시지역 안의 개발제한구역과 녹지지역 안의 목장용지로서 기준면적 이내의 토지: 분리과세대상토지

③ 일반영업용 건축물로서 건축물의 시가표준액이 해당 부속토지의 시가표준액의 100분의 2에 미달하는 건축물의 부속토지 중 그 건축물의 바닥면적의 부속토지: 별도합산대상토지

④ 영업용 건축물의 부속토지 중 건축물의 바닥면적에 용도지역별 적용배율을 곱하여 산정한 면적 범위의 토지: 별도합산대상토지

⑤ 군지역의 공장용 건축물의 부속토지로서 공장입지 기준면적 범위 안의 토지: 분리과세대상토지

08 ③ 과세기준일 현재 계속 염전으로 실제 사용하고 있거나 사용하다가 사용을 폐지한 토지: 분리과세대상토지

① 「건축법」 등의 규정에 의하여 허가 등을 받아야 할 건축물로서 허가 등을 받지 아니한 건축물의 부속토지: 종합합산대상토지

② 시지역의 주거지역에 소재하는 공장 건축물의 부속토지로서 기준면적 이내인 토지: 별도합산대상토지

④ 도시지역의 개발제한구역 안의 목장용지로서 기준면적을 초과하는 토지: 종합합산대상토지

⑤ 「여객자동차 운수사업법 또는 화물자동차 운수사업법」에 따라 「여객자동차운송사업 또는 화물자동차 운송」 사업의 면허·등록 또는 자동차대여사업의 등록을 받은 자가 그 면허·등록조건에 따라 사용하는 차고용 토지로서 자동차운송 또는 대여사업의 최저보유차고면적기준의 배에 해당하는 면적 이내의 토지: 별도합산대상토지

09 ② 시 이상의 주거지역 내 공장 건축물 부속토지로서 공장입지기준면적 범위 안의 토지는 별도합산과세대상이다.

10 ③ 일반영업용 건축물의 시가표준액이 해당 부속토지의 시가표준액의 100분의 2에 미달하는 건축물의 부속토지 중 그 건축물 바닥면적을 제외한 부속토지는 종합합산과세대상이다.

11 ③ 읍·면지역에 소재하는 공장용 건축물의 부속토지로서 법령 소정의 공장입지 기준면적 범위 안의 토지: 분리과세대상

12 ③ ㉡, ㉣

㉡ 「체육시설의 설치 이용에 관한 법률 시행령」에 따른 회원제 골프장이 아닌 골프장용 토지 중 원형이 보전되는 임야: 별도합산대상토지

㉣ 「도로교통법」에 따라 등록된 자동차운전학원의 자동차운전학원용 토지로서 같은 법에서 정하는 시설을 갖춘 구역 안의 토지: 별도합산대상토지

㉠ 1990년 5월 31일 이전부터 종중이 소유하고 있는 임야: 분리과세대상토지

㉢ 과세기준일 현재 계속 염전으로 실제 사용하고 있는 토지: 분리과세대상토지

13 ① 「문화재 보호법」 제2조 제3항에 따른 지정문화재 안의 임야: 분리과세대상

② 국가가 국방상의 목적 외에는 그 사용 및 처분 등을 제한하는 공장 구내의 토지: 분리과세대상

④ 자연공원법에 따라 지정된 공원자연환경지구의 임야: 분리과세대상

⑤ 1989년 12월 31일 이전부터 소유하고 있는 개발제한구역의 지정 및 관리에 관한 특별조치법에 따른 개발제한구역의 임야: 분리과세대상

14 ② 주택의 건물과 부속토지의 소유자가 다를 경우 그 주택에 대한 산출세액을 건축물과 그 부속토지의 시가표준액 비율로 계산한 부분에 대하여 그 소유자를 납세의무자로 본다.

③ 국가와 재산세 과세대상 재산을 연부로 매수계약을 체결하고 그 재산의 사용권을 무상으로 받은 경우 매수계약자가 재산세를 납부할 의무가 있다.

④ 공부상에 개인 등의 명의로 등재되어 있는 사실상의 종중재산으로서 종중소유임을 신고하지 아니한 경우 공부상소유자를 납세의무자로 본다.

⑤ 공유재산인 경우 그 지분에 해당하는 부분에 대하여 그 지분권자를 납세의무자로 보되, 지분의 표시가 없는 경우에는 균등한 것으로 본다.

15 ⑤ 재산세 과세대상 재산을 여러 사람이 공유하는 경우, 지분권자가 납세의무자이고 지분표시가 없는 경우 균등한 것으로 본다.

16 ② 부동산을 국가 등과 연부로 매매계약을 체결하고 그 부동산에 대한 사용권을 무상으로 부여 받은 경우에 매수계약자가 납세의무를 진다.

17 ② 상속이 개시된 토지로서 상속등기가 이행되지 아니한 경우 사실상 소유자를 신고를 하면 사실상 소유자가 납세의무자가 된다.

③ 지방자치단체와 과세대상 토지를 연부로 매매계약을 체결하고 그 토지의 사용권으로 유상으로 부여 받은 경우에는 매수계약자가 납세의무가 없다.

④ 과세기준일 현재 「도시개발법」에 따라 시행하는 환지 방식에 의한 도시개발사업 및 「도시 및 주거환경정비법」에 따른 정비사업(재개발사업만 해당)의 시행에 따른 환지계획에서 일정한 토지를 환지로 정하지 아니하고 체비지 또는 보류지로 정한 경우에는 사업시행자가 재산세를 납부할 의무가 있다.

⑤ 2024년 6월 1일에 재산세 과세대상 재산의 매매잔금을 수령하고 소유권 이전 등기한 경우에 양수인이 2024년 재산세를 납부할 의무가 있다.

18 ② 과세기준일 현재 사실상 소유자가 납세의무자이므로 6월 1일까지는 양수인(乙)이 6월 2일부터는 양도인(甲)이 납세의무자이기 때문에 乙이 납세의무자이다.

19 ① 甲이 과세기준일로부터 15일 이내 소유권변동신고를 한 경우 乙이 납세의무를 지고 신고를 하지 아니한 경우에는 甲이 납세의무를 진다.

② 상속이 개시된 재산으로 상속등기가 이행되지 아니하고 사실상 소유자를 신고하지 아니한 경우 법령이 정하는 주된 상속자가 납세의무자가 된다.

③ 甲이 종중소유임을 신고한 경우에는 종중을 납세의무자로 하고 신고를 하지 아니한 경우에는 甲을 납세의무자로 한다.

④ 과세기준일 현재 양도 양수된 경우에는 양수인이 재산세 납세의무자이다.

20 ③ 재산세 과세기준일 현재 소유권의 귀속이 분명하지 아니하여 사실상의 소유자를 확인할 수 없는 경우에는 사용자가 재산세를 납부할 의무가 있다.

21 ⑤ 과세기준일 현재 국가 등과 연부로 매매계약을 체결하고 그 사용권을 무상으로 부여 받은 경우 매수계약자에게 납세의무가 있다.

22 ① 과세기준일에 재산세 과세대상 재산이 양도·양수된 때에는 양수인을 납세의무자로 본다.
② 주택의 건물과 부속토지의 소유자가 다를 경우 그 주택에 대한 산출세액을 건축물과 그 부속토지의 시가표준액 비율로 안분계산한 부분에 대하여 그 소유자를 납세의무자로 본다.
③ 「신탁법」에 따라 수탁자 명의로 등기·등록된 신탁재산의 경우 위탁자별로 구분된 재산에 대해서는 그 위탁자를 납세의무자로 본다.
④ 국가가 선수금을 받아 조성하는 매매용 토지로서 사실상 조성이 완료된 토지의 사용권을 무상으로 받은 자는 재산세 납부의무가 있다.

23 ① 개인 법인 모두 시가표준액에 공정시장가액비율을 곱한 금액으로 한다.
② 단독주택의 재산세 과세표준은 개별주택가격에 공정시장가액비율을 곱한 금액으로 한다.
③ 공동주택의 재산세 과세표준은 공동주택가격에 공정시장가액비율을 곱한 금액으로 한다.
⑤ 선박 및 항공기에 대한 재산세의 과세표준은 시가표준액으로 한다.

24 ⑤ 주택에 대한 재산세의 경우 세부담상한제도는 폐지되었고 대신 과세표준 상한제를 적용한다.

25 ⑤ 골프장, 고급오락장용 건축물에 대하여는 과세표준의 1,000분 40의 세율을 적용한다.

26 ① 분리과세되는 전·답·과수원: 1천분의 0.7
② 분리과세되는 공장용지: 1천분의 2
③ 회원제 골프장, 고급오락장용 건축물: 1천분의 40
⑤ 고급주택: 1천분의 1~4/1,000

27 ① 고급주택에 대한 재산세의 세율은 1/1,000~4/1,000 4단계 초과누진세율을 적용한다.

28 ② 동일 시·군에 2 이상의 주택을 소유한 경우에도 주택별로 각각의 과세표준에 주택의 세율을 적용한다.

29 ⑤ 과세기준일 현재 계속 염전으로 실제 사용하고 있는 토지: 2/1,000
① 과세기준일 현재 특별시지역의 도시지역 안의 녹지지역에서 실제 영농에 사용되고 있는 개인이 소유하는 전(田): 0.7/1,000
② 1990년 5월 31일 이전부터 관계법령에 의한 사회복지 사업자가 복지시설의 소비용(消費用)에 공(供)하기 위하여 소유하는 농지: 0.7/1,000
③ 산림의 보호육성을 위하여 필요한 임야로서 「자연공원법」에 의하여 지정된 공원자연환경지구 안의 임야: 0.7/1,000
④ 1990년 5월 31일 이전부터 종중이 소유하고 있는 임야: 0.7/1,000

30 ⑤ 「문화재 보호법」제2조 제3항에 따른 지정문화제 안의 임야 : 1천분의 0.7

　① 고급선박 : 1천분의 50

　② 군(郡)지역에 소재하는 공장용 건축물 : 1천분의 2.5

　③ 고급오락장용 토지 : 1천분의 40

　④ 고급오락장용 건축물 : 1천분의 40

31 ④ ⓓ - ⓓ

　ⓓ 별도합산대상 토지 : 0.2~0.4%

　ⓐ 종합합산대상토지 : 0.2~0.5%

　ⓑ 별도합산대상토지 : 0.2~0.4%

　ⓒ 저율 분리과세대상 토지 : 0.07%

　ⓔ 고율 분리과세대상토지 : 4%

32 ③ ㉠, ㉣

　㉠ 「체육시설의 설치·이용에 관한 법률 시행령」에 따른 회원제 골프장이 아닌 골프장용 토지 중 원형이 보전되는 임야 : 별도합산대상토지(초과누진세율 : 0.2%~0.4%)

　㉣ 주택 : 누진세율적용대상(초과누진세율 : 0.1%~0.4%)

　㉡ 과세기준일 현재 염전으로 이용되고 있는 토지 : 분리과세대상(비례세율 : 0.2%)

　㉢ 고급오락장용 건축물 : 분리과세대상(비례세율 : 4%)

33 ① 지방자치단체의 장은 세율조정이 불가피하다고 인정되는 경우 조례로 정하는 바에 따라 표준세율의 100분의 50의 범위에서 가감할 수 있으며, 가감한 세율은 당해연도만 적용한다.

　③ 주택(고급주택 포함)은 4단계 초과누진세율을 적용한다.

　④ 토지와 건물의 소유자가 다른 주택에 대해 세율을 적용할 때 해당 주택의 토지와 건물의 가액을 합한 과세표준에 해당 세율을 적용한다.

　⑤ 주택의 경우 세부담상한은 폐지되었다.

34 ④ 3억원 이하인 1세대 1주택의 경우 공정시장가액비율은 시가표준액의 100분의 43이다.

35 ③ 납세의무자가 해당 지방자치단체 관할구역에 소유하고 있는 분리과세대상이 되는 해당 토지 각각을 과세표준으로 하여 분리과세대상의 세율을 적용한다.

36 ② 토지와 건물의 소유자가 다른 주택에 대해 세율을 적용할 때 해당 주택의 토지와 건물가액을 합한 과세표준에 해당 세율을 적용한다.

37 ③ 주택분 재산세의 납세지는 주택 소재지 관할 시·군·구이다.

38 ① 주택에 대한 재산세의 경우 해당 연도에 부과·징수할 세액의 2분의 1은 매년 7월 16일부터 7월 31일까지 나머지 2분의 1은 9월 16일부터 9월 30일까지를 납기로 한다. 다만, 해당 연도에 부과할 세액이 20만원 이하인 경우에는 조례로 정하는 바에 따라 납기를 7월 16일부터 7월 31일까지로 하여 한꺼번에 부과·징수할 수 있다.

39 ① 재산세를 물납하려는 자는 납부기한 10일 전까지 납세지를 관할하는 시장·군수·구청장에게 물납을 신청하여야 한다.
② 주택의 경우 세부담상한은 2024년부터 폐지되었다.
③ 건축물에 대한 재산세 납기는 매년 7월 16일부터 7월 31일까지이다.
④ 소방분 지역자원시설세의 납기와 재산세의 납기가 같을 때에는 재산세의 납세고지서에 나란히 적어 고지할 수 있다.

40 ③ 재산세를 물납하려는 자는 행정안전부령으로 정하는 서류를 갖추어 그 납부기한 10전까지 납세지를 관할하는 시장·군수·구청장에게 신청하여야 한다.

41 ⑤ 물납 신청 후 불허가 통지를 받은 경우에 다른 부동산으로의 변경신청하면 변경하여 허가할 수 있다.

42 ④ 재산세가 물납과 분할납부대상에 해당할 경우 소방분에 대한 지역자원시설세도 함께 물납은 할 수 없고 분할납부는 할 수 있다.

43 ② 고지서 1장당 재산세로 징수할 세액이 2천원인 경우에는 해당 재산세를 징수한다.

44 ④ 사실상 종중재산으로서 공부상에는 개인 명의로 등재되어 있는 재산의 공부상 소유자는 과세기준일부터 15일 이내에 그 소재지를 관할하는 지방자치단체의 장에게 그 사실을 알 수 있는 증거자료를 갖추어 신고하여야 한다.

45 ⑤ 공동소유 재산의 경우 지분권자의 경우는 지분에 따라 납세의무를 지고 지분 표시가 없으면 균등한 것으로 보기 때문에 신고의무가 없다.

46 ① 지방자치단체의 장은 재산세의 납부할 세액이 500만원 이하인 경우 250만원을 초과하는 금액은 납부기한이 지난 날부터 3개월 이내 분할납부하게 할 수 있다.

47 ① 분리과세대상토지는 합산하지 않고 비례세율을 적용한다.
② 주택분 재산세의 경우에만 한꺼번에 부과·징수할 수 있다.
③ 지방세특례제한법에도 불구하고 동일한 주택이 1세대 1주택에 대한 주택 세율 특례와 재산세 경감규정의 적용대상이 되는 경우로서 이 둘이 중복되는 경우에는 경감 효과 큰 것 하나만 적용한다.
④ 과밀억제권역 내 공장 신·증설의 경우 공장 건축물에 대하여 표준세율의 5배에 해당하는 세율을 5년간 중과세하지만 중과세 기간 중에 승계 취득한 자는 남은 기간에 대하여 납세의무가 있다.

48 ③ 1,300,000원

   1. **2024년 재산세 세부담상한 : 150/100**
   2. 전년도 납부세액(1,000,000원) × 150/100 = 1,500,000원
   3. 2024년 산출세액이 1,300,000원이기 때문에 세부담상한액(1,500,000원)을 초과하지 않아 2024년도 납부할 재산세액은 1,300,000원이다.

49 ① 대한민국 정부기관의 재산에 대하여 과세하는 외국정부의 재산은 과세한다.
   ② 「자연공원법」에 따라 지정된 공원자연환경지구의 임야는 분리과세대상이다.
   ③ 임시로 사용하기 위하여 건축된 건축물의 경우 사치성재산은 비과세에서 제외한다.
   ④ 「군사기지 및 군사시설 보호법」에 따른 군사기지 및 군사시설 보호구역 중 통제보호구역에 있는 토지. 단, 전·답·과수원 및 대지는 제외한다.

50 ② 국가 등과 재산세 과세대상 재산을 연부로 매매계약을 체결하고 그 재산의 사용권을 무상으로 받음에 따라 매수계약자에게 납세의무가 있는 재산은 매수계약자가 재산세 납세의무자이기 때문에 비과세하지 아니한다.

51 ② 과세기준일 현재 공부상의 소유자가 매매로 소유권이 변동되었는데도 신고하지 아니하여 사실상의 소유자를 알 수 없는 경우 그 공부상의 소유자가 재산세 납부의무가 있다.
   ③ 지방자치단체의 장은 재산세의 납부세액이 250만원을 초과하는 경우 법령에 따라 납부할 세액의 일부를 납부기한이 지난날부터 3개월 이내에 분납하게 할 수 있다.
   ④ 주택에 대한 토지와 건물의 소유자가 다를 경우에도 해당 주택의 토지 건물가액을 합한 과세표준에 주택의 세율을 적용한다.
   ⑤ 과세기준일은 매년 6월 1일이다.

52 ⑤ 甲의 재산세에 대한 징수권의 소멸시효에 대한 기산일은 2024년 8월 1일이다.

53 ② 해당연도 부과세액이 20만원 이하인 경우에만 한꺼번에 부과·징수할 수 있다.

54 ② 재산세액에 재산세 도시지역분이 포함되어 있는 경우에는 도시지역분을 제외한 금액의 100분의 20에 해당하는 지방교육세를 부과한다.

55 ① 납부기한 3일 전까지 신청하여야 한다.

56 ① 재산세 물납은 관할구역 내 부동산에 한하여 물납이 가능하다.

57 ① 400만원인 경우 최대 분납금액은 150만원까지 가능하다.

② 재산세를 징수하고자 하는 때에는 토지, 건축물, 주택, 선박 및 항공기로 구분한 납세고지서에 과세표준액과 세액을 기재하여 늦어도 납기개시 5일 전까지 발부하여야 한다.

③ 주택분 재산세의 납세지는 주택 소재지를 관할하는 지방자치단체이다.

⑤ 고지서 1장당 재산세로 징수할 세액이 2천원 미만인 경우에는 해당 재산세를 징수하지 아니한다.

제1장 종합부동산세

| 01 ⑤ | 02 ⑤ | 03 ① | 04 ⑤ | 05 ⑤ | 06 ⑤ | 07 ④ | 08 ④ | 09 ⑤ | 10 ⑤ |
| 11 ④ | 12 ③ | 13 ④ | 14 ④ | 15 ⑤ | 16 ④ | 17 ② | 18 ① | 19 ③ | |

01 ⑤ 「건축법」 등 관계법령에 따라 허가 등을 받아야 할 건축물로서 허가 등을 받지 아니한 건축물의 부속토지는 종합합산대상토지로 종합부동산세 과세대상이다.

02 ⑤ 별도합산대상토지와 종합합산대상토지, 주택이 종합부동산세 과세대상이다.
ㄱ 종중이 1990년 1월부터 소유하는 토지: 분리과세대상
ㄴ 회원제 골프장용 부속토지: 분리과세대상
ㄷ 「지방세법」에 따라 재산세가 비과세되는 토지
ㄹ 취득세 중과대상인 고급오락장용 건축물: 건축물은 종합부동산세 대상이 아니다.

03 ① 1개
ㅁ 여객자동차운송사업 면허를 받은 자가 그 면허에 따라 사용하는 차고용 토지(자동차운송사업의 최저보유 차고면적기준의 1.5배에 해당하는 면적 이내의 토지): 별도합산대상토지
ㄱ 회원제 골프장용 토지(회원제 골프장업의 등록시 구분등록의 대상이 되는 토지): 분리과세대상토지
ㄴ 상업용 건축물(오피스텔 제외): 건축물은 종합부동산세 대상이 아니다.
ㄷ 관계법령에 따른 사회복지사업자가 복지시설이 소비목적으로 사용할 수 있도록 하기 위하여 1990년 5월 1일부터 소유하는 농지: 분리과세대상토지
ㄹ 취득세 중과세대상인 고급오락장: 분리과세대상토지
ㅂ 「지방세법」에 따라 재산세가 비과세되는 토지

04 ⑤ 「문화재보호법」에 따른 등록문화재에 해당하는 주택은 분리과세대상토지로서 과세표준 합산의 대상이 되는 주택의 범위에 포함하지 아니한다.

05 ⑤ 법인 소유 주택의 경우에는 세부담상한을 적용하지 아니한다.

06 ⑤ 종합합산과세대상인 토지에 대한 종합부동산세의 과세표준은 납세의무자별로 해당 과세대상토지의 공시가격을 합산한 금액에서 5억원을 공제한 금액에서 공정시장가액비율을 곱한 금액으로 한다.

07 ④ 납부고지서를 받은 자가 분납하려는 때에는 종합부동산세의 납부기한까지 기획재정부령으로 정하는 신청서를 관할세무서장에게 제출해야 한다.

08 ④ 종합부동산세는 분납은 가능하지만 물납은 할 수 없다.

09 ⑤ 상업용 건축물은 재산세는 부과하지만 종합부동산세 과세대상이 아니다.

10 ① 납세의무자가 법인(공익법인 등은 제외)이며 3주택 이상을 소유한 경우 소유한 주택 수에 따라 과세표준에 5%의 세율을 적용하여 계산한 금액을 주택분 종합부동산세액으로 한다.
② 납세의무자가 법인으로 보지 않는 단체인 경우 주택에 대한 종합부동산세 납세지는 「소득세법」 규정(거주자의 주소지)을 준용한다.
③ 과세표준합산의 대상에 포함되지 않는 주택을 보유한 납세의무자는 해당 연도 9월 16일부터 9월 30일까지 관할세무서장에게 해당 주택의 보유현황을 신고하여야 한다.
④ 종합부동산세 과세대상 1세대 1주택자로서 과세기준일 현재 해당 주택을 12년 보유한 자의 보유기간별 세액공제에 적용되는 공제율은 100분의 40이다.

11 ① 종합부동산세는 무신고가산세는 부과되지 않지만 과소신고가산세는 부과한다.
② 「신탁법」 제2조에 따른 수탁자의 명의로 등기 또는 등록된 신탁주택의 경우에는 위탁자가 종합부동산세를 납부할 의무가 있다. 이 경우 위탁자가 신탁주택을 소유한 것으로 본다.
③ 1세대 1주택자(단독명의)의 경우 연령별 세액공제와 보유기간별 세액공제를 받을 수 있으며 이 경우 세액공제가 중복되는 경우에는 공제율 합계 80/100 범위에서 중복공제를 받을 수 있다.
⑤ 납세자에게 부정행위가 없으며 특례제척기간에 해당하지 않는 경우 원칙적으로 납세의무 성립일부터 5년이 지나면 종합부동산세를 부과할 수 없다.

12 ③ 혼인함으로써 1세대를 구성하는 경우에는 혼인한 날부터 5년 동안은 주택 또는 토지를 소유하는 자와 그 혼인한 자별로 각각 1세대로 본다.

13 ④ 동거봉양의 경우 합가한 날부터 10년동안은 각각 별도세대로 보기 때문에 각각 1세대 1주택으로 12억원까지는 납세의무가 없다.
① 부부 공동명의의 경우에도 각각 지분별로 나누어 계산하기 때문에 甲은 7억2천만원, 乙은 10억 8천만원으로 乙의 지분에 해당하는 금액이 9억원을 초과하였으므로 납세의무가 있다.
② 동일 세대원인 甲, 乙, 丙이 소유하는 주택으로서 공시가격이 10억원, 5억원, 9억원인 경우의 甲은 9억원을 초과했기 때문에 납세의무가 있다.
③ 혼인의 경우 5년 동안은 각각 별도세대로 본다. 따라서 혼인 후 6년이 지났기 때문에 2주택으로 보아 각각 9억원을 초과하는 경우 납세의무가 있으므로 甲은 납세의무가 있다.
⑤ 동일 세대원인 甲, 乙 중 甲 단독 소유한 주택의 공시가격이 15억원인 경우의 甲은 단독명의로 12억원을 초과했기 때문에 납세의무가 있다.

14 ④ 과세기준일 현재 그 일반 주택에 주민등록이 되어 있고 실제로 거주하고 있는 경우에 한하여 1세대 1주택으로 본다.

15 ⑤ 종합부동산세는 과세기준일에 납세의무가 성립하고 원칙적으로 과세권자가 결정할 때 납세의무가 확정되는 조세이다.

16 ④ 납세의무자는 선택에 따라 신고·납부할 수 있으나, 신고를 함에 있어 납부세액을 과소하게 신고한 경우 과소신고가산세가 적용된다.

17 ② 상속을 통해 공동 소유한 주택으로 과세기준일 현재 주택에 대한 소유 지분율이 40% 이하인 경우 기간과 관계없이 주택 수에서 제외한다.

18 ① 재산세 납세의무자는 과세기준일 현재 사실상 소유자가 납세의무자이다. 과세기준일 현재 양도 양수된 경우 양수인(甲)이 재산세 납세의무자이고 6월 2일부터는 양도인(박문각)이 재산세 납세의무자가 된다. 재산세와 종합부동산세 납세의무자는 동일하기 때문에 甲이 납세의무자이다.

19 ③ 재산세와 종합부동산세는 납부세액이 250만원을 초과하는 경우 납부기한 지난 후 재산세는 3개월 이내 종합부동산세는 6개월 이내 분할납부할 수 있다.

제2장 소득세

Answer

01 ③	02 ⑤	03 ④	04 ⑤	05 ④	06 ⑤	07 ③	08 ②	09 ④	10 ①
11 ⑤	12 ③	13 ④							

01 ③ 주거용 건물 임대업에서 발생한 결손금의 경우에만 종합소득 과세표준을 계산할 때 공제하고 비주거용 건물 임대업에서 발생한 결손금은 공제하지 아니한다.

02 ⑤ 부동산임대업에 관련된 사업소득의 경우 과세소득을 납세의무자별로 각각 합산하여 과세한다.

03 ④ 비거주자는 국외에 있는 건물의 양도로 인하여 발생하는 소득에 대하여 양도소득세 납세의무가 없다.

04 ⑤ 주택을 임대하여 얻은 소득은 거주자가 사업자등록을 여부와 관계없이 소득세 납세의무가 있다.

05 ① 국외 소재 주택은 주택 수와 관계없이 과세한다.
② 공익사업와 관련하여 지역권·지상권을 설정하거나 대여하는 경우에는 기타소득으로 과세한다.

③ 소득세 납세지는 거주자의 주소지 관할 세무서이고, 주소지가 없는 경우에는 거소지 관할 세무서이다.
⑤ 주거용 건물 임대업에서 발생한 결손금은 종합소득 과세표준을 계산할 때 공제한다. 따라서 주거용 건물 외의 부동산임대업에서 발생한 결손금은 다른 소득금액에서 공제하지 아니한다.

06 ⑤ 3주택(법령에 따른 소형주택이 아님)을 소유하는 자가 받은 보증금의 합계액이 3억원을 초과하는 경우 법령으로 정하는 바에 따라 계산한 간주임대료를 사업소득 총수입금액에 산입한다.

07 ③ 본인과 배우자가 각각 주택을 소유하는 경우에는 이를 합산하여 주택 수를 계산한다.

08 ② 주택임대소득이 과세되는 고가주택은 과세기간 종료일 현재 기준시가 12억원을 초과하는 주택을 말한다.

09 ① 임대하는 국내소재 1주택의 비과세 여부 판단시 가액은 「소득세법」상 기준시가 12억원을 기준으로 판단한다.
② 국외 소재 주택은 비과세에서 제외한다.
③ 본인과 배우자가 각각 국내소재 주택을 소유한 경우, 이를 합산하여 주택임대소득 비과세 대상인 1주택 여부를 판단한다.
⑤ 과세기간 종료일 현재 소유중인 국내소재 주택에 대한 주택임대소득의 비과세여부 판단시 기준시가는 과세기간 종료일을 기준으로 한다.

10 ② 미등기 부동산을 임대하고 그 대가로 받는 것도 사업소득이다.
③ 본인과 배우자가 각각 국내 소재 주택을 소유한 경우, 이를 합산하여 주택임대소득 비과세 대상인 1주택 여부를 판단한다.
④ 상업용 건물에 대하여 법령으로 정하는 바에 따라 계산한 간주임대료를 사업소득 총수입금액에 산입한다.
⑤ 甲과 乙이 고가주택이 아닌 공동소유 1주택(甲 지분율 40%, 乙 지분율 60%)을 임대하는 경우, 주택임대소득의 비과세 여부를 판정할 때 乙이 주택을 소유한 것으로 보아 주택 수를 계산한다.

11 ⑤ 금융수익에 유가증권처분이익은 포함하지 아니한다.

12 1. 주택에 대한 총수입금액 = 월임대료 + 간주임대료(보증금)
2. 월임대료 = (500,000원 + 1,000,000원) × 12개월 = 18,000,000원
3. **간주임대료** : 간주임대료는 주택의 경우 3주택 이상이고 보증금 합계액이 3억원을 초과하는 경우에만 과세가 된다. 이 경우 주택 수 계산시 전용면적 40m² 이하이고 기준시가가 2억원인 주택의 경우 주택 수에서 제외가 된다. 따라서 B주택은 소형주택으로 주택 수에서 제외되서 2주택으로 보아 간주임대료를 계산하지 아니하므로 2024년 귀속 사업소득의 총수입금액은 18,000,000원이다.

13 ④ 주택신축판매사업자로서 1동의 주택을 1년에 1회 신축하여 판매하는 경우 건설업에 해당한다.

제3장 | 양도소득세

Answer

01 ⑤	02 ②	03 ②	04 ④	05 ①	06 ②	07 ⑤	08 ②	09 ③	10 ②
11 ④	12 ⑤	13 ④	14 ①	15 ①	16 ①	17 ①	18 ③	19 ③	20 ②
21 ③	22 ④	23 ④	24 ④	25 ③	26 ③	27 ③	28 ⑤	29 ①	30 ③
31 ①	32 ③	33 ④	34 ⑤	35 ②	36 ③	37 ①	38 ①	39 ⑤	40 ①
41 ②	42 ③	43 ⑤	44 ④	45 ③	46 ④	47 ③	48 ⑤	49 ③	50 ④
51 ⑤	52 ⑤	53 ④	54 ⑤	55 ④	56 ⑤	57 ②	58 ③	59 ⑤	60 ⑤
61 ③	62 ③	63 ④	64 ⑤	65 ⑤	66 ⑤	67 ③	68 ④	69 ⑤	70 ④
71 ①	72 ③	73 ③	74 ④	75 ⑤	76 ⑤	77 ⑤	78 ⑤	79 ③	80 ②
81 ①	82 ②	83 ①	84 ①	85 ②	86 ①	87 ④	88 ②	89 ②	90 ⑤
91 ⑤	92 ④	93 ⑤	94 ①	95 ②	96 ③	97 ③	98 ②		

01 ⑤ 6개

ⓜ 물납은 재산세의 경우 적용한다.

ⓞ 중가산세는 취득세의 경우 적용한다.

02 ② 양도소득세는 등기·등록과는 관계없지만 임차권의 경우 채권으로 등기된 부동산임차권만 양도소득세 대상이다.

03 ② ㉠, ㉢, ㉻

㉠ 「도시개발법」에 따라 토지의 일부가 보류지로 충당되는 경우 양도에 해당하지 않는다.

㉢ 이혼으로 인하여 혼인 중에 형성된 부부공동재산을 「민법」 제839조의 2에 따라 재산분할하는 경우 양도에 해당하지 않는다.

㉻ 주거용 건물건설업자가 당초부터 판매할 목적으로 신축한 다가구주택을 양도하는 경우 사업소득으로 종합소득세 과세대상이다.

04 ④ 사업에 사용하는 토지·건물 및 부동산에 관한 권리와 함께 양도하는 영업권이 양도소득세 과세대상이다.

05 ① ㉠, ㉢, ㉦

㉡ 차량: 취득세 과세대상

㉣ 광업권: 취득세 과세대상

㉤ 분양권: 양도소득세 과세대상

㉥ 전세권: 양도소득세 과세대상

06 ② 납세의무자가 사망한 경우 과세기간은 1월 1일부터 사망일까지이다.

07 ⑤ 이혼에 따른 위자료에 갈음하여 부동산의 소유권을 이전한 경우에는 양도로 본다. 다만, 재산분할로 인한 소유권이전의 경우 양도로 보지 아니한다.

08 ① 법원의 확정판결에 의하여 신탁해지를 원인으로 소유권 이전등기를 하는 경우는 양도에 해당하지 아니한다.
③ 공동소유의 토지를 공유자지분 변경없이 2개 이상의 공유토지로 분할하였다가 공동지분의 변경 없이 그 공유토지를 소유지분별로 단순히 재분할하는 경우는 양도에 해당하지 아니한다.
④ 본인 소유자산을 경매·공매로 인하여 자기가 재취득하는 경우는 양도에 해당하지 아니한다.
⑤ 매매원인 무효의 소에 의하여 그 매매사실이 원인무효로 판시되어 환원될 경우는 양도에 해당하지 아니한다.

09 ③ 1천6백만원
1. 증여가액(5억원) 중 1억원을 양도로 보기 때문에 양도차익 계산시 취득가액도 취득가액(8천만원) 중 1/5만 취득가액으로 본다.
2. 부담부증여에 대한 취득가액 = 취득가액 × 채무액/증여가액 = 8천만원 × 1억원/5억원 = 1천6백만원

10 ② 양도담보계약에 의하여 채무자가 양도담보권자에게 토지 등의 소유권을 이전하는 경우에는 양도로 보지 아니한다.

11 ④ 甲은 채무액(3억원)에 대하여 양도소득세 납세의무가 있고, 乙은 채무액을 제외한 금액(7억원)에 대하여 증여세 납세의무가 있다.

12 ① 공유자 지분변경 없는 경우 분할하거나 재분할한 경우에도 양도로 보지 아니한다.
② 체비지나 보류지로 충당되는 경우에는 양도로 보지 않지만 매각하는 경우에는 양도로 본다.
③ 양도라 함은 매도 교환 법인에 대한 현물출자 등으로 등기 또는 등록과 관계없이 사실상 유상으로 이전하는 경우 양도로 본다.
④ 배우자 간의 부담부증여의 경우에도 대가관계가 객관적으로 입증되는 경우 양도로 본다.

13 ④ 배우자 직계존비속 간 매매계약을 통하여 부동산의 소유권을 이전하는 경우는 증여로 본다.

14 ① 1세대 1주택으로 보유기간 3년(거주기간 2년)인 남편의 주택을 이혼위자료로 아내에게 소유권을 이전해 준 경우 양도로 보지만 비과세한다.

15 ① 「민법」상 점유로 인하여 부동산의 소유권을 취득한 경우: 점유개시일

16 ① 제1항 제4호: 자기가 건설한 건축물에 있어서 건축허가를 받지 아니하고 건축하는 건축물은 사실상의 사용일

17 ① 사용승인 전 임시 사용승인을 받은 경우 임시 사용승인일을 취득시기로 한다.

18 ③ 대금을 청산한 날의 판정시 자산의 대금에는 해당 자산의 양도에 대한 양도소득세 및 양도소득세의 부가세액을 양수자가 부담하기로 약정한 경우 해당 양도소득세 및 양도소득세의 부가세액을 제외한다.

19 ③ 교부받은 토지의 면적이 환지처분에 의한 권리면적보다 증가 또는 감소된 경우에는 그 증가 또는 감소된 면적의 토지에 대한 취득시기 또는 양도시기는 환지처분의 공고가 있은 날의 다음 날로 한다.

20 ② 증여의 경우 증여를 받은 날을 취득시기로 한다.

21 ③ 대금청산일(2024년 9월 1일)과 등기일(2024년 9월 5일)일 중 빠른 날을 양도 또는 취득시기로 본다.

22 ④ 2024년 10월 20일, 2024년 10월 20일
매매의 경우 취득세와 양도소득세 모두 사실상 잔금지급일과 등기일 중 빠른 날을 취득일과 양도일로 본다.

23 ④ 주식
▮▮ 취득시기의 의제
> 1. 토지, 건물 부동산에 관한 권리, 기타자산의 의제취득일: 1984년 12월 31일 이전에 취득한 것은 1985년 1월 1일 취득한 것으로 본다.
> 2. 주식 또는 출자지분: 1985년 12월 31일 이전에 취득한 것은 1986년 1월 1일 취득한 것으로 본다.

24 ④ 양도소득기본공제는 과세표준을 감소시키는 항목에 해당한다.

25 ③ 양도소득기본공제는 양도소득에 대한 인적공제의 성격으로 보유기간, 주택 수와 관계없이 미등기를 제외한 모든 양도소득세 과세대상에 적용한다.

26 ③ 미등기 양도시 장기보유특별공제와 양도소득기본공제를 적용하지 아니한다.

27 ③ 토지를 취득함에 있어서 부수적으로 매입한 채권을 만기 전에 양도함으로 발생하는 매각차손은 금융기관에 양도한 경우에만 전액을 양도비용으로 인정된다.

28 ⑤ 자본적 지출액은 그 지출에 관한 「소득세법」상 증명서류를 수취·보관하거나 실제 지출사실이 금융거래 증명서류에 의하여 확인되는 경우에는 양도차익 계산시 필요경비에 포함한다.

29 ① 주택의 취득대금에 충당하기 위한 대출금의 이자지급액은 필요경비에 포함하지 아니한다.

30 ③ 「지적재조사에 관한 특별법」 제18조에 따른 경계의 확정으로 지적공부상의 면적이 증가되어 같은 법 제20조에 따라 징수한 조정금은 필요경비에 포함하지 아니한다.

31 ① 취득세는 취득가액에 포함하지만 보유 관련 조세인 재산세는 필요경비에 포함하지 아니한다.

32 ③ 양도자산을 취득한 후 쟁송이 있는 경우 그 소유권 확보를 위하여 직접 소요된 소송비용·화해비용 등으로서 그 지출한 연도의 각 소득금액 계산에 있어서 필요경비로 산입된 금액을 제외한 금액은 취득가액에 포함한다.

33 ④ 양도자산의 취득 후 쟁송이 있는 경우 그 소유권을 확보하기 위하여 직접 소요된 소송비용으로서 그 지출한 연도의 각 사업소득금액 계산시 필요경비에 산입된 금액은 자본적지출액에서 제외되므로 양도차익 계산시 필요경비로 인정되지 아니한다.

34 ⑤ 환산취득가액은 양도가액을 추계할 경우에는 적용되지 않지만 취득가액을 추계할 경우에 적용한다.

35 ② 주택의 이용편의를 위한 거실 및 방 확장공사비은 자산의 가치를 증가시키는 자본적지출로 필요경비에 포함된다.
①③④⑤ 현상유지비용인 수익적지출로 필요경비에 포함하지 아니한다.

36 ③ 취득세는 납부영수증이 없는 경우에도 납부한 사실이 확인되면 필요경비로 인정된다.

37 ① 7천만원
∴ 양도가액(2억원) − 필요경비[취득가액(1억원) + 자본적지출(2천만원) + 양도비(1천만원)] = 7천만원

38 ① 1억4천만원
1. 양도차익 산정시 양도가액과 취득가액이 실거래가가 확인되지 아니하는 경우 추계조사 결정 경정
양도가액은 매매사례가액 − 감정가액 − 기준시가 순서로, 취득가액은 매매사례가액 − 감정가액 − 환산취득가액 − 기준시가로 양도차익을 산정한다. 따라서 양도가액은 실지거래가액이 없으므로 매매사례가액을 적용하기 때문에 매매사례가액인 3억원을 적용하고 취득가액은 매매사례가액과 감정가액이 없으므로 환산취득가액을 적용한다.
∴ 환산가액 = 양도당시 매매사례가액(3억원) × 취득당시 기준시가(1억원)/양도당시 기준시가(2억원)
= 1억5천만원
2. 양도차익을 최소화하기 위한 양도차익은 취득가액을 환산취득가액을 적용하는 경우에는 환산취득가액과 필요경비개산공제를 합한 금액과 자본적 지출과 양도비를 합한 금액 중 큰 금액을 필요경비로 공제받을 수 있다.

    3. **필요경비개산공제**: 취득당시 기준시가(1억원) × 3% = 3백만원
- 환산취득가액 + 필요경비개산공제액: 1억5천3백만원
- 자본적 지출과 양도비 합계액: 1억6천만원
- ∴ 양도차익은 3억원(양도가액) − 1억6천만원(자본적지출과 양도비 합계액) = 1억4천만원

39 ⑤ 취득가액을 계산할 때 감가상각비를 공제하는 것은 환산취득가액도 실지거래가액으로 인정하기 때문에 감가상각비를 공제한다.

40 ① 부동산을 취득할 수 있는 권리: 취득 당시 기준시가의 100분의 1

41 ② 장기보유특별공제의 적용대상은 토지 또는 건물(「소득세법」 제104조 제3항에 따른 미등기양도 자산과 같은 조 제7항 각 호에 따른 자산은 제외)로서 보유기간이 3년 이상인 것 및 조합원입주권 (조합원으로부터 취득한 것을 제외한다)이다.

42 ③ 조합원입주권은 장기보유특별공제 대상이지만 분양권의 경우 장기보유특별공제액 대상이 아니다.

43 ① 비사업용 토지도 등기되고 보유기간이 3년 이상인 경우 장기보유특별공제를 적용한다.
② 장기보유특별공제를 적용함에 있어서 보유기간 판정시 배우자 또는 직계존비속으로부터 증여받은 자산에 대한 이월과세가 적용되는 경우에는 증여한 배우자 또는 직계존비속이 해당 자산을 취득한 날부터 기산한다.
③ 국외 자산양도의 경우 보유기간이 3년 이상인 경우에도 장기보유특별공제를 적용하지 아니한다.
④ 법원의 결정에 의하여 양도당시 취득에 관한 등기가 불가능한 부동산에 대하여는 장기보유특별공제를 적용한다.

44 ④ 양도소득기본공제는 미등기를 제외하고는 모두 소득별로 각각 연 250만원 공제한다.

45 1. **옳은 것**: ㉠, ㉡, ㉢, ㉣
2. **틀린 것**: ㉤
3년 이상 보유한 등기된 비사업용 토지를 양도한 경우 장기보유특별공제와 양도소득기본공제 모두 적용된다.

46 ④ 1세대 1주택임에도 비과세에서 배제되는 고가주택인 경우에도 장기보유특별공제와 양도소득기본공제 모두 적용한다.

47 ③ 3천5십만원

양도가액	1억2천5백만원
− 취득가액	9천만원
− 기타필요경비	2백만원
= 양도차익	3천3백만원
− 장기보유특별공제	0원
= 양도소득금액	3천3백만원
− 양도소득기본공제	2백5십만원
= 양도소득 과세표준	3천5십만원

48 ⑤ 양도소득금액은 소득별로 구분하여 계산한다. 이 경우 소득금액을 계산할 때 발생하는 결손금은 다른 소득금액과 합산하지 아니한다.

:: 소득별 구분

1. 토지, 건물, 부동산에 관한 권리, 기타자산
2. 주식 또는 출자지분
3. 파생상품 등
4. 신탁 수익권

49 ③ ㉠ > ㉣ > ㉤ > ㉡ = ㉢

㉠ 2년 6개월 보유한 등기된 상가건물 : 6%
㉡ 1년 미만 보유한 분양권 : 70%
㉢ 3년 보유한 나대지(미등기) : 70%
㉣ 1년 6개월 보유한 등기된 상가건물 : 40%
㉤ 1년 6개월 보유한 등기된 주택 : 60%

50 ① 보유기간이 1년 미만인 조합원입주권의 세율은 100분의 70이다.
② 기타자산은 보유기간에 관계없이 초과누진세율을 적용한다.
③ 법률의 규정에 의하여 양도당시 등기가 불가능한 부동산을 양도한 경우는 미등기 양도자산에서 제외한다.
⑤ 양도소득세율을 적용함에 있어서 배우자 또는 직계존비속으로부터 증여받은 자산에 대한 이월과세(「소득세법」 제97조의2 제1항 양도소득의 필요경비 계산 특례)가 적용되는 경우에 보유기간은 증여자가 해당 자산을 취득한 날부터 양도일까지로 한다.

51 ⑤ 상속의 경우 세율 적용시 보유기간 계산은 피상속인이 취득한 날로부터 기산한다. 따라서 보유기간은 2년 2개월로 초과누진세율을 적용한다.

52 ⑤ ㉠, ㉡, ㉢

■■ 미등기 양도자산에서 제외되는 자산

> 1. 장기할부조건으로 취득한 자산으로서 그 계약조건에 의하여 양도 당시 그 자산의 취득에 관한 등기가 불가능한 자산
> 2. 법률의 규정 또는 법원의 결정에 의하여 양도 당시 그 자산의 취득에 관한 등기가 불가능한 자산
> 3. 농지의 교환 또는 분합으로 발생하는 비과세 양도소득, 자경농지에 대한 양도소득세의 감면 및 농지대토에 대한 양도소득세 감면에 규정하는 토지
> 4. 비과세요건을 충족한 1세대 1주택 등으로서 「건축법」에 따른 건축허가를 받지 아니하여 등기가 불가능한 자산
> 5. 「도시개발법」에 따른 도시개발사업이 종료되지 아니하여 토지 취득등기를 하지 아니하고 양도하는 토지
> 6. 건설업자가 「도시개발법」에 따라 공사용역 대가로 취득한 체비지를 토지구획환지처분공고 전에 양도하는 토지

53 ④ 미등기 양도자산은 양도소득세 과세표준에 100분의 70을 곱한 금액을 양도소득 결정세액에 더한다.

54 ⑤ 해당 과세기간의 과세표준이 없거나 결손금액이 있는 경우에도 확정신고를 하여야 한다.

55 ① 2024년 3월 15일에 양도한 경우 예정신고기한은 2024년 5월 31일이다.
② 예정신고시 예정신고납부세액공제는 적용하지 아니한다.
③ 예정신고 관련 무신고가산세가 부과되는 경우 그 부분에 대하여 확정신고와 관련한 무신고가산세가 다시 부과되지 아니한다(이중과세 방지).
⑤ 해당 과세기간의 양도금액이 있는 거주자는 그 양도소득 과세표준을 그 과세기간의 다음 연도 5월 1일부터 5월 31일까지로 한다.

56 ① 하나의 건물이 주택과 주택 외의 부분으로 복합되어 있는 고가주택의 경우 주택의 면적과 관계없이 주택 부분만 주택으로 본다.
② 양도차익이 없거나 양도차손이 발생한 경우에는 양도소득 과세표준 예정신고를 하여야 한다.
③ 1천5백만원인 경우 최대 5백만원을 2개월 이내 분할납부할 수 있다.
④ 양도소득세는 분납은 가능하지만 물납은 할 수 없다.

57 ① 2024년 5월 21일에 주택을 양도하고 잔금을 청산한 경우 2024년 7월 31일까지 예정신고할 수 있다.
③ 예정신고납부시 납부할 세액이 1천만원을 초과하는 경우 분납할 수 있다.
④ 양도차익이 없거나 양도차손이 발생한 경우에도 예정신고를 하여야 한다.
⑤ 예정신고하지 않은 거주자가 해당 과세기간의 과세표준이 없는 경우에도 확정신고를 하여야 한다.

58 ① 거주자가 부동산을 양도한 경우 해당 양도자의 주소지 관할 세무서에 신고하고 납부하여야 한다.
② 부담부증여의 채무액에 해당하는 부분으로서 양도로 보는 경우에는 그 양도일이 속하는 달의 말일부터 3개월 이내 예정신고를 하여야 한다.
④ 예정신고와 확정신고 모두 분할납부가 가능하다.
⑤ 토지를 양도한 경우 양도일이 속한 달의 말일부터 2개월 이내에 예정신고를 하여야 한다.

59 ① 허가 전에 대금을 청산한 경우 허가일이 속한 달의 말일부터 2개월 이내 예정신고를 하여야 한다.
② 예정신고·납부를 하는 경우 수시부과세액이 있을 때에는 이를 공제하여 납부한다.
③ 산출세액의 100분의 5가 아니라 환산취득가액의 100분의 5에 해당하는 금액을 양도소득 결정세액에 더한다.
④ 양도소득세 납부세액이 1,000만원을 초과하는 경우 분할납부할 수 있다.

60 ⑤ 예정신고기한까지 예정신고를 하지 아니하였으나 확정신고기한까지 과세표준신고를 한 경우에는 무신고가산세 50/100을 경감한다.

61 ① 토지거래허가구역 내 토지를 허가 후 잔금을 지급한 경우에는 양도일이 속하는 달의 말일부터 2개월 이내에 양도소득 과세표준 예정신고·납부를 하여야 한다.
② 법령에 따른 부담부증여의 채무액에 해당하는 부분으로서 양도로 보는 경우 그 양도일이 속한 달의 말일부터 3개월 이내에 양도소득 과세표준을 납세지 관할 세무서장에게 신고하여야 한다.
④ 양도소득세 예정신고와 확정신고의 경우 모두 분할납부가 가능하다.
⑤ 확정신고는 그 과세기간의 다음 연도(2025년) 5월 1일부터 5월 31일까지 확정신고를 하여야 한다.

62 ③ 상속받은 주택으로서 상속인과 피상속인이 상속개시일 현재 동일 세대인 경우에는 피상속인과 상속인이 동일세대원이었던 기간을 통산한다.

63 ④ 토지거래허가구역의 경우 허가 전에 대금을 청산한 경우에는 허가일이 속한 달의 말일부터 2개월 이내 예정신고를 하여야 하고 납세지는 거주자의 주소지 관할 세무서가 납세지이다.

64 ⑤ 양도소득세에 대해 甲과 乙은 연대납세의무가 없다.

65 ① 배우자 직계존비속 간 이월과세는 세부담이 부당히 감소된 경우와 관계없이 적용한다.
② 乙이 증여받은 토지에 대하여는 증여세를 부과한다.
③ 당해 양도소득세에 대하여 甲과 乙은 연대납세의무가 없다.
④ 乙이 丙에게 양도한 것으로 보아 양도소득세를 계산하되 양도차익을 계산함에 있어서 취득가액은 甲이 취득한 당시를 기준으로 계산한다.

66 ⑤ ③의 경우 증여 받은 재산에 대하여 납부하였거나 납부할 증여세 상당액이 있는 경우에는 환급한다.

67 ③ 시가(10억원)와 거래가액(9억6천만원)의 차액(4천만원)이 3억원 이상 차이가 나거나 시가의 100분의 5 이상 차이가 나면 부당행위로 보아 시가(10억원)를 양도가액으로 하지만 차액이 4천만원이기 때문에 부당행위로 보지 않으므로 양도가액은 9억6천만원으로 한다.

68 ④ 고가양수 또는 저가양도의 부인의 부당행위계산의 부인규정은 시가와 거래가액의 차액이 3억원 이상이거나 시가의 100분의 5에 상당하는 금액 이상인 경우에 한하여 적용한다.

> 1. 양도가액 : ①이 ② 또는 ③의 이상이므로 부당행위가 있는 것으로 보아 시가인 5억6천만원
>   ① 시가와 거래가액의 차액 : 5억6천만원 − 5억원 = 6천만원
>   ② 3억원
>   ③ 시가의 100분의 5 : 5억6천만원 × 5% = 2천8백만원
> 2. 취득가액 : ①이 ② 또는 ③의 이상이 아니므로 부당행위가 없는 것으로 보아 거래가액인 3억1천만원
>   ① 시가와 거래가액의 차액 : 3억1천만원 − 3억원 = 1천만원
>   ② 3억원
>   ③ 시가의 100분의 5 : 3억원 × 5% = 1천5백만원
> 3. 양도차익 : 양도가액 5억6천만원 − 취득가액 3억1천만원 = 2억5천만원

69 ⑤ 배우자 직계존비속 간의 경우에는 연대납세의무가 없지만 특수관계인 간 부당행위계산의 부인규정의 경우 증여자와 수증자는 양도소득세에 대하여 연대납세의무가 있다.

70 ④ ㉠ : 3년, ㉡ : 3년, ㉢ : 4분의 1

☞ 농지의 교환 분합

구 분	내 용
금액요건	쌍방토지 가액의 차액이 가액이 큰 편의 1/4 이하
사 유	① 국가 등이 시행하는 사업으로 교환 ② 국가 등이 소유하는 토지와 교환 ③ 「농어촌정비법」·「농지법」 등에 의하여 교환 ④ 경작상 필요에 의한 교환. 단, 3년 이상 거주 경작
경작기간특례	① 3년 이내 수용되는 경우 ② 3년 이내 사망한 경우(상속인과 피상속인 경작기간 합산)

71 ① 부수토지(주택 정착면적 계산시 무허가 정착면적을 포함하여 계산한다)

도시지역			도시지역 밖
수도권		수도권 밖	
주거, 상업, 공업지역	녹지지역	5배	10배
3배	5배		

72 ③ 1주택을 여러 사람이 공동 소유한 경우 주택 수를 계산할 때 공동소유자 각각 그 주택을 소유한 것으로 본다.

73 ③ 건물 120m², 토지 480m²
주거부분이 주거 이외부분보다 적기 때문에 주거부분만 주택으로 보아 비과세한다.
1. 건 물
주택: 80m²(비과세), 상가: 120m²(과세)
2. 토 지
① 주택의 부속토지: 800m² × 80/200 = 320m²[녹지지역에 있으므로 주택 정착면적(80m²)의 5배까지를 부속토지로 보기 때문에 320m² 모두 비과세를 적용한다]
② 상가의 부속토지: 800m² × 120/200 = 480m²(과세)
∴ 과세되는 면적 건물: 120m², 토지: 480m²

74 ④ 취학, 근무상 형편, 질병요양 등 그 밖에 부득이한 사유로 취득한 수도권 밖에 소재하는 주택과 일반주택을 국내에 각각 1개씩 소유하고 있는 1세대가 부득이한 사유가 해소가 된 날로부터 3년 이내 일반주택을 양도하는 경우 국내에 1주택을 소유하고 있는 것으로 보아 비과세 규정을 적용한다.

75 ⑤ 1년 이상 거주하던 주택을 취학 등의 사유로 세대 전원이 타 시·군으로 이전하기 위하여 양도하는 경우

76 ⑤ 양도가액을 추계결정하는 경우에는 매매사례가액 − 감정가액 − 기준시가를 순차로 적용하여 산정한 가액을 양도가액으로 한다.

77 ⑤ 「임대주택법」에 의한 건설임대주택을 1년 전에 취득하여 양도한 경우로서 당해 건설임대주택의 임차일로부터 당해 주택의 양도일까지의 거주기간이 7년인 경우

78 ⑤ 취학·근무상의 형편·질병의 요양, 기타 부득이한 사유로 양도하는 경우: 1년 이상 거주

79 ③ 상속의 경우 세율 적용시 보유기간 산정의 경우에만 피상속인이 취득한 날을 취득일로 한다. 따라서 장기보유특별공제의 경우 보유기간 산정은 상속개시일을 취득일로 한다.

80 ② 기납부한 상속세는 양도차익 계산시 필요경비에 포함하지 아니한다.

81 ① 토지 또는 건물과 부동산에 관한 권리 및 기타자산의 양도소득금액을 계산함에 있어서 발생하는 결손금은 주식 등의 양도소득금액에서 공제 받을 수 없다.

82 ② 1세대 1주택으로 고가주택에 대한 비과세 규정을 적용함에 있어 하나의 건물이 주택과 주택 외의 부분으로 복합되어 있는 경우 면적과 관계없이 주택 부분만 주택으로 본다.

83 ① 甲이 국내 주택을 먼저 양도하는 경우 2년 이상 보유한 경우 1세대 1주택에 해당하므로 양도소득세가 비과세된다.

84 ② 비거주자가 국외 토지를 양도한 경우 양도소득세 납부의무가 없다.
③ 거주자가 국내 상가건물을 양도한 경우 거주자의 주소지와 상가건물의 소재지가 다르다면 양도소득세 납세지는 양도자의 주소지이다.
④ 거주자 비거주자가 모두 양도소득기본공제를 적용한다.
⑤ 신탁수익권은 양도일이 속한 달의 말일부터 2개월 이내 예정신고를 하여야 한다.

85 ① 과세기간별로 이미 납부한 확정신고세액이 관할세무서장이 결정한 양도소득 총결정세액을 초과한 경우 다른 국세에 충당할 수 있다.
③ 양도소득세 과세대상 건물을 양도한 거주자는 부담부증여의 채무액을 양도로 보는 경우 그 양도일이 속하는 달의 말일부터 3개월 이내에 예정신고를 하여야 한다.
④ 양도소득세는 납세의무자의 신고에 의해 확정된다.
⑤ 이미 납부한 확정신고세액이 관할세무서장이 결정한 양도소득 총결정세액을 초과할 때에는 해당 결정일부터 30일 이내에 환급해야 한다.

86 ① 예정신고를 하지 아니한 경우 확정신고한 경우에도 예정신고에 대한 가산세가 부가된다.

87 ④ 배우자 직계존비속 간 이월과세의 경우 수증자가 납부한 증여세는 세액공제를 하는 것이 아니라 필요경비에 산입한다.

88 ② ㉡
㉠ 취득일 또는 양도일까지 납입한 금액에 프리미엄을 합한 금액으로 한다.
㉢ 매매사례가액 − 감정가액 − 환산취득가액 − 기준시가 순서로 적용한다.
㉣ 필요경비로 산입한 금액이 있을 때에는 이를 공제한 금액으로 한다.
㉤ 예정신고하고 납부를 한 경우에도 예정신고·납부세액 공제를 적용하지 아니한다.

89 ② 부담부증여의 경우 채무액에 해당하는 부분은 양도로 본다.

90 ⑤ 예정신고하지 않은 거주자가 해당 과세기간의 과세표준이 없는 경우라도 확정신고를 하여야 한다.

91 ⑤ 장기보유특별공제 적용시 보유기간은 상속인이 취득한 날로부터 양도일까지로 한다.

92 ④ 장기보유특별공제는 양도가액이 아니라 양도차익의 100분의 30을 공제한다.

93 ⑤ 양도소득세의 예정신고만으로 甲의 양도소득세 납세의무가 확정된다.

94 ① 국외자산 양도의 경우 필요경비개산공제는 적용하지 아니한다.

95 ② 국외자산 양도의 경우 장기보유특별공제를 적용하지 아니한다.

96 ③ 국외자산 양도시 기준시가는 적용하지 아니한다.

97 ③ 甲의 국외 주택 양도에 대한 소득세 납세지는 甲의 주소지를 원칙으로 한다.

98 ② 국외 소재 자산의 양도에 대한 물납규정은 적용되지 않는다.

연구 집필위원

이 혁	정석진	하헌진	이태호	이기명
이준호	김인삼	유상순	김성래	김형섭

제35회 공인중개사 시험대비 **전면개정판**

2024 박문각 공인중개사
합격예상문제 **2차** 부동산세법 정답해설집

초판인쇄 | 2024. 4. 1. **초판발행** | 2024. 4. 5. **편저** | 박문각 부동산교육연구소
발행인 | 박 용 **발행처** | (주)박문각출판 **등록** | 2015년 4월 29일 제2015-000104호
주소 | 06654 서울시 서초구 효령로 283 서경 B/D 4층 **팩스** | (02)584-2927
전화 | 교재 주문 (02)6466-7202, 동영상문의 (02)6466-7201

판 권
본 사
소 유

비매품
ISBN 979-11-6987-926-2 | ISBN 979-11-6987-922-4(2차 세트)

박문각 공인중개사

합격예상문제 2차

부동산세법

2023 고객선호브랜드지수 1위
교육(교육서비스)부문

2022 한국 브랜드 만족지수 1위
교육(교육서비스)부문 1위

2021 조선일보 국가브랜드 대상
에듀테크 부문 수상

2021 대한민국 소비자 선호도 1위
교육부문 1위

2020 한국 산업의 1등
브랜드 대상 수상

2019 한국 우수브랜드
평가대상 수상

2018 대한민국 교육산업 대상
교육서비스 부문 수상

박문각 공인중개사
온라인강의 www.pmg.co.kr
유튜브   박문각 클라쓰

박문각 북스파
수험교재 및 교양서 전문
온라인 서점

방송대학TV

동영상강의 무료제공 | 방송시간표 수록

기본이론 방송   2024. 1.15(월) ~ 7. 3(수)
문제풀이 방송   2024. 7. 8(월) ~ 8.21(수)
모의고사 방송   2024. 8.26(월) ~ 10. 2(수)

www.pmg.co.kr   교재문의 02-6466-7202   동영상강의 문의 02-6466-7201

비매품

14320

9 791169 879262
ISBN 979-11-6987-926-2
ISBN 979-11-6987-922-4 (2차 세트)

04 필수이론 과정

합격을 향해
저자직강 필수 이론 과정!

—
저자필수서

05 예상문제풀이 과정

시험에 나오는
모든 문제유형 체크!

—
합격예상문제 총 6권

06 핵심요약 과정

단기간 합격을 위한
핵심만을 정리!

—
핵심요약집 총 2권
최종요약서

| 핵심요약집 |　| 최종요약서 |

07 실전모의고사 과정

합격을 위한
마지막 실전 완벽 대비!

—
실전모의고사 총 2권
THE LAST 모의고사

| 실전모의고사 |　| THE LAST 모의고사 |

박문각
공인중개사

합격예상문제 시리즈

1차 부동산학개론 │ 민법·민사특별법
2차 공인중개사법·중개실무 │ 부동산공법 │ 부동산공시법령 │ 부동산세법